当　代　社　科　研　究　文　库

巴音郭楞蒙古族史

——东归土尔扈特、和硕特历史文化研究

吐　娜　潘美玲　巴特尔◎著

中国言实出版社

图书在版编目（CIP）数据

巴音郭楞蒙古族史：东归土尔扈特、和硕特历史文化研究 / 吐娜，潘美玲，巴特尔著. -- 北京：中国言实出版社，2014.1

ISBN 978-7-5171-0262-5

Ⅰ.①巴… Ⅱ.①吐…②潘…③巴… Ⅲ.①蒙古族—民族历史—巴音郭楞蒙古自治州 Ⅳ.①K281.2

中国版本图书馆 CIP 数据核字（2013）第 306303 号

责任编辑：周汉飞

出版发行 中国言实出版社

地　址：北京市朝阳区北苑路 180 号加利大厦 5 号楼 105 室

邮　编：100101

编辑部：北京市西城区百万庄大街甲 16 号五层

邮　编：100037

电　话：64924853（总编室）64924716（发行部）

网　址：www.zgyscbs.cn

E-mail：zgyscbs@263.net

经　销 新华书店

印　刷 北京天正元印务有限公司

版　次 2014 年 6 月第 1 版　2014 年 6 月第 1 次印刷

规　格 710 毫米×1000 毫米　1/16　16 印张

字　数 279 千字

定　价 48.00 元　　ISBN 978-7-5171-0262-5

序

马大正

巴音郭楞蒙古自治州（以下简称巴州）位于新疆维吾尔自治区东南部，总面积482665平方公里，占新疆总面积的四分之一，是新疆也是全国最大的少数民族自治州，被誉为“华夏第一州”。

巴州具有悠久的历史、灿烂的文化。汉代西域三十六国在巴州境内就有焉耆、危须、楼兰、且末、若羌、渠犁等。公元前60年（汉宣帝神爵二年）西汉王朝设西域都护府于乌垒（今巴州轮台县策大雅乡境内），统辖西域南北道，天山南北归于西汉大一统，是西域历史进程中的一次重大转折。公元1771年（乾隆三十六年）卫拉特蒙古土尔扈特回归祖邦，清政府实行世袭扎萨克制。乌讷恩素珠克图归土尔扈特南路4旗54苏木和巴图色特启勒图中路和硕特盟3旗11苏木游牧于珠勒都斯（今和静巴音布鲁克草原及开都河流域），由喀喇沙尔办事大臣兼辖，伊犁将军节制。1949年9月新疆和平解放，各族人民摆脱了被奴役的命运。1954年6月23日，巴音郭楞蒙古自治州成立，历史翻开了新的一页。

生活于巴州的土尔扈特与和硕特部落是1771年东归祖邦的卫拉特人的重要组成部分。240年前的东归壮举是新疆卫拉特蒙古人的骄傲和精神财富。他们在巴音郭楞这片沃土上繁衍生息、屯垦戍边，为开发边疆、保卫边疆前赴后继，与各族兄弟一起做出了卓绝贡献。无论从研究的层面，还是从教育的层面，生活在巴音郭楞的卫拉特蒙古族发展的历史都需要下大力气进行研究和普及的。

编写一部系统反映巴音郭楞蒙古族历史和文化的著作大有必要，《巴音郭楞蒙古族史》的出版正逢其时。

通观本书有两点值得一提：

一是资料扎实，且有开拓。编著者在尽力利用已刊的中国第一历史档案馆所藏满文土尔扈特档汉译稿的基础上，发挥地方优势，充分挖掘收藏于新疆维吾尔自治区档案馆以及巴音郭楞蒙古自治州、和静县、和硕县等地档案馆的民国（少部分为解放初的）档案，补充了一些鲜为人知史实，实为难得；

二是立论公允、论述清晰。编著者在充分吸纳这一领域当代研究成果的基础上，准确地记叙了生活在巴音郭楞的土尔扈特、和硕特部蒙古族的历史发展进程，以及浓郁的民俗、民风以及文学、宗教等内容。立足历史、面向未来、以史为鉴，融教育与普及为一体，为开展国家观、民族观、历史观教育提供了一份难得的乡土历史教材，是一部既依托于学术，又通俗简明的民族史志读本。

让学术走向大众，让大众了解学术，相信本书将发挥其自身独特的作用。

是为序。

（作者为中国社会科学院中国边疆史地研究中心研究员）

前　言

长期以来，土尔扈特、和硕特部西迁、东归的历史成为蒙古史中研究的热点，诸多学者关注和研究该课题，硕果累累。近十年来出版的著作主要有纳·巴生、李恺等编著的《和硕特蒙古史》、张体先著的《土尔扈特部落史》、吐娜著的《渥巴锡的子孙们》，格·李杰的《卫拉特历史与宗教研究》（蒙古文），道·乃岱著《土尔扈特源流》（蒙古文本及汉译文本）。但东归后土尔扈特、和硕特蒙古的社会历史发展状况涉及者还是寥寥无几，特别是将共同西迁、东归，且又在同一地区生活的南路土尔扈特和中路和硕特历史进程和文化宗教进行系统地、全方位研究的成果还未有。

出版本书的初衷是通过再现东归后居住在巴州的土尔扈特和和硕特部蒙古族人的社会历史发展轨迹，以便增进人们了解其两部历史，以及他们同各族人民一道维护祖国统一及民族团结、建设西北边疆所作的卓越贡献。虽然我们不能将东归者及其子孙跌宕起伏的历史和浓郁的生活画卷一一展现，但我们尽力勾画出其大致的轮廓。读史可以明智，我们期待《巴音郭楞蒙古族史》一书出版后，能使土尔扈特、和硕特蒙古年青一代了解祖辈建设和保卫家乡的事迹，从而饮水思源，奋发图强，为巴州的经济和文化建设作出贡献。

遗憾的是由于条件所限，土尔扈特、和硕特蒙古两部的历史，我们只写到巴州成立为止。自治州已走过了近60年的历程，如今处处欣欣向荣、蒸蒸日上，聚居在和静、和硕、博湖、焉耆等县的土尔扈特、和硕特蒙古族人不仅见证了家乡的沧桑巨变，而且感受和受益了变化。我们期待有识之士将他们的感受和经历能够写出来，以弥补这段历史的空缺。

历史是一面镜子，南路土尔扈特及中路和硕特蒙古族的历史不仅是巴州历史的一部分，又是新疆蒙古族史的一部分。今年正值土尔扈特、和硕特蒙古东归242周年。抚今追昔，通过展示其发展变化，从一个侧面说明新疆今天的发展繁荣是各民族劳动人民用双手辛勤劳作缔造的，中华各民族的命运和祖国息息相连。只有在我们伟大的社会主义国家里，蒙古族及各民族才能在政治上获得真正的平等与解放，本书对中华民族的凝聚力和向心力有所阐发。我们提倡和弘扬东归爱国主义精神，具有十分重要的现实意义。东归事迹与精神是对广大各族青年干部和青少年进行爱国主义、民族团结教育十分理想的教材。是开展“四个认同”（祖国的认同、中华民族的认同、中华文化的认同、中国特色社会主义的认同）不可多得的历史素材。《巴音郭楞蒙古族史》作为一项文化项目，也有助于加大巴州这个“华夏第一州”对外宣传的力度。

今年是巴音郭楞蒙古自治州成立60周年，我们愿将此书再版作为礼物献给该州60年大庆，以表达我们对华夏第一州60华诞的诚挚祝福。

作者

2014年2月22日

目　录

CONTENTS

第一章

土尔扈特、和硕特部历史渊源

第一节　土尔扈特部的历史渊源

一、土尔扈特部的起源

由于史料缺乏，土尔扈特部起源的研究还是西蒙古史研究的薄弱环节。目前史学界在其问题上基本上达成共识，认为土尔扈特是蒙古族一个很古老的部落，是远古克烈（又译写成客列亦惕）部首领王罕（又译写成翁汗，国王的意思）的后裔。① 这主要是据波斯史学家拉施特著名的《史集》一史料的记载，该书第一卷认为："据说古代有个君王，他有 7 个儿子，肤色全都是黑黑的。因此之故，他们被称为客列亦惕。后来，这些儿子的各后裔分支逐渐获得了专门的名号。到了最后，客列亦惕便用来称呼其中有一个君王的那个（部落）分支了。"② 那个分支指的就是土尔扈特。《史集》又说："他们是蒙古人的一种，他们住在斡难、怯绿连（两河沿岸）蒙古人的土地上。"③ 著名的《俄国·中国·蒙古》一书也认为土尔扈特起源于客列亦惕部，起源于王汗（即长老约翰）。还认为"客列亦惕"一名的含义为"包围"、"警卫"。④ 至于克烈一词的含义至今不祥，还有人认为来源于 heriy-e，即乌鸦，因为乌鸦曾是早期蒙古族的图腾，故之。

---

① 马汝珩、马大正：《漂泊异域的民族》，中国社会科学出版社 1991 年版。土尔扈特学者道·乃岱也认为土尔扈特部来源于客列亦惕部。

② ［波斯］拉施特主编：《史集》第 1 卷，第一分册，第三编，商务印书馆 1983 年版。

③ 同上。

④ ［英］约·弗·巴德利：《俄国·蒙古·中国》上册，第一册，商务印书馆 1981 年版。

托忒文《土尔扈特史》认为王罕是元太师之子。① 已故巴伦台黄庙的主持干杰喇嘛也认为土尔扈特的族源是从王罕开始的。② 曾和铁木真（成吉思汗）结成父子安达（义兄弟，笔者注）关系。（成吉思汗的父亲和他本人）曾多次给王罕以帮助，而且两个家族之间还联姻。遗憾的是最后他们之间发生了敌对，打起仗来。后来，王罕战败逃跑，被乃曼部太阳汗的属下杀害。王罕之子鲜昆带领属众归顺了成吉思汗。③ 由此可见，土尔扈特人在历史上出现较迟，是出现在成吉思汗时代。法国学者伯希和还认为克烈部除了构成土尔扈特部的主要部分外，还存在于操突厥语和信仰伊斯兰教的民族中，如哥萨克人。④

二、土尔扈特的名称

土尔扈特一词的含义目前学术界及民间有几种不同的看法。主要有两种：一是蒙古语魁梧之意，据托忒古文献载，卫拉特托欢太师第一次见土尔扈特部众时，“见他们个个英姿勃勃，便赞叹道：‘你们长得这么魁梧漂亮呵！’后来，以讹传讹，把魁梧（turug）说成了土尔扈特。”⑤ 据档案载，20 世纪 50 年代初焉耆专署政府在和静县调查蒙古族社会历史时，得知土尔扈特一词来源于托尔鲁克，汉译为长得好看又高大的意思，后来人们叫不清，而称为托尔乎提（即土尔扈特，笔者注）。⑥ 但没有说托尔鲁克为何种语言。法国学者帕拉斯也认为：“某些卡尔梅克人希望把本族名称的起源说成是土尔扈特人中的 turuk 或 turugut，后两个字与 ündür 的词义一样，意为‘高大的人物’或‘巨人’。这些人还声称成吉思汗的一支护卫都享有此尊号，他们希望从中找到主要土尔扈特人（Torgot）的先祖。”⑦

---

① 格埒克楚勒特木：《土尔扈特史》，载《蒙古学情报与资料》，1988 年第 4 期。

② 新疆社科院宗教研究所编：《新疆宗教研究资料》第 9 辑，第 11 页。

③ ［波斯］拉施特主编：《史集》第 1 卷，第一分册，第三编，第 218 – 219 页。

④ ［法］伯希和：《卡尔梅克史评注》，中华书局 1994 年版。

⑤ 格埒克楚勒特木：《土尔扈特史》，载《蒙古学情报与资料》，1988 年第 4 期。在南部落土尔扈特民间也流传此看法，见《新疆蒙古族社会历史、宗教调查资料汇编》（新疆社科院宗教研究所编《新疆宗教研究资料》第 9 辑），第 23 页。噶班沙喇布《四卫拉特史》也认为土尔扈特是庞大的意思。

⑥ 《和静县区域自治调查材料》，1953 年，巴州档案馆存，案卷号 80，全宗号 36。夏立宛活佛认为土尔扈特是土日鲁克的意思，是匈奴语。

⑦ 帕拉斯：《蒙古民族史资料集》第 1 卷，转引自［法］伯希和：《卡尔梅克史评注》。

二是伯希和在《卡尔梅克史评注》中提到有人认为土尔扈特（turghut）是由“turqaq”（有禁卫军的含义）派生来的。权威性的史书《卫拉特蒙古简史》认为土尔扈特指专门保卫王宫的护卫军。① 此外，土尔扈特某些有志之士认为 torgot 来源于 tørg-a，即绸子，含有锦衣卫之意。

我认为第一种解释，即土尔扈特是蒙古语魁梧之意比较合乎逻辑。

国外学者又往往将土尔扈特及卫拉特蒙古称为卡尔梅克（又译作喀尔木克、喀尔马克）。卡尔梅克一词在具有权威性的《新疆历史词典》里是解释道：“在中亚突厥语族历史文献及俄文档案等资料中，广义之卡尔梅克是泛指卫拉特蒙古诸部，或指 16 世纪初初一部分额鲁特西迁后，留牧故地的卫拉特诸部，后国外学者也往往沿袭用之。狭义之卡尔梅克是专指土尔扈特东归后留居于伏尔加河、顿河及乌拉尔一带的土尔扈特等部属众。”② 卡尔梅克一词的含义众说纷纭，莫衷一是。苏联学者德·诺明哈诺夫就此撰文，他认为，“卡尔梅克”一词是 14－16 世纪伊斯兰教传播时，在新疆操突厥语民族（即维吾尔、哈萨克及其他民族）中间出现的。这个词的词源，即科学来源是很有意思的。在接受伊斯兰教初期，信仰原来宗教（指佛教或萨满教，维吾尔族早先也信仰佛教教，笔者注）的人中留下的早期卫拉特蒙古人即被称为“卡尔梅克”，换言之，“卡尔梅克”一词则由动词（遗留，留下）构成。③ 在《俄国·蒙古·中国》一书中写道：“喀尔木克一词的词源不清楚，菲舍尔（俄国人，1768 年的著作中的观点，笔者注）认为，‘喀尔木克’乃是‘喀尔帕克’的讹传，‘信仰伊斯兰教的突厥人称喀尔木克人头上带的皮帽子为卡尔帕克，而他们自己则是缠头巾的’。在一定程度上，‘卡尔帕克’便成了‘异教徒’的同义词了……在安·威德 1542 年的地图上，标有‘喀尔木克汗国’，画有几个帐篷和两个人，其中一人骑在马上，标注作‘这里的人都须长发’。”④ 以上是国外学者对卡尔梅克的三种解释。

三、土尔扈特部的发展

土尔扈特部约 11 世纪时游牧于蒙古高原偏北叶尼塞河上游一带。16 世纪

---

① 《卫拉特蒙古简史》编写组：《卫拉特蒙古简史》（上册），第一章，《卫拉特蒙古各部早期的传说和历史》，新疆人民出版社 1992 年版。

② 纪大椿主编：《新疆历史词典》，新疆人民出版社 1993 年版。

③ ［苏］德·诺明哈诺夫《“卡尔梅克”一词的起源》，载《民族译丛》，1983 年第 3 期。

④ ［英］约·弗·巴德利：《俄国·蒙古·中国》上册，第一册，商务印书馆 1981 年版。

始逐渐迁移至阿尔泰山以西天山北路一带，16世纪末17世纪初定牧于塔尔巴哈台（今塔城地区，主要是和布克赛尔）及其以北一带。这一时期蒙古四部——准噶尔、和硕特、土尔扈特、杜尔伯特联盟形成，号称“杜尔本卫拉特”,① 蒙古语，四部联盟之意。其游牧地大概为：准噶尔部以伊犁河为中心；和硕特部在乌鲁木齐一带；土尔扈特在塔尔巴哈台及其以北，杜尔伯特游牧于额尔齐斯河沿岸。当时，联盟的盟主是和硕特部的首领拜巴噶斯，因为和硕特部在四卫拉特内势力最强大，土尔扈特部在联盟中是属于从属的地位。据专家研究，包括土尔扈特在内的卫拉特各部在17世纪初就开始向西伯利亚迁移发展了。他们在额尔齐斯河中、上游一带，沿着伊希姆河和鄂毕河进行游牧。②

第二节　和硕特部的历史渊源

一、和硕特部的起源

和硕特部在历史上是一个有名的蒙古部落，一则它是成吉思汗的弟弟合撒尔的后裔，二则其首领曾任四卫拉特联盟的首领。

合撒尔少年时就与兄成吉思汗并肩作战，为大蒙古国的建立立下了汗马功劳，可以说他是蒙古族伟大的政治家和军事家。那么，黄金家族的后代博尔济吉特氏怎么又成了号称“森林中百姓”的卫拉特蒙古的一部分呢？

追溯其源，15世纪中叶，合撒尔第七世孙阿克萨合勒号称阿岱汗，势力从东北贝加尔湖一带扩展到兴安岭以南的兀良哈三卫所属地。据托忒文文献记载，1433年左右，阿岱汗子阿鲁克帖木尔与弟乌鲁克帖木儿为属民问题发生纠纷，乌鲁克帖木儿就率领所属的乌吉叶特、摇摆等部（又译成我着）为主的兀良哈三卫之一（另两卫为朵颜、泰宁）的福余卫投奔卫拉特（元代称为斡亦剌、明代称为瓦剌、清代写作卫拉特）蒙古绰罗斯部的脱欢（又译成托欢）太师。当时，脱欢太师的势力已发展到了兀良哈三卫一带。脱欢太师

① 诺尔布译托忒文手抄本：《和鄂尔勒克历史》，载中国社科院民族研究所民族史研究室西北一组编《厄鲁特蒙古历史译丛》（民族文字）第四集（打印稿），1985年1月。

② 马汝珩、马大正：《漂泊异域的民族》第二章，第38－40页。

便命名他们为和硕特，自此和硕特部形成。① 由此可见，和硕特部是加入卫拉特最晚的，大概就是在明宣宗时期。

和硕特一名的含义为何呢？国内外学者有不同的解释。法国著名学者伯希和认为原意为 khoūin “鸟喙”，后来又具有了军队编制单位的意义（即突厥语 qošun），相当于汉语的“旗”这类的词。② 国内学者有两种看法，一即 qosiyad，汉意为“每一对；”③ 二即 qušud，由 qušigud 一词演变的，汉译为“众多的旗。”④

据国内历史学家们的研究，15 世纪 80 年代，由于蒙古“黄金家族”达延汗势力的强大，迫使卫拉特各部放弃漠北西部领土，逐渐向漠西迁移。16 世纪末，卫拉特蒙古游牧在额尔齐斯河左岸及中游两岸广阔草原。到 17 世纪初期，和硕特的游牧地推进到：“北自额尔齐斯河中上游，经阿亚古斯河、巴尔喀什湖东岸，南到塔拉斯、楚河一带，东部则与哈密为邻。”⑤ 即也米勒河（今额敏河）流域、斋桑泊、伊犁河流域及乌鲁木齐等地。并以乌鲁木齐为其政治中心。

和硕特部加入卫拉特蒙古后，影响是十分深远的。15 世纪末叶，当统治卫拉特的绰罗斯部势力削弱之后，和硕特部渐渐强大起来，到 17 世纪中叶成为四卫拉特盟主。即从博贝密尔咱开始，接着是哈尼诺颜洪果尔、拜巴噶斯、鄂齐尔图彻臣等四代汗。

二、和硕特部的发展

拜巴噶斯于 1588 年成为卫拉特四部的盟主，成为“掌握卫拉特马缰（绳）”的领袖。⑥ 那时，土尔扈特部的首领是和鄂尔勒克。拜巴噶斯举行了

---

① 噶班沙喇布：《四卫拉特史》（托忒文），乌力吉图译，载《蒙古学情报与资料》，1987 年第 4 期。

② ［法］伯希和：《卡尔梅克斯评注》第 4 部分，《青海厄鲁特部总传》，中华书局 1994 年版。

③ 《卫拉特蒙古简史》编写组：《卫拉特蒙古简史》（上册），第 2 章，《卫拉特蒙古的勃兴和西迁》，第 27 页。

④ 巴岱、金峰等：《论四卫拉特联盟》，《卫拉特史论文集》，新疆师范大学学报专号，新疆师范大学学报编辑室出版 1987 年版。

⑤ 《蒙古简史》编写组：《卫拉特蒙古简史》（上册）第 2 章，《卫拉特蒙古的勃兴和西迁》，第 41 页。

⑥ 诺尔布译托忒文手抄本《和鄂尔勒克历史》，载中国社科院民族研究所民族史研究室西北一组编《厄鲁特蒙古历史译丛》（民族文字）第四集（打印稿），1985 年 1 月。

多次集会（楚古勒干），调整了内外关系。托忒文文献记载了一次拜巴噶斯主持的会盟，会盟作出了不让蒙古人作家奴，禁止蒙古人互相残杀等决定。除此而外，其他事情按过去蒙古会盟上的约定处理。① 1623 年，当喀尔喀硕垒乌巴什率兵 8 万出征卫拉特时，拜巴噶斯率领卫拉特联军击败了喀尔喀军，杀死了硕垒，阻止了喀尔喀西进。拜巴噶斯当盟主时期，做出了一个接受藏传佛教格鲁派（黄教）的重要决定。② 从此卫拉特与西藏之间建立了联系。拜巴噶斯担任盟主期间，卫拉特各部联系虽然增强，但内讧仍时有发生。1625 年初春，和硕特部内部矛盾激发，很快又扩展到四卫拉特。内战中拜巴噶斯被杀，其弟顾实汗出任盟主。

三、和硕特部的南迁

17 世纪 20 年代，由于人口增多，畜群增加，这样草场拥挤，因此四卫拉特彼此之间的矛盾冲突不可避免，于是有实力的封建主开始寻找本土外的草场。首先是土尔扈特部向伊济勒河迁徙，接着 1637－1639 年间，和硕特部迁到了青海。

他们的迁移，与西藏的政治形势有密切的关系。17 世纪二三十年代，黄教与其他教派系之间的斗争异常激烈，黄教危在旦夕。顾实汗（又译为固始汗）接到班禅博克多的诏令："你们要扶持黄教，消灭红教!"③ 并得到了准噶尔首领巴图尔浑台吉等诸多首领的大力支持，他毅然应请。至此，他便以黄教护法者的姿态，登上了统治青藏高原的历史舞台。1636 年秋，顾实汗和巴图尔浑台吉一起率卫拉特各部联军进兵青海，进入青海内的布隆噶尔地方休整人马。于翌年正月占领了青海。顾实汗控制了青海后，于 1638 年－1639 年把在准噶尔的和硕特部众迁到了青海，④ 只有少部分留下来，就是后来西迁到伊济勒河的那部分。此外，还有少部分土尔扈特、准噶尔及辉特部人。

1639 年顾实汗又以香客的身份来到了西藏，五世达赖喇嘛封他为持教法

---

① 噶班沙喇布：《四卫拉特史》（托忒文），乌力吉图译，载《蒙古学情报与资料》，1987 年第 4 期。

② 卫拉特噶班沙喇布：《四卫拉特史》（托忒文），乌力吉图译，载《蒙古学情报与资料》，1987 年第 4 期。

③ 佚名：《卫拉特纪事》（托忒文献），载《蒙古学情报与资料》，1989 年第 2 期。

④ ［清］松巴·益西班觉：《青海历史》（一），谢健等译，载《青海民族学院学报》，第 1983 年第 4 期。

王。同年6月他开始进兵西藏，直到1642年正月打败了后藏统治者藏巴汗，当年3月15日，“顾实汗登上了藏王的宝座。”① 建立了和硕特汗廷，直接管理西藏和青海。他把青海作为根据地，分封给诸台吉。据1725年（雍正3年）统计，青海和硕特有21旗，今青海的蒙古即他们的后裔。

关于土尔扈特及和硕特部的起源，由于史料缺乏，早期卫拉特蒙古文化落后，对自己历史记述的书面文献少，国内外研究的也不多，有些研究也是推测的。今后，如果有新的资料发现，可进行深入研究。

① ［清］松巴·益西班觉：《青海历史》（一），谢健等译，载《青海民族学院学报》，第39页。

第二章

土尔扈特、和硕特部西迁及土尔扈特汗国

第一节　西迁的时间、过程及原因

一、西迁的时间和经过

大约在1630年左右，土尔扈特部首领和鄂尔勒克率领部众穿越哈萨克草原，渡过乌拉尔河，迁移到伊济勒河（又译成额济勒河，俄国人称为伏尔加河）下游一带游牧。伊济勒河是欧洲第一大河，“沿途皆平坦地方，间有山冈，地势渐下，林木稀少。”① 从伊希姆河、额尔齐斯河流域迁到伊济勒河下游，将穿越西伯利亚平原的西南部，渡厄姆巴河、再跨乌拉尔河，然后有很长一段路才到达。

清代佚名的托忒文史料《卡尔梅克诸汗简史》比较详细地记述了土尔扈特蒙古17世纪西迁伊济勒河流域至18世纪70年代东返故土的始末，该书载道：“1618年，他（指和鄂尔勒克——引用者）派出忠实可靠的人去查看里海沿岸，确实能清楚那里的领土还未被任何人占领后，他带领其部族土尔扈特人、和硕特人和杜尔伯特人，共5万户或5万帐，由他的6个儿子陪同，于1628年离开准噶尔的鄂托克（游牧地）向西迁移。”② 不过该史料有一点搞错了，当时西迁者除了土尔扈特部外，只有杜尔伯特部人，没有和硕特人，和

① 《考订异域录下》，载何秋涛《朔方备乘》卷44，第245页。

② 诺尔布译托忒文手抄本《卡尔梅克诸汗简史》，载中国社科院民族研究所民族史研究室西北一组编《厄鲁特蒙古历史译丛》（民族文字）第四集（打印稿，后同略），1985年1月。

硕特人是后来西迁的。国内史学界似乎达成共识，认为土尔扈特与和硕特是一同迁移的。

至于西迁人数据《和鄂尔勒克历史》记载，最初和鄂尔勒克率领15000户西迁，后来其他卫拉特部人也迁移伊济勒河，归附和鄂尔勒克，因此它的属众几年之内发展到了4万。后来又有和硕特、杜尔伯特等部人也归附和鄂尔勒克，使伊济勒河的土尔扈特等卫拉特人数大增。① 佚名的托忒文献《卫拉特纪事》也说是“在短短的几年内，属民便增加到4万户。”② 我认为最初几年西迁的属众有4万户是比较准确的。

另外，从《和鄂尔勒克历史》的记载来看，西迁的过程是缓慢的，大约分了两批。从目前史学界的研究来看，土尔扈特、杜尔伯特两部从17世纪初就开始向西北迁徙了，他们经过30年的漫长迁徙才定居伊济勒河。③ 其中土尔扈特部人数最多，1628年可以说是举部迁移，只有少部分留牧于伊犁和青海。留牧伊犁的是贝果鄂尔勒克之子卫衮察布察齐那一支，乾隆出征准噶尔时，首领舍楞率其部逃往伊济勒河下游。

和硕特部是何时西迁的？据史载是在是在土尔扈特西迁若干年之后，起码是在1638年、1639年和硕特部大批移居青海后。俄国档案记载，1654年11月，和硕特部的斡（又译写成鄂，笔者注）齐尔图台吉与弟阿勃莱（又译写成阿巴赖，笔者注）派使臣及商人去秋明（俄国人在西比利亚奖励的据点，笔者注）做生意，在离秋明不远的地方碰上了哥萨克骑兵，哥萨克官员企图阻止他们去秋明。又写道有许多卡尔梅克的台吉带领自己的乌卢斯牧民在秋明附近放牧，这其中可能有和硕特人吧。这是目前所看到的和硕特人最早出现在俄国的史料内记载。④

顾实汗南迁时，拜巴噶斯的儿子鄂齐尔图台吉留在原牧地，1661年鄂齐尔图因财产纠纷与叔父昆都仑乌巴什及弟弟阿巴赖在额敏河谷决战，昆都仑乌巴什集团失败，于是1663年夏季，首领昆都仑乌巴什与杜尔伯特部的一支一同迁往伊济勒河。从此以后，一直定居在那里，接受土尔扈特汗国的管

---

① 诺尔布译托忒文手抄本《和鄂尔勒克历史》，第65页。

② 佚名：《卫拉特纪事》（托忒文献），《蒙古学情报与资料》，1989年第2期，第13页。

③ 马汝珩、马大正：《漂泊异域的民族》，中国社会科学出版社1991年7月第1版，第39页。

④ 苏联科学院远东研究所等编：《17世纪俄中关系》第1卷，第2分册，商务印书馆1978年版，第288－289页。

辖。① 可惜未见人数记载。

西迁的和硕特人有多少呢？西迁的过程如何呢？因对此记载的史料缺乏，至今仍是迷雾重重。但可以肯定的是人数不是很多的。霍渥斯在其《蒙古史》一书“和硕特人”一章中写道其西迁，即：

> “昆都伦乌巴什的产业并不很大，在他的后裔手中闹得十分分散。他的儿子卡拉卡·达莱·乌巴沙（即玛迈达赖乌巴斯——编者）的两个孙子，名叫曼贡和海尔图在准噶尔大变革时期逃到了俄国。他的二儿子乌巴什洪台吉的另外一个后裔，死在斯塔夫洛博尔的哥萨克人中间。他的三儿子多尔济台吉在1675年移居到俄国（可能指伏尔加河，笔者注）。他是和硕特人中第一个移居到俄国的，他除了自己的家庭外，还带去1500户人家，定居在伊列克河上。”②

从上可以看出，霍渥斯在《蒙古史》一书中认为和硕特的西迁时间是1675年，比俄国档案的记载晚了12年，我认为俄国档案的记载可能是准确的。俄国档案又说西迁人数是1500多户，而《卡尔梅克族汗简史》记载，昆都仑乌巴什带往额济勒河的属民是3千户。③

土尔扈特、和硕特在伊济勒河的游牧区大致是，东至乌拉尔河，西至顿河，北至萨拉托夫，南至里海和黑海北岸。这一区域“北面与俄罗斯为邻，西面与图里雅斯克（土耳其）接界。”④ 当时是无人居住地，俄国的史学家兹拉特金说：“伏尔加河的弯曲处（现在的古比雪夫地区）和威海最南段之间的茫茫无际的空地，几乎是荒无人烟的地区，只是偶尔有卫拉特人的行踪。”⑤ 和鄂尔勒克将牙帐设在伊济勒河支流的阿赫图巴河畔。

---

① 蔡曼华译校：《卡尔梅克苏维埃自治共和国史纲（摘译）》，载中国社会科学院民族研究所民族史研究室西北一组编《厄鲁特蒙古历史译丛》第2集（铅印本），第81页。

② 霍渥斯：《蒙古史》第1卷第11章“和硕特人”摘译，中国社会科学院民族研究所历史室等编《蒙古族厄鲁特部历史资料译文集》第15辑（铅印本），1979年12月。

③ 诺尔布译托忒文手抄本《卡尔梅克诸汗简史》。

④ 何秋涛：《朔方备乘》卷38，《土尔扈特归附始末》，第142页。

⑤ ［苏］伊·亚·兹拉特金：《准噶尔汗国史》，马曼丽译，第2章，商务印书馆1980年版，第134－135页。

二、西迁的原因

和鄂尔勒克为什么要率部众西迁呢？对此，不少学者进行了研究。由于史籍说法不一，故研究者也持有几种不同的看法。主要有以下 4 种说法：一说与准噶尔部不和；① 一说和鄂尔勒克与巴图尔浑台吉不睦；② 一说卫拉特联盟做出的决定；③ 一说牧地狭窄及卫拉特内部不和。④ 我认为第四种说法比较接近事实。其实，东返之初，到伊犁河岸迎接渥巴锡的清朝领侍卫内大臣福隆安等询问渥巴锡先祖迁移原因和经过时，渥巴锡就说得很明白："我阿玉奇之曾祖和鄂尔勒克，原栖牧于伊犁以远额什尔努拉等处，在巴图尔浑台吉之时，我四卫拉特内部，不堪和睦。且因我所居之牧地不能容之。对此，和鄂尔勒克遂携其子书库尔岱青、诺雅特等前往俄罗斯之额济勒地方栖牧之。"⑤ 就此马汝珩、马大正先生作了进一步的分析："主要是由于当时卫拉特蒙古的社会经济条件以及政治形势所决定的。"⑥

社会经济条件即人口繁衍，牧地紧张而要寻求新的牧地。据史载：

> "早先，和鄂尔勒克为率属民 15000 户离开霍博克赛里（今和布克赛尔——笔者注）、额敏一事，向巴图尔浑台吉禀报：'霍博克赛里地方狭小，人口又少，我的属民难以耕作为生，无法恢复元气。我想迁到辉特北界的单棵树地方，让属民耕作，休养生息。'于是，率属民从霍博克赛里、额敏出发，迁往单棵树地方，在那里种地，丰衣足食，安居乐业。其他卫拉特人正苦于诺颜们造成的饥荒，民不聊生，闻讯后便纷纷投奔和鄂尔勒克，和鄂尔勒克收留了他们，在短短几年内，属民便增加到四万户。于是，又有和硕特、准噶尔、辉特、杜尔伯特四部诺颜们率部来归，使伏尔加河流域的土尔扈特卫拉特人数大增。"⑦

---

① 张穆：《蒙古游牧记》卷 14。

② 祁韵士：《西陲要略》卷 4《土尔扈特源流》。

③ ［苏］内达金：《土尔扈特西迁及其返回祖国》，马汝珩译，载《新疆大学学报》，1981 年第 2 期。

④ 蔡家艺：《卫拉特蒙古史事杂考》，载《历史档案》，1985 年第 4 期。

⑤ 中国社会科学院民族研究所民族史研究室等编：《满文土尔扈特档案译编》，民族出版社 1988 年版，第 165 页。

⑥ 马汝珩、马大正：《漂泊异域的民族》，第 48 页。

⑦ 佚名：《卫拉特纪事》，载《蒙古学资料与情报》，1989 年第 2 期。

政治原因就是由于受到了当时准噶尔部日益强大势力的威胁，以及由此而引起的卫拉特各部间的不相和睦。据《蒙古游牧记》记载：

“初，卫拉特诸酋以伊犁为会宗地，各统所部不相属。准噶尔酋巴图尔珲台吉者，游牧阿尔泰，恃其强，侮诸卫拉特。和鄂尔勒克恶之，挈族走俄罗斯，屯牧额济勒（即伊济勒河，笔者注）。”①

伊济勒河下游这片茫茫的大草原吸引着和鄂尔勒克这个游牧部族的首领。“当时在伏尔加河的下游和左右两岸，除了少数无力危害旁人的鞑靼人外，人烟稀少，俄罗斯人的城镇很小，广阔的草原上牧草长得又密又肥，十分适合卫拉特人的放牧，和鄂尔勒克将从乌拉尔河到伏尔加河、阿斯特拉罕到撒马拉的广大地区作为自己的永久草场。”② 伊济勒河下游草原曾是蒙古金帐汗国（即钦察汗国，是术赤之子拔都建立的——作者）的心脏地带。金帐汗国衰落后，分裂出一支建立了游牧国家，史称“诺盖汗国”。诺盖人又被称为“蒙古特人”、“诺尕夷人”。汗国衰亡后，部众迁徙他处。所以说，从成吉思汗及拔都汗始，卫拉特蒙古是很了解并向往水草丰美的伊济勒河两岸广阔草原的。据俄国文献记载，16 世纪末时，卫拉特蒙古人就小规模、或临时性的向伊济勒河迁徙了。更何况，当时的卫拉特四部都是“逐水草，无城郭。”③ 游牧业是他们的产业。对于游牧民族来说，哪里有丰美的水草，哪里就可以放牧更多的牲畜，就可以安家。当然，在万不得已的情况下，他们是不愿离开故乡远牧的。

第二节　土尔扈特汗国的建立及其与祖国的关系

一、汗国的建立

勤劳的土尔扈特、和硕特、杜尔伯特人民在富饶、广阔的伊济勒河两岸，

① 张穆：《蒙古游牧记》卷 4，《土尔扈特源流》。

② 诺尔布译托忒文手抄本：《卡尔梅克诸汗简史》，1985 年 1 月，第 46 页。

③ 《西域图志》卷 1，图考一，载钟兴麒等校注：《西域图志校注》，新疆人民出版社 2002 年版，第 61 页。

开拓建制，劳动生息，创立起游牧民族的封建汗庭，经过和鄂尔勒克、书库尔岱青和朋楚克三代人的努力，土尔扈特汗国在伊济勒河流域发展壮大起来。关于土尔扈特汗国的情况苏联学者研究得比较多。据史料载，初和鄂尔勒克将牙帐设在伊济勒河下游的阿赫巴图河畔，1643 年（清崇德八年）迁移至阿斯特拉罕附近。与此同时，俄国也在向伊济勒河和顿河流域的广大地区扩张势力。1645 年和鄂尔勒克率土尔扈特军队攻打阿斯特拉罕城时，不幸惨败，和鄂尔勒克和他的几个儿子也阵亡。① 后来，其子书库尔岱青继位。书库尔岱青 1646 年去西藏，得到了藏传佛教黄教神权达赖喇嘛对他汗位的认可。但为了对付俄国人，他从战略上考虑暂不称汗，17 世纪 60 年代，书库尔岱青建立了一个以土尔扈特蒙古部为中心的汗国，史称“土尔扈特汗国”。西方著作中则把它称之为“卡尔梅克汗国”。② 据苏联学者鲍戈亚夫连斯基研究，其汗国约有 8 万军队和 20 万居民。③ 1667 书库尔岱青去世，其子朋楚克即位，朋楚克执政时间较短，仅 3 年就去世了。其子阿玉奇即了汗位。④ 他执政后，在抵制俄国控制的同时，还解决了汗国内部的矛盾，使土尔扈特进入了兴盛时期。

二、与卫拉特各部的联系

西迁的土尔扈特部没有忘记自己是卫拉特蒙古的一支，特别是在强大的沙俄扩张势力面前，加强与卫拉特各部的联系是很必要的。首领和鄂尔勒克经常返回故地，参加“丘尔干”会议，共商四卫拉特的大事。1640 年东、西蒙古各部首领共聚一堂，制定了著名的《蒙古——卫拉特法典》，它是两部蒙古族的根本大法，“和鄂尔勒克亲来参加这次完成喜人大业的盛会，并把制定的法典带回家乡，以此统治属下。”⑤ 他还与准噶尔部巴图尔珲台吉“亲上加亲”，将女嫁给他为妻，为孙子朋楚克娶巴图尔珲台吉的小女儿为妻，将儿子阿玉奇寄养在巴图尔珲台吉家，从而改善了准噶尔和土尔扈特之间的关系。据史载，阿玉奇从未忘记准噶尔的同胞，并与他们联姻，把自己的女儿嫁给了策妄阿喇布坦。将妹妹（有的史料认为是姐姐）多尔济拉布坦嫁给了和硕

① ［苏］H. 帕里莫夫：《卡尔梅克在俄国境内时期的历史概述》，许淑明译，新疆人民出版社 1986 年版，第 6 页。
② 马汝珩、马大正：《漂泊异域的民族》，中国社会科学出版社 1991 年版，第 59 页。
③ 蔡曼华译校：《卡尔梅克苏维埃自治共和国史纲（摘译）》，第 13 页。
④ ［苏］H. 帕里莫夫：《卡尔梅克在俄国境内时期的历史概述》，许淑明译，第 17 页。
⑤ 诺尔布译托忒文：《卡尔梅克诸汗简史》，第 46 页。

特部的著名首领鄂齐尔图车臣汗。1678 年，鄂齐尔图车臣汗被噶尔丹击败后，其妻多尔济拉布坦率一千臣民由准噶尔前来和阿玉奇会合，从而壮大了汗国的力量。1624 年杜尔伯特部的索诺木车凌台吉带领一千户臣民来到伊济勒河，成为阿玉奇的臣民。他又向东打败了哈萨克和土库曼两个民族，据为属下。所以，阿玉奇的名声传遍四方。①

三、与清朝的联系

土尔扈特汗国的汗王经常遣使入贡清朝，特别在阿玉奇执政时期，汗国与清朝的关系得到了进一步的发展。1703 年阿玉奇命其侄子阿拉布珠尔自西藏去北京谒见康熙帝，6 年后又派遣以萨穆坦为首的使团到清朝。1712 年 6 月 23 日康熙皇帝也派遣特使太子侍读殷扎纳、理藩院郎中图理琛等 32 人组成的使团抵达伊济勒河，作为回访。1714 年 6 月 17 日使团到达阿玉奇汗住地，受到了阿玉奇汗的欢迎。殷扎纳向阿玉奇汗递交了康熙帝的敕书，阿玉奇汗很是兴奋，且双手跪接。阿玉奇向使团每一个人赠送了一匹马外，还给使团赠送了 148 匹马、600 张熏牛皮。② 虽然使团的首脑是殷扎纳，后因图理琛出使回国后写了一部《异域录》，该书刊行后，广为流传，因此人们习惯于把这个使团称为“图理琛使团”。

1731 年（雍正九年）2 月雍正帝派出的以副都统满泰为首的使团出使土尔扈特汗国。使团由 5 名官员和 28 名随从组成，5 月 7 日，使团抵达土尔扈特游牧地，受到了土尔扈特汗车凌端多布的热情款待。当满泰将雍正帝给他的敕书呈现给他时，车凌端多布汗跪接。敕书中写道：“尔等土尔扈特部，虽远居边陲，然向行善事，人怀中心，以诚远来，笃请圣安，圣祖皇父业已明鉴。”③ 敕书的内容主要是追溯往事和礼仪辞令。满泰还向车凌端多布汗及其母赠送了绸缎、茶、烟等礼物。车凌端多布汗及其母亲等回赠使团时钟、枪、弓、衣物等物品，还有 500 匹马和 500 张貂皮，让使团作为返回的资费。当

① 蔡曼华译校：《卡尔梅克苏维埃自治共和国史纲（摘译）》，第 86 页。诺尔布译托忒文手抄本《卡尔梅克诸汗简史》，第 47 页。《卡尔梅克诸汗简史》在此搞错了一点，误将多尔济拉布坦当成了阿玉奇的兄弟，认为是其母亲领着他来到阿玉奇处。

② 《考订异域录下》，载何秋涛《朔方备乘》卷 44，第 251 页、256 页。另《康熙与阿玉奇汗敕书》、《雍正谕土尔扈特汗敕书》、《乾隆谕渥巴锡、策伯克多尔济、舍楞敕书》等 3 件敕书原件，均保存在和静县博物馆内汗王府。

③ 和静县志编纂委员会编：《和静县志》卷 34，《杂志》，新疆人民出版社 1995 年版，第 786 页。

满泰等表示返回盘费俄国皇帝要供给，不需要这么多马匹和貂皮时，车凌端多布行执意他们收下，无奈他们只收了其中的十分之一。5月24日，满泰使团启程返回时，车凌端多布汗派遣了1名台吉、2名宰桑护送使团到伊济勒河岸，并赠送使团一行百只羊。① 清朝使团的两次来访加强了土尔扈特与清朝的相互联系和了解。当然，这其中也包含着清朝军事和外交的利益驱使。《卡尔梅克诸汗简史》写道："……虽然图理琛陈述的来意是这样，但另外的目的是侦察俄罗斯地方，企图通过卡尔梅克人了解俄国的政治情况，如果可能，力图挑起阿玉奇汗和准噶尔的策妄阿拉布坦间的矛盾。"② 同样满泰使团出使土尔扈特也是打着动员土尔扈特汗国配合对准噶尔汗国作战的目的。清朝使团返回后，理藩院在给俄罗斯的咨文中写道："此次派我大臣来保等前往土尔扈特部，乃为议讨我叛部准噶尔之军务……为此请将此报闻贵女皇，并告知土尔扈特部落，若将其军旅整饬，用兵准噶尔，此时乃为良机。"③ 清政府虽未达到目的，但他们的出使同图理琛的回访一样，向土尔扈特表明了清朝的友善态度，增进了双方的友谊。

四、去西藏熬茶

土尔扈特、和硕特西迁前就信奉黄教。书库尔·岱青及其孙阿玉奇都曾去西藏谒见达赖喇嘛，"熬茶礼佛"。1690年达赖喇嘛赐给阿玉奇汗号，并给了汗的大印，"阿玉奇始（自）称汗。"④ 这标志着黄教最高领袖对他汗位的承认。当1714年图理琛使团访问土尔扈特汗国时，阿玉奇告知他们由于去西藏的道路被阻，所以他们去不了西藏，药物也不易得到，请清廷给予援助。⑤

阿玉奇汗的孙子、沙克都尔扎布的儿子敦罗布喇什汗执政时期（1741年7月31日始）为了整顿内政，治理兀鲁斯，适应新的环境，颁布了新的法规，

---

① 《满泰使团等奏奉派前往土尔扈特经过情形折》，雍正十年3月初5日。载中国第一历史档案馆编《清代中俄关系档案史料选编》，中华书局1981年版，第229页。

② 诺尔布译托忒文：《卡尔梅克诸汗简史》，第50页。

③ 《理藩院为前遣俄使已返回及希土尔乎特出兵事致俄萨纳特衙门咨文》，雍正十年3月12日。载中国第一历史档案馆编《清代中俄关系档案史料选编》，中华书局1981年版，第560－562。

④ 包文汉整理：《清朝藩部要略稿本》卷九，《厄鲁特要略》一，黑龙江教育出版社1997年版，第132页。

⑤ 何秋涛：《朔方备乘》卷44，《考订异域录下》，第256页。

即著名的《敦罗布喇什补充法》。“顿多布达什（即敦罗布喇什）法律的制定，一部分是对1640年厄鲁特法规的修改，一部分是对该法规的补充……在卡尔梅克人的审判实践中一直沿用着。”① 当时在民间传说，他之所以制定新法典，是由于土尔扈特远离卫拉特年长日久，风俗习惯变了，染上了种种恶习。②

① ［苏］H. 帕里莫夫：《卡尔梅克在俄国境内时期的历史概述》，许淑明译，第57－58页。

② 诺尔布译：《卡尔梅克诸汗简史》，第56页。

第三章

土尔扈特、和硕特部东归

第一节　东归的原因

一、反抗沙俄的统治

17 世纪 60 年代，土尔扈特汗国在伊济勒河流域壮大起来，引起了沙皇俄国的重视，俄国为了巩固其在喀山和阿斯特拉罕两个汗国的统治，继续向伊济勒河流域和顿河流域广大地区扩张，企图迫使土尔扈特汗国臣属自己，把它们纳入自己的统治之下。就连俄国史学家也是这么认为的："俄国政权在任何时候都主张卡尔梅克人（俄国人对土尔扈特人的称呼）永远顺从俄国，这恰好是爱好自由的卡尔梅克领袖们所不愿意听从的。"① 土尔扈特汗国首领们为此与沙皇进行了长期的斗争。1670 年朋楚克汗去世，其儿子阿玉奇继位。对俄关系方面，阿玉奇坚决执行抵制俄国侵略，保护本民族独立政策。他向俄国政府多次表示，他是俄国的同盟者，而不是他们的臣民。他在俄国政府的政治和外交压力面前，采取灵活的外交手段，在 1673 – 1684 年间向俄国前后 5 次"宣誓"效忠，但实际上奉行了"口是心非的政策"。《卡尔梅克诸汗史》评价道："名义上是俄罗斯的臣民，可是一切事情均由自己做主。"② 汗国内不仅有土尔扈特人，还有和硕特、杜尔伯特、准噶尔等部蒙古人，他们团结一致，对抗沙俄的压迫。

1724 年阿玉奇汗死后，土尔扈特汗庭内部发生了争夺汗位的纷争。同年

---

① ［苏］H. 帕里莫夫：《卡尔梅克在俄国境内时期的历史概述》，许淑明译，第 13 页。

② 诺尔布译托忒文：《卡尔梅克诸汗简史》，第 52 页。

9 月，俄国当局宣布阿玉奇之子策伦敦罗卜为汗国总督。从此以后，俄国对土尔扈特汗国的政治、经济、宗教诸方面的控制日趋严密。在策伦敦罗卜、敦罗布旺布、敦罗布喇什（阿玉奇之孙）执政时期（1724－1761 年），汗国内部动乱迭生，政治局势动荡不安，俄国势力乘机加紧对汗国的渗透。在 1731 年春清朝副总统满泰等出使土尔扈特汗国时，俄国官员就告知他们，土尔扈特归俄国管辖，没有俄国的命令，土尔扈特汗是不能擅自决定大事的。① 尽管如此，土尔扈特首领们还是不肯完全向俄国政府俯首听命。尤其是在敦罗布喇什时期（于 1741 年继位），他和俄国当局进行了针锋相对的斗争，因而直到 1758 年才得到俄国政府对他汗位的承认。

1761 年 1 月 21 日汗敦罗布喇什去世，其幼子渥巴锡承袭汗位，当时只有 17 岁，刚与和硕特部的首领雅兰坯勒的女儿曼德莱结婚不久。② 此时汗国繁荣昌盛，伊济勒河两岸的牧民"百年生息，户口日蕃，其随渥巴锡居于额济勒河南岸者 46 万余户，北岸所居数亦相当"。③ 而且"驼马牛羊不可腾记"。

年轻的汗王面临着因俄国加紧控制而造成的汗国动荡不安与民族危机的局面。俄国当局利用汗位交替的时机，对汗国实行前所未有的高压政策，企图把土尔扈特变成他们的臣属。俄国当局为控制汗权，首先，改组扎尔固（是管理国家的政权机构，它既是汗国的行政机构，又是最高司法机构），对此《卡尔梅克诸汗简史》是这样记载的：

"叶喀德琳娜女皇下诏，汗王的扎尔固成员由汗王个人属下的土尔扈特部选 3 名宰桑，1 名喇嘛，敦杜克奥尔巴④所属土尔扈特部选 1 名宰桑，杜尔伯特部选 1 名宰桑，和硕特部选 1 名宰桑，这些人称扎尔固齐，由各自的王公作出选择。不经过扎尔固齐，汗王不能决定任何事情。以往扎尔固齐不能与汗王平权仅为协助，现在他们要和汗王平权办理司法

---

① 《满泰等奏奉派前往土尔扈特经过情形折》，雍正十年三月十二日。载中国第一历史档案馆编《清代中俄关系档案史料选编》，第 555 页。

② 霍渥斯：《蒙古史》第一卷第十章"克列特和土尔扈特人"摘译，中国社会科学院民族研究所历史室等编《蒙古族厄鲁特部历史资料译文集》第 15 辑（铅印本），1979 年 12 月。

③ 何秋涛：《朔方备乘》卷 38，《土尔扈特归附始末》，第 144 页。

④ 就是敦杜克夫家族，主要指敦罗布喇什的表兄敦罗布旺布汗的两个儿子，他们在父亲敦罗布旺布去世后，随俄罗斯母亲一直生活在彼得堡，改信东正教，沙皇授予他们敦杜克夫公爵的姓。

和政务。”①

此外，俄国政府还在推行改革的幌子下，大力扶植已经东正教化了的土尔扈特蒙古敦杜克夫家族（贵族敦杜克—奥木巴的遗孀贾恩及儿女均加入了基督教，并被俄政府授予了敦杜克夫公爵的姓），妄图以之取代渥巴锡汗的地位。

沙皇俄国控制了土尔扈特汗国的政权后，对汗国属众无休止地征兵，也给汗国人民带来了巨大灾难。他们将骁勇善战的土尔扈特人视为最佳兵源，强征汗国部众参加其发动的侵略战争，“土尔扈特部众死者七八万人。”② 渥巴锡执政时，正值叶喀德琳娜女皇当政时期。他为了夺取君士坦丁堡、控制黑海海峡，于1768－1769年发动了对土耳其的大规模战争。战争初期，俄国强征2万多名土尔扈特汗国的青壮年参加战争，而且是汗王渥巴锡亲自统帅，打了好几个胜仗。③ 短短的1年多时间里，又有不少土尔扈特人丧失了生命。俄国政府限制土尔扈特人的自由，监视他们的行动，“土尔扈特人的营地里有很多俄罗斯上层和彼得堡当局的代表，在上述代表中有一位叫卡辛斯科伊的上校，他的责任是监视土尔扈特人和他们的动向”。④

土尔扈特、和硕特蒙古迁到伊济勒河后，由于受到俄国的压迫，他们更加思念故乡，首领们曾几次想返回故土，“可以说，在卡尔梅克汗和领主们的脑子里，逃出俄国到准噶尔去的念头始终没有消失过。”所以，“毫无疑问，18世纪60年代，在卡尔梅克草原早已聚集了许多易燃的火种，当卡尔梅克人生活中出现了消极因素的时候，反抗俄国的鼓动便受到了极大的效果。”⑤ 从当时流传在伊济勒河的一首民歌中流露了他们对故乡的深深思念，⑥ 即：

在高高的山冈山，
笼罩着浓厚的云彩。
这美好的土尔扈特故乡，

① 诺尔布译：《卡尔梅克诸汗简史》，第60页。
② 何秋涛：《朔方备乘》卷38，第145页。
③ ［苏］H. 帕里莫夫：《卡尔梅克在俄国境内时期的历史概述》，许淑明译，第65页。
④ 斯文赫定：《热河——皇帝城》第三章，赵世玲译《土尔扈特人的逃亡》（节译），载《西北史地》，1982年第1期。
⑤ ［苏］H. 帕里莫夫：《卡尔梅克在俄国境内时期的历史概述》，许淑明译，第70页。
⑥ 新疆社会科学院宗教研究所：《新疆宗教研究资料》第九辑，第11页。

我是多么把你思念。

在那高高的山顶上，
山鹰在自由的飞翔，
眼望遥远的家乡，
想念我的亲娘。

极力主张返回准噶尔的主要是策伯克多尔济和舍楞两个人。策伯克多尔济是渥巴锡的堂侄，他比渥巴锡年长，富有智慧。他常常怂恿渥巴锡仇视俄国人，而且“策伯克·多尔济和他的同谋者在卡尔梅克人中和在许多领主中散布敌视俄国的情绪受到了效果。”① 他积极支持并宣扬渥巴锡东归故土的主张，并在东归中起了巨大的作用。舍楞是和鄂尔勒克叔父卫衮察布察齐的六世孙，他的祖先早年没有跟随和鄂尔勒克西迁，留在了准噶尔。1757 年（乾隆二十二年），舍楞跟随准噶尔台吉阿睦尔萨纳反清，阿睦尔萨纳败亡后，舍楞率属众投奔渥巴锡。但他不久就发现土尔扈特汗国已在俄国的控制之下，所以，“舍楞不愿留在俄罗斯，而要返回准噶尔，他对渥巴锡说：不久前我才从那里来，通向那里的道路和那里的肥沃土地我都很熟悉，现在那里是渺无人烟，如能平安返抵，你在那里就可不受人辖，自主自立。”② 舍楞的劝阻和倡导更坚定了渥巴锡汗及首领们东归的决心。可以说土尔扈特的老对手准噶尔汗国在其领土上永远消失，为渥巴锡率族东归提供了可能性。

年轻的渥巴锡是土尔扈特、和硕特西迁到伊济勒河一带后第七代第八个首领，他英勇善战，而且胸怀坦荡、为人正直，富有强烈的民族自尊心，深受部众的爱戴。在战场上，他亲眼目睹了大批的土尔扈特骑兵被杀，他深知沙俄称霸世界的野心是无休止的，如果汗国继续在沙俄的魔掌下生活，整个部族将趋向灭亡。面对部族的危亡，年轻的汗心急如焚，为求得民族的生存，他“同意采用策伯克多尔济和舍楞的建议，决定迁回”。③ 当驻扎在土尔扈特汗国内的 1 名俄国上校听到土尔扈特人要东迁的消息后还不以为然，嘲讽的对渥巴锡汗说：“你不敢这么干！我对那些谣言只付之一笑。你很明白你是一

① ［苏］H. 帕里莫夫：《卡尔梅克在俄国境内时期的历史概述》，许淑明译，第 72 页。
② 诺尔布译：《卡尔梅克诸汗简史》，第 60 页。
③ 同上。

头拴在索链上的熊。”①

俄国著名诗人普希金的一首诗不仅形象地描绘了土尔扈特东归的情景，同时又反映了东归的原因，有一段是这样写的：

> 你们没有听到大车嘎吱响？
> 今夜，在淡薄的晨曦中，
> 卡尔梅克3万帐，
> 离开萨马尔，
> 向吉尔吉斯（指哈萨克草原）匍匐前进。
> 为了摆脱俄国的奴役，
> 为了不像鹧鸪鸟那样，
> 在我们的草原上受着宰割煎熬，
> 他们像死板的龟群，
> 向着自己的蒙古鱼贯前进。②

因此我们认为土尔扈特及和硕特部之所以东归，就是为了彻底摆脱俄国的控制，重返自己的祖国，以求民族的生存，这一点是毋庸置疑的。

二、共同的文化和信仰

此外，从蒙古族文化的角度看，宗教信仰也是促使它们东归的原因之一。土尔扈特及和硕特宗教信仰与俄罗斯不同，清朝的史学家也说：“土尔扈特重佛教，敬达赖喇嘛，而俄罗斯尚天主教，不事佛，以故土尔扈特虽受其役属，而心不甘，恒归向中国。”③ 渥巴锡汗就是一个黄教教徒。沙皇极力扶植已信东正教的土尔扈特敦杜夫家族，就说明沙皇企图让土尔扈特、和硕特等蒙古效仿敦杜夫家族改信东正教。俄国史学家认为：“认真地为俄国统治阶级利益服务的东正教教会在卡尔梅克人的社会生活中起了很大的作用，在17世纪开

---

① ［俄］M. 诺伏列托夫：《卡尔梅克人》，李佩娟译，载中国社会科学院民族研究所编《厄鲁特蒙古译丛》（铅印本）第一集，第23页。

② 普希金：《普希金全集》第6卷，莫斯科，1956年版。转引自蔡曼华摘译《卡尔梅克苏维埃社会主义自治共和国史纲》，中国社会科学院研究所民族史研究室西北一组编：《厄鲁特蒙古历史译丛》第二集（铅印本），第194页、195页。

③ 何秋涛：《朔方备乘》卷38，第142页。

始传教活动以后，它在18世纪取得了显著的成就，受洗礼和表示愿意信奉东正教的卡尔梅克人的数量如此之大，以致俄国政府开始为信教的人划出专门的居住地区。”① 这是土尔扈特、和硕特蒙古所不愿接受的，特别是首领们。在土尔扈特东归时，曾被土尔扈特人挟制走，而又逃回俄国的卡尔梅克事务委员会委员俄国人M·维捷列夫“甚至认为，卡尔梅克人离开俄国，与其说是因为卡尔梅克人对俄国政府‘不满’，不如说是‘由于受他们盲目崇拜的达赖喇嘛的召唤，（据卡尔梅克人说）早在以敦多卜达什汗和全卡尔梅克人的名义派卡尔梅克使者去朝拜达赖喇嘛时，达赖喇嘛就给他送来召唤书信，信中允诺收留他们，并告诉他们，根据他的预言，他们要实现这个意图，不得早于1770年或1771年，似乎到那时他们才能幸运地逃脱，卡尔梅克诸诸领主们确信此信无疑。”② 已故的南路土尔扈特最大的黄庙——巴伦台庙的主持九世宫明活佛认为：“土尔扈特之所以东归，一是怀念故土，一是因为他们要到西藏朝拜路途实在太远……沙俄政府还常强迫他们改信东正教，要人到彼得堡当人质，这对他们都会有影响。”③ 因此：“他们向保护一切的佛祈祷，若能平安到达准噶尔，就可以生活在古老的同教、同语的蒙古同胞和决定今世来世幸福的崇拜之地，盛满宗教佛法神水的汪洋大海的西藏及赐大福于万民的圣人身边。”④ 以实现他们的理想。

史书上一般将土尔扈特、和硕特东归称为土尔扈特东归，主要是因为土尔扈特首领西迁后建立了土尔扈特汗国，而且东归者大多是土尔扈特部人。

土尔扈特汗国在伊济勒河流域维持了长达140年之久的政权。经历了七代共8位首领：和鄂尔勒克—书库尔岱青—朋楚克—阿玉奇—策伦敦罗卜—敦罗布旺布（阿玉奇之孙）—敦罗布喇什（阿玉奇之孙）—渥巴锡。

土尔扈特东归后，同年10月俄国政府宣布废除土尔扈特汗国，并取消了汗和汗国总督的命令。他们的一切事务由阿斯特拉罕省长办公厅所属的卡尔梅克事务专门考察团管辖。⑤

---

① 苏联科学院、卡尔梅克苏维埃社会主义自治共和国语言文学历史科学研究所编著《卡尔梅克苏维埃社会主义自治共和国史纲》，莫斯科出版社1967年版。转引自中国社会科学院民族研究所编《厄鲁特蒙古历史译丛》（打印稿，后同，略），第二集，第170页。

② ［苏］H. 帕里莫夫：《卡尔梅克在俄国境内时期的历史概述》，许淑明译，第71页。

③ 新疆社会科学院宗教研究所编：《新疆宗教研究资料》第九辑（打印本），1984年12月。

④ 诺尔布译：《卡尔梅克诸汗简史》，第60页。

⑤ 苏联科学院、卡尔梅克苏维埃社会主义自治共和国语言文学历史科学研究所编著：《卡尔梅克苏维埃社会主义自治共和国史纲》，第196－197页。

第二节 东归的过程

一、东归决议的形成

1770 年秋，渥巴锡从高加索前线回来以后，当机立断，在阿斯特拉罕省叶诺塔耶夫斯克以北维特梁卡地方（伊济勒河以北）秘密召集汗国首领、上层喇嘛们开会，郑重地说摆在土尔扈特面前的只有两条路，或逆来顺受，屈服于沙皇统治，或发动武装起义，彻底摆脱俄国的控制，这条路也是土尔扈特蒙古多年来向往的。征求他们的意见。据说参加会议的除渥巴锡外，还有策伯克多尔济、舍楞、巴木巴尔、达什敦杜克和大喇嘛罗布藏扎尔桑（又译写成罗布藏丹增、洛桑丹增）等 5 名贵族、上层喇嘛。① 会上，经过首领们庄严宣誓，通过明确决议，在虎年（1771 年）离弃沙皇俄国，举族起义，东返故土。而且为避免计划暴露，不能向任何人泄露。因此有学者认为以渥巴锡为首的参加这次秘密会议的 5 名上层贵族及 1 名大喇嘛，形成了实际的领导核心，在以后领导起义与东返的斗争中起着巨大的作用。② 但是距清代满文档案记载，渥巴锡、策伯克多尔济、巴木巴尔、根敦诺尔布（和硕特台吉）、雅兰丕勒（和硕特台吉）、罗卜藏丹增等，八九年前（指东归前八九年），共同商议，始有投诚。"东归前夕，渥巴锡、策伯克多尔基、巴木巴尔、根敦诺尔布、雅兰丕勒等，同心商定脱出之。又有舍楞者……"③ 所以，除了 5 名贵族和 1 名喇嘛外，和硕特部首领根敦诺尔布、雅兰丕勒也是东归起义的领导核心的成员。

东归策划者之一罗布藏丹增

---

① ［英］巴克曼：《土尔扈特自俄返华记》，载《中俄关系问题》，1983 年第 1 期。
② 马汝珩、马大正：《漂泊异域的民族》，第 166 页。
③ 中国社会科学院民族研究所民族史研究室等编：《满文土尔扈特档案译编》，民族出版社 1988 年版，第 110 - 111 页。

二、出发

1771年1月16日，即起义的前一天，渥巴锡将汗国部众召集在雷恩沙漠附近别尔图地区，向他们宣布起义东返的决议，他号召大家说，“为了遵守本民族法规和保护本民族，除了摆脱此间的（即俄国的——作者）庇护出走外，别无他法。”他要求所有的人都接受它的意旨。① 酷爱自由的土尔扈特人民早已忍受不了俄国政府所施加的种种压迫，他们热烈响应汗王这一决定，他们将满腔的怒火发泄出来，高呼：“我们的子孙永远不当奴隶，让我们到太阳升起的地方去。”② 大家一致行动起来，迅速为这次大迁徙完成了各项准备工作。

俄历1771年1月5日，公历1月17日是土尔扈特、和硕特蒙古历史上难忘的日子，因为这一天他们抗俄武装起义爆发了，他们在渥巴锡汗的指挥下，开始踏上重返故土的征程。③

这天清晨，首先由宰桑（部落首领）桑杰策凌率领的一支精锐部队袭击俄国派驻渥巴锡牙帐的杜丁大尉兵营，并歼灭了基申斯科夫派遣的增援部队，④ 揭开了土尔扈特军民武装起义的序幕。1月初的伊济勒河草原正是隆冬季节，寒风凛冽。临行前渥巴锡带头烧掉了自己的牙帐，丢掉了大批家什和器具，为大家树立了榜样，轻装带领先头部队出发了。成千上万的土尔扈特妇孺老人乘上早已准备就绪的马车、骆驼和雪橇，在骑兵的护卫下，一队接着一队陆续出发，“卡尔梅克人几乎像赛跑似的，一下子就离开了伏尔加河岸向东奔去，跟随总督渥巴锡走的有30909帐（即蒙古包，一个蒙古包按一户算）。有11198帐留在伏尔加河畔。”⑤ 而满文土尔扈特档记载有些出入，乾隆三十六年九月十二日条记有东返户数有33422户。其中和硕特部有2273户，辉特部有180户，土尔扈特部则有30969户。⑥

① ［苏］H. 帕里莫夫：《卡尔梅克在俄国境内时期的历史概述》，许淑明译，第74页。

② 斯文·赫定：《热河——皇帝城》，第31页。

③ 根据俄国的档案记载，土尔扈特东迁的准确日子是俄历1月5日，见［俄］M. 诺伏列托夫：《卡尔梅克人》，李佩娟译，载中国社会科学院民族研究所编《厄鲁特蒙古译丛》（铅印本）第一集，第70页。

④ ［英］巴克曼：《土尔扈特自俄返华记》，载《中俄关系问题》，1983年第1期。

⑤ ［苏］H. 帕里莫夫：《卡尔梅克在俄国境内时期的历史概述》，许淑明译，第74页。

⑥ 中国社会科学院民族研究所民族史研究室等编：《满文土尔扈特档案译编》，民族出版社1988年版，第134－145页。诺尔布译：《卡尔梅克诸汗简史》与满文档案记载比较接近，认为有33000户，16900人。

这里需要说明的是，这些起义东返的队伍只是伊济勒河东岸的土尔扈特及部分和硕特部众，河西岸的10198户部众没有随渥巴锡一起东归，其原因有学者认为，因为河西岸的杜尔伯特王公贵族扎木扬等和土尔扈特敦杜克夫家族是与渥巴锡持不同政见者，他们不同意渥巴锡的东返主张，因此起义前，渥巴锡没有向他们透露起义的消息。① 还有一种说法，认为渥巴锡之所以选择在隆冬季节东归是为了好让河西岸的部众顺利越过坚硬的冰层，同他们一道东归，但不巧，这年冬季气温比较暖和，冰层薄，承受不了大车和骆驼，因此河西岸的土尔扈特人未能同他们一同返回。② 我认为第二种说法比较正确，何秋涛《朔方备乘》也是这么认为的："是岁（指1771年——引者）冬温，河（指伊济勒河——引者）水（冰）不冻，乌巴锡不能待（等待）河北人户。"③ 苏联史学家内达金也说："假如那时，右岸的牧民若不是因为伏尔加河泛滥被阻的话，恐怕全部加（即卡）尔梅克人都会返回中国的。"④

三、摆脱俄军的追击和哈萨克人的袭击

渥巴锡将3万多户近17万的东返队伍，组成三路大军，一路是渥巴锡族弟、台吉巴木巴尔和台吉舍楞率领的先锋部队；一路是护翼在队伍两侧的台吉达什敦杜克等领主率领的大军；一路是渥巴锡和台吉策伯克多尔济率领的3万人行军在队伍的中间和后面。⑤

但是，东归征程并不是一条畅通无阻的坦途。俄国女皇叶卡德琳娜在得到土尔扈特等军民武装起义消息后，十分震怒和恐慌，急命奥伦堡总督莱英斯多尔普和军团指挥达维多夫少将率军截击，但未获战果。东归者为甩掉哥萨克骑兵，快速行军，于1月18日抵达乌拉尔河西岸，袭击了岸边的俄国哨所，并成功渡河。东归者正准备喘口气的时候，"一大帮哥萨克兵袭击了渥巴锡的一个支队，或名为菲卡·宰楚尔的一个小部落，将他们斩尽杀绝，这样

---

① 马大正：《漂泊异域的民族》，第171页。

② 诺尔布译：《卡尔梅克诸汗简史》，第61页。在南路土尔扈特民间普遍也流传着这种说法。

③ 何秋涛：《朔方备乘》卷38，土尔扈特归附始末，第145页。

④ ［苏］内达金：《土尔扈特蒙古西迁及其重返祖国》，马汝珩译，载《新疆大学学报》，1981年第2期。

⑤ ［英］巴克曼：《土尔扈特自俄返华记》，载《中俄关系问题》，1983年第1期。

土尔扈特人就失去了几千名最优秀的战士。”① 经过10余天的急行军，巴木巴尔和舍楞率领的先头部队摧毁了雅依克河上的俄军要塞，穿过冰封的雅依克河，迅速进入大雪覆盖的哈萨克草原，把尾追的俄军远远抛在后面，继续向恩巴河挺进。

进入哈萨克草原后，在恩巴河岸他们停下了，因为长途行军中无法避免的严寒、缺少给养，为躲避严寒，恢复体力。

4月初，春天来到了，当东归队伍振作精神重新上路时，在俄国政府唆使下，哈萨克小帐首领努尔阿里（又译成努拉利汗）汗联合巴什基尔人从后面向他们发动袭击，② 给艰苦行军中的土尔扈特人造成巨大损失。渥巴锡率领部众继续东进，当他们到达了恩巴河以东伊什姆河附近的奥琴峡谷时，哈萨克骑兵已占领了这条继续东进的唯一通道，怎样办呢？面对生死存亡的紧要关头，渥巴锡汗以他的大智大勇制定了一个作战方略，他指挥一支短小精悍的骆驼分队，从正面发起猛攻，策伯克多尔济则率领一支强有力的队伍，悄悄地从哈萨克骑兵后面堵截，前后夹击，出奇制胜地夺取了山口要隘，打通了东进的道路。他们通过奥琴峡谷后，又继续前进了。但“努拉利汗和中玉兹苏丹阿希莱在努拉河汇合之后，又扑去追赶卡尔梅克人，捉住掉队的人，赶走他们的牲畜。”③ 哈萨克人抢去了东归者无数的人畜和财宝。

已是炎热的夏季。战争的伤亡，还有滴水不见的戈壁荒漠，致使疫病流行，人口锐减，牲畜大量死亡。使许多土尔扈特、和硕特人纷纷倒下，特别是老人和儿童，行军的速度放慢了。一些人产生了悲观情绪，他们怨声载道，想退却。“没有一个人有喜庆或满怀希望之感，到处是寡妇，许许多多倔强的土尔扈特人把死去或奄奄一息的妻子抛在路旁，无数母亲为冻饿致死的幼子悲伤欲绝。”④ 面对这种情景，渥巴锡心情无比沉重，他是个勇敢正直的人，

---

① ［俄］M. 诺伏列托夫：《卡尔梅克人》，李佩娟译，载中国社会科学院民族研究所编《厄鲁特蒙古译丛》（铅印本）第一集，第27页。

② 苏联科学院、卡尔梅克苏维埃社会主义自治共和国语言文学历史科学研究所编著：《卡尔梅克苏维埃社会主义自治共和国史纲》，转引自中国社会科学院民族研究所编《厄鲁特蒙古历史译丛》，第189－190页。

③ 苏联科学院、卡尔梅克苏维埃社会主义自治共和国语言文学历史科学研究所编著：《卡尔梅克苏维埃社会主义自治共和国史纲》，转引自中国社会科学院民族研究所编《厄鲁特蒙古历史译丛》第二集，第190页。

④ ［俄］M. 诺伏列托夫：《卡尔梅克人》，李佩娟译，载中国社会科学院民族研究所编《厄鲁特蒙古译丛》（铅印本）第一集，第28页。

《东归途中》 林岱绘画

为了免受良心的谴责，使部落首领统一认识，他召集“扎尔固”，在会议上他把继续前进还是返回伊济勒河的最后决定权交给他们。策伯克多尔济坚定地说：“我们已经走了1800英里了，再走300里就到中国了，假如我们现在回头，我们会落在俄军和吉尔吉斯部落、巴什基尔部落的手中，假如我们奔向东方，至少有逃脱敌人魔爪的希望，俄罗斯是奴隶的国度，而中国是理想之邦，让我们奋勇向前——向着东方！向着东方！”最后就按照策伯克多尔济的意见定了。①

东归队伍行进到莫塔湖（又译成姆英塔湖、莫尼泰河）时，陷入了哈萨克小帐努尔阿里汗与中帐阿布赉的5万联军的重围中。在此危急时刻，渥巴锡等冷静分析形式，迅速派出使臣与哈萨克人谈判，并同意送回在押的一千名俘虏，从而争得了三天喘息时间。渥巴锡利用这一宝贵时机，调整兵力，在第三天深夜，率部奇袭哈萨克联军，成功突出重围，继续东进。20世纪30年代曾在驻迪化的苏联领事馆任职的内达金在他所著的《西部蒙古族及满洲族》一书中认为：②

“土尔扈特汗渥巴锡在紧要关头指挥进军还有些年轻缺乏经验，他和他周围的人，对情况的紧急是知道的，甚至连年轻的渥巴锡的生命也令

① ［俄］M. 诺伏列托夫：《卡尔梅克人》，李佩娟译，载中国社会科学院民族研究所编《厄鲁特蒙古译丛》（铅印本）第一集，第34页。

② ［苏］内达金：《西部蒙古族及满洲族》，载中国社会科学院民族研究所等合编《蒙古族额鲁特部历史资料译文集》（1978年7月，铅印本），第8辑，第14页。

人担心。据土尔扈特人传说，但他们在如此危机的时刻，出现了两个才能出众，英勇不屈的英雄人物——土尔扈特的王公江基尔·巴图尔和扎瓦·巴图尔，以他们非凡的才能决定着远征的前途命运，而把生存下来的加（同卡）尔梅客人安全的引回到准噶尔地区。”

炎热的夏季，干渴使人们无法忍受，他们横跨120英里泥泞难行的黄泥草滩时付出了很高的代价，草滩的黄水饱含毒液，传染赤痢性疾病，使人肠道出血致死。人们也顾不上那么多了，喝了黄水而倒下，又有成千人为此丧命。至今在土尔扈特南部落民间还流传着一句俗话，“到了巴尔喀什湖（误以为是巴尔喀什湖，引用者）开始拉稀了。”或早晨见面互问：“你的肚子好吗？”

到巴尔喀什湖时也如此，都跑去痛饮湖中的咸水，许多人喝得都抽搐了，死在水里，骆驼也浸在水里解渴。① 为了避免哈萨克封建主的袭击，（好像是4月份）东返队伍绕道巴尔喀什湖西南戈壁，巴尔喀什湖四周大部分都是戈壁，这条无水无草的荒滩，人们口渴了就喝牛马的生血，不少人得痢疾死去，史载：“死者30万人，牲畜十存三、四，经10余日狼狈逃出。”② 然后经楚河（吹河）、塔拉斯河，且战且走，他们仍坚定不移地前进在东归的征途上。到达塔拉斯河流域之时又遇到了吉尔吉斯人的袭击，“布鲁特人（即吉尔吉斯人——引用者）在沙漠边缘等待，不分昼夜跟随在前后两方进攻，抢取的人畜和财宝比哈萨克还多。”③ 终于于7月到达了伊犁沙喇伯勒（在伊犁河西，伊塞克湖北）地方。东归的大致路线满文档案记载，也是“俱由额济勒至巴勒喀什淖尔戈壁一带行走，经沙拉伯勒渡伊犁河。”④

四、到达伊犁河

1771年7月8日，策伯克多尔济、雅兰丕勒、喇嘛罗卜藏丹增等率领的先遣部队五千余人，在沙喇伯勒东北、伊犁河南支流察林河畔塔木哈卡伦与

---

① ［俄］M. 诺伏列托夫：《卡尔梅克人》，李佩娟译，载中国社会科学院民族研究所编《厄鲁特蒙古译丛》（铅印本）第一集，第40页。

② 何秋涛：《朔方备乘》卷38，《土尔扈特归附始末》，第145页。

③ 诺尔布译：《卡尔梅克诸汗简史》第63页，何秋涛：《朔方备乘》卷38，《土尔扈特归附始末》，第145页。

④ 中国社会科学院民族研究所民族史研究室等编：《满文土尔扈特档案译编》，第113页。

伊犁将军派遣的探听消息（事先得到了俄罗斯人转告的消息）的侍卫普济保、察哈尔领队大臣、厄鲁特散秩大臣硕通等清朝官员相遇。① 随后的东返队伍陆陆续续抵达。7月16日清军锡伯营总管伊昌阿、硕通率领巡察部队在伊犁河畔会见了刚抵达的渥巴锡、舍愣，以及土尔扈特、和硕特东归队伍的主力和家属。

伊昌阿和硕通在向清政府的报告中对此情景进行了描写：当他们一行30余人前往渥巴锡住地时，只见北面一个蒙古包里，前面支起凉棚，渥巴锡坐在正中，巴木巴尔坐在一边，当他们走近下马时，渥巴锡、巴木巴尔立即站立，并跪下请安，接着双方行抱见之礼。渥巴锡对伊昌阿等说："我特地承蒙大圣皇帝之恩，预谋生计而乞入之，沿途与哈萨克征战，我等人畜多被克扣取之，恰好至此，若将军大臣早指良牧而居，则我之属下方得蒙受恩泽，得以生活，今已疲惫不堪。"等等。伊昌阿观察他们"确实疲惫贫困至极"。他希望渥巴锡早日到伊犁将军府与参赞大臣舒赫德会见。② 次日，渥巴锡、巴木巴尔、舍楞等3人赴伊犁，13日抵达伊犁，会见了舒赫德。舒赫德将特意从京城"六百里加急驰递"来的《乾隆谕渥巴锡、策伯克多尔基、舍楞敕书》交给渥巴锡。此书是用满文写的，主要是向渥巴锡等首领交代他们的收抚政策，已解他们的后顾之忧。

土尔扈特、和硕特东返部队经过7个多月的行军，克服了种种困难，到达了目的地，但确实蒙受了严重的损失，付出了巨大的牺牲。据乾隆于1771年10月15日公布的《优恤土尔扈特部众记》碑文记载："方其渡额济勒河而来也，户凡3万3千有奇，口16万9千有奇，其至伊犁者，仅以半数。"③ 那么返回的具体人数是多少呢？据满文档案东返时注册的人数有15510户、63805人，其中土尔扈特有11783户、48261人；和硕特有1628户、5613人；喇嘛有2990户、9211人。④ 托忒文史料记载他们自伊济勒河出发时约有16.9万人众，而返回伊犁的仅有7万多人，⑤ 比较符合满文档案。

---

① （清）七十一《西域闻见录》卷六，《土尔扈特投诚纪略》。

② 中国社会科学院民族研究所民族史研究室等编：《满文土尔扈特档案译编》，民族出版社1988年版，第45－46页。

③ 《优恤土尔扈特部众记》，见包文汉整理《清朝藩部要略稿本》，卷14，《厄鲁特要略》六，第228页。

④ 中国社会科学院民族研究所民族史研究室等编：《满文土尔扈特档案译编》，民族出版社1988年版，第212页。

⑤ 诺尔布译：《卡尔梅克诸汗简史》，第63页。

这是一个充满血与泪的悲壮史实。土尔扈特、和硕特蒙古的血不能白流，他们反抗强暴、热恋故土的英雄事迹已载入史册，激励着很多人。在西蒙古流传的一首民歌《广阔的伊济勒河》① 从一个侧面衬托了他们东归时的情景，至今仍在西蒙古人中流传，歌词大意即：

广阔的伊济勒河，
我迎着急流勇往直前，
待到那吉祥的时候，
我要把老人家拜见。

伊济勒河的水，
我们争分夺秒的去渡过，
追击而来的萨拉达斯（指俄国兵），
我们用刀枪弓箭去消灭。
启程东返的土尔扈特，
何惧萨拉达斯的威胁。
在蒙古人勇猛顽强的抵抗下，
敌人夹着尾巴逃跑。
离开了遥远伊济勒水，
回到了故乡伊犁河。

第三节　东归的意义

土尔扈特、和硕特人民的东归事件是他们用生命谱写的一曲震惊世界的悲壮史诗。它给后人留下了深深地感叹和思虑，正如历史小说《土尔扈特》的作者在前言中所说：“土尔扈特的悲壮之举不是消失在历史的传奇交界地区的一个孤立事件，而是人类永恒地追求自由与和平的一个真实范例。是值得我们传颂的一篇伟大的叙事史诗。”② 就在 1772 年 10 月，《土尔扈特全部归顺记》立碑的第二年，正在乾隆的宫廷传教的法国传教士钱德明，将满文碑

① 《蒙古族民间歌曲》（打印稿）未正式出版。
② ［美］W. L. 芮弗：《土尔扈特》，凌颂纯等译，新疆人民出版社 1988 年版，第 3 页。

文译成法文，并加了按语和注释，作为其著作《中国人的历史、科学、艺术、伦理及习惯的备忘录》第一卷的一部分，于1776年在巴黎出版。该书出版后，反响很大，一直为世人所重视。

东归事件具有其深远的历史意义，东归精神其一表现了土尔扈特、和硕特蒙古族反抗奴役，不畏强暴、追求自由、和平的威武不屈的英雄气概；其二表现了他们热爱祖邦故土的爱国主义精神。

一、反抗奴役，不畏强暴，追求自由、和平的英雄气概

众所周知，作为游牧民族的蒙古人是逐水草而居者，他们为了逃避自然灾害，寻求生活的新环境而迁徙，后来还有为了扩张而迁徙的。长期的游牧生活造就了他们的尚武精神。男子自幼习骑射，青壮从戎。成吉思汗建立蒙古帝国后，凭借着强大的军事实力，向邻境发动频繁的征战，不断扩大其疆域。土尔扈特曾作为成吉思汗的护卫军，随其征战。和硕特部远征青藏，并占领之。当他们遭受沙俄的欺凌时，则举部起义，回归故土。归途中，突破了哥萨克、哈萨克、布鲁特人的拦截、追击，最终回到了祖国。充分表现了他们反抗奴役，不畏强暴、追求自由、和平的威武不屈的英雄气概。没有这种英雄气概，也就不会有东归事件。蒙古族学者孟驰北认为："土尔扈特部落的东归，在人类历史上是草原民族的最后一次长距离的迁徙。"东归壮举在中华民族反抗帝国主义侵略，争取民族解放的斗争历程中，书写了永垂青史的篇章。

二、热爱祖邦故土的爱国主义精神

西迁额济勒河的土尔扈特、和硕特时刻思念故乡准噶尔、思念他们的发祥地，在异乡生活了一个半世纪，在危难之时，思乡之情更加浓郁，最终毅然决然地摆脱了俄罗斯的统治，回归了故乡，投靠了清政府，这就是爱国主义的表现。这其中除了他们与准噶尔之间剪不断的思乡情外，文化认同也是主要元素。土尔扈特、和硕特人西迁后，近一个半世纪一直信黄教，不断遣使前往西藏朝拜。而俄国信东正教，一些土尔扈特人渐受其影响，改信东正教，这是土尔扈特首领不容许的。而清朝政府为了团结各少数民族，十分尊重他们的宗教信仰，特别是推崇黄教。因此清朝成了蒙古人的理想之国。土尔扈特九世宫明活佛曾经说过："过去蒙古人对满洲皇帝非常尊敬，称为博格

达皇帝，就是信佛的皇帝之意。”① 就连西方人也认为对土尔扈特人来说，中国是充满希望的地方，而俄国是受人约束的地方。②

文化是一个民族的精神和灵魂，是国家发展和民族振兴的强大力量。文化认同是国家认同的基础，而对中华民族文化认同也是构成爱国主义核心的一部分。1714 年（康熙五十三年），清朝的图理琛是团到土尔扈特汗国访问时，阿玉奇汗就曾对他们说过：“满洲蒙古大率相类，想起初必系同源，”蒙古“衣帽服饰略与中国同，其俄罗斯国乃衣服、语言不同之国，难以相比。”③ 表明了他们的族源与文化习俗与中国息息相关。

渥巴锡等东归首领　　林岱绘画

渥巴锡作为土尔扈特汗国最高首领，在反抗沙俄压迫与重返故土这一历史事件中，始终站在斗争的第一线，渥巴锡不愧为蒙古族的民族英雄。

土尔扈特、和硕特人民的英勇行为充分体现了热爱祖国、反对侵略、拥护统一、反对分裂的崇高意志，他们的英雄业绩将激励和培育后代的爱国主义情感，促使子孙后代为保卫边疆、建设边疆而奋斗。有学者说得好：“东归精神是中华民族精神的可贵的组成部分。”④ 在当今新疆意识形态领域的反分

① 新疆社会科学院宗教研究所编：《新疆宗教研究资料》第九辑（打印本），1984 年 12 月，第 16 页。

② ［英］德昆赛：《鞑靼的反叛》，载中国社会科学院民族研究所等合编《蒙古族额鲁特部历史资料译文集》（1978 年 7 月，铅印本），第 8 辑，第 78 页。

③ 何秋涛：《朔方备乘》卷 44，《考订异域录下》，第 252、256 页。

④ 马大正：《东归精神永存》，载《西部蒙古论坛》，2009 年第 4 期。

裂斗争中，弘扬东归精神具有一定的现实意义。东归的行动给后人留下了珍贵的启示：在一个多民族的国家中，任何一个民族想要发展、壮大都必须同祖国同呼吸、共命运；离开了祖国的怀抱，在势单力薄的情况下必将最终成为别国的附庸。

第四章

清政府对土尔扈特、和硕特部的接纳和安置

第一节　接纳东归者

一、清政府决定接纳东归者的决策

土尔扈特、和硕特部回归祖国一事，清政府事前丝毫不知，1771 年 4 月，清政府从俄国政府的函告中得悉，大批土尔扈特、和硕特部众正在东返途中。乾隆皇帝对土尔扈特、和硕特回归之事非常重视，为了弄清他们返回的真正意图，在当年 5 月派了参赞大臣舒赫德去伊犁，协助伊犁将军伊勒图了解情况。乾隆皇帝根据舒赫德的大量上奏报告，断定他们是“归顺”，立即做出了收留安抚所有回归土尔扈特、和硕特蒙古的决定。① 7 月 24 日，渥巴锡一行抵达伊犁，在伊犁期间，参赞大臣舒赫德会见了渥巴锡等首领们。舒赫德还将专门从北京“六百里加急驰递”送来的《乾隆谕渥巴锡、策伯克多尔济、舍楞敕书》交给渥巴锡，从其中乾隆的一段话中可以看出清朝接纳土尔扈特的政策：“尔等既自远道艰辛跋涉而来，故于安置尔等之时，朕业已降旨伊犁将军大臣等，指给良牧，安置水草丰美之地，歇身安居。当尔等来朝之际，定赏衔品，重施厚恩，著尔等蒙受存留之。”② 这句话好似给渥巴锡及其他首领吃了定心丸。

土尔扈特、和硕特蒙古在远离故土的一个半世纪之后，又举部东返，这

① 中国社会科学院民族研究所民族史研究室等编：《满文土尔扈特档案译编》，第 3－4 页。

② 中国社会科学院民族研究所民族史研究室等编：《满文土尔扈特档案译编》，第 180 页。

是当时国内政治生活中的一件大事，引起了朝野颇大的反响。对于他们东返的动机也是众说纷纭，乾隆皇帝仔细地分析了伊犁将军和派出的众大臣的汇报，告诉众大臣："今土尔扈特携全部，舍异域，授诚向化，跋涉万里而来，是归顺非归降也。"① 在承德接待渥巴锡等土尔扈特和硕特部重要首领，是清政府对土尔扈特蒙古收抚方针的重要内容之一。渥巴锡等一行于8月5日在舒赫德的陪同下离开伊犁，前往承德朝觐。②

东归时的土尔扈特人

二、分封土尔扈特和硕特五公

1771年的秋天，承德避暑山庄和木兰围场，洋溢着一派喜庆的气氛，这一年是乾隆母亲皇太后80寿辰，又是乾隆61岁生日，而仿造布达拉宫建造的普陀宗乘寺庙也正式建成。这么多的喜事对于好大喜功的乾隆来说，当然要隆重庆贺，而使乾隆喜上加喜的是，这一年的十月中旬，刚从俄国返回的渥巴锡、策伯克多尔济、舍楞等土尔扈特蒙古著名首领日夜兼程，风尘仆仆赶到承德入觐。最后一个蒙古部归入了清朝的版图，乾隆帝甚为兴奋，而对于土尔扈特、和硕特的爱国正气他大为称赞。对此他写诗抒怀道：

> "土尔扈特部，昔汗阿玉奇，今来渥巴锡，明背俄罗斯，向化非招致，颁恩应博施，舍凌逃复返，彼亦合无辞。卫拉特相忌，携孥往海滨，终焉怀故土，遂尔弃殊伦，弗受将为盗，俾安皆我民，从今蒙古类，无一不王臣。"③

渥巴锡一行到达承德后，清政府对他们的活动安排、接待规格以及封赐恩赏等方面，均参照了1754年对三车凌（即杜尔伯特部的车凌、车凌乌巴

① 《御制土尔扈特全部归顺记》，见包文汉整理《清朝藩部要略稿本》卷14，《厄鲁特要略》六，第226页。

② 中国社会科学院民族研究所民族史研究室等编：《满文土尔扈特档案译编》，第61－62页。

③ 包文汉整理：《清朝藩部要略稿本》卷14，《厄鲁特要略》六，第225页。

什、车凌蒙克等三位贵族于1753年率部投清，清代史籍称之为“三车凌”。清政府对于三车凌所部予以妥善安置，赐以爵位，编设盟旗）的旧例。10月15日傍晚，乾隆在木兰围场伊绵峪接见了渥巴锡一行9人，乾隆在蒙古包以茶点招待他们，他用蒙语向渥巴锡问好，并赏赐顶戴冠服，渥巴锡等向乾隆进献了家传的“七宝刀”及金错刀等礼品。①

乾隆还在伊绵峪围猎营地举行盛大宴会，款待渥巴锡一行。参加宴会的有各大臣、内外蒙古王公以及厄鲁特蒙古诸部首领近百人，规模盛大。席间，各部首领共叙友情，立志要为维护国家统一作出贡献。渥巴锡等在木兰围场期间，还随乾隆参加规模盛大的一年一度的围猎。10月25日渥巴锡随乾隆抵避暑山庄。

10月27日正值普陀宗乘庙（这是清朝政府为尊重信仰藏传佛教的藏族蒙古族，仿照拉萨布达拉宫修建的一处大庙群，有小布达拉宫之称）落成典礼。渥巴锡等与喀尔喀、内蒙古、青海、新疆等地王公贵族一起瞻仰礼佛，参加盛大法会。乾隆还亲自撰写了《土尔扈特全部归顺记》和《优恤土尔扈特部众记》两篇碑文，以满、汉、蒙、藏四体文字镌刻于两块巨型石碑之上，立于外八庙的普陀宗乘庙内。石碑记述了这个震惊中外的民族大迁徙事件，至今依然矗立在承德市普陀宗乘庙内。

9月13日在避暑山庄，乾隆皇帝对来归的土尔扈特、和硕特蒙古大小首领均予封爵。一次封了48名王公台吉为汗、王、贝勒、贝子、镇国公、辅国公、台吉等爵位，次年又将个别王公爵位进行调整，最后确定。② 即：

> 渥巴锡为乌讷恩素珠克图盟旧土尔扈特卓里克图（英勇之意）汗。
> 策伯克多尔济为布延图亲王。
> 舍楞为弼哩克图郡王。
> 恭格为图萨图贝勒。
> 默门图为济尔噶尔贝勒。

沙喇扣肯为乌察拉尔图贝子，叶勒木丕尔为阿睦尔灵贵贝子，德尔德什达木拜扎尔桑为头等台吉，肯泽为四等台吉。这次未来参加接见的巴木巴尔、

① 包文汉整理：《清朝藩部要略稿本》卷14，《厄鲁特要略》六，第225－230页。

② 中国社会科学院民族研究所民族史研究室等编：《满文土尔扈特档案译编》，第146－150页。

旺丹布腾、拜济呼等人分别被封为毕锡勒尔图郡王、贝子、辅国公、台吉等爵位。一次授封了48名土尔扈特、和硕特王公贵族。① 并且规定按定例，汗、亲王之子，授为公爵；郡王、贝勒之子，授为一等台吉；贝子、公之子，授为二等台吉。成年之后，可获品级，日后承袭父亲爵位。

南路盟除了卓里克图汗外，授封的主要有额默根乌巴什为巴雅尔图贝子、拜济瑚授为辅国公，伯尔哈什哈为一等台吉。此外还有闲散头等台吉1员、闲散二等台吉1员、闲散三等台吉3员、闲散四等台吉2员。

中路和硕特恭格被封为土谢图贝勒外，恭格叔父雅兰丕勒封为贝子、族弟诺海及巴雅尔喇瑚均封为札萨克一等台吉。此外，还有闲散二等台吉2员、闲散四等台吉1员。②

渥巴锡虽然被封为汗，成为新疆蒙古族中爵位最高的王公，但同他在伊济勒河时期的土尔扈特汗国的汗比较，权力是大大地削弱了，可以说徒有虚名。由此可见，乾隆表面上赞扬土尔扈特、和硕特蒙古是真心归顺，暗中还是防范的。

清朝为了利用蒙古的封建势力，维护其对蒙古社会的封建统治秩序，建立起一整套完备的封建等级制度。满蒙汉等族地（牧）主阶级封建王公贵族构成统治阶级，被称为“伊吉格日腾”、“诺颜”，即蒙古语“主人”、“当官者”、“贵人”之意。满蒙汉等各族人民处于受压迫剥削地位，构成被统治阶级，即“阿勒巴图”（漠南蒙古多用此称呼）、“阿日的”（西蒙古多用此称呼），蒙古语“纳贡者”、“平民”之意。土尔扈特、和硕特两部东归后，大大小小的封建主在清政府的册封下依然保住了贵族的地位。

以上王公均世袭罔替，《理藩院则例》规定：

> “内外札萨克及闲散汗、亲王、郡王、贝勒、贝子、公、札萨克台吉、塔布囊等准起将长子预保报部给予加衔，以备将来袭爵，其汗、亲王之子授为公品级头等台吉，郡王、贝勒之子授为头等台吉，贝子、公之子授为二等台吉，札萨克台吉之子授为三等台吉，均于报部时由部奏予应得品级。”③

---

① 中国社会科学院民族研究所民族史研究室等编：《满文土尔扈特档案译编》，第147-154页。

② 《新疆识略》卷15。

③ 《清理藩部则例》卷3，第1-2页，蒙藏委员会编译室出版1942年版。

每个封建王、公、台吉等，享有优惠待遇和特权。政治上，各盟旗札萨克职务全部由王公担任。汗王的权力比较大，具有独立性，“他独自统治自己所属的土尔扈特臣民，完全不受汉人和满人干预。他可以进行审判和惩罚，还可以征收人头税；他有自己的军队来保卫其汗王国的边界……其他土尔扈特王公们并不享有焉耆汗王那样的自由和独立性。从形式上看，虽然他们也独立自主地统治者自己属下的百姓，可以审判和惩处他们，但是他们随时会受到干预。”①

经济上，按其爵秩分别享受不同等级的俸禄、随丁和区别其品级的特制服饰。

在袁世凯执政时期（1912 年 4 月至 1916 年 6 月），北洋政府在蒙古地区采取了笼络蒙古王公的政策。1912 年 2 月 12 日公布了《关于满蒙回藏各族待遇条例》。② 这一条例的公布和施行标志着少数民族王公统治人民的特权地位和少数民族地方的封建秩序已基本确立。

杨增新这个封建军阀在新疆实行的是封建的独裁专制统治。对于少数民族他竭力拉拢，依靠封建王公、宗教上层、富商和地主巴依巩固统治。他对新疆少数民族封建王公的爵位不仅全部予以承认，并普遍晋爵，而且工公凡世袭罔替者，要求将其长子预保报部（指蒙藏事务局），授予职衔，以备将来袭爵。并报请北洋政府重新册封。

册封结果大致是：南路汗王仍为汗王，并加授一等嘉禾章，汗王布彦孟库年幼的长子满处克扎布封为辅国公，中旗札萨克贝勒敏珠多尔济晋封为郡王，右旗辅国公诺尔博林沁晋封为镇国公，左旗头等台吉西勒达尔玛进封为辅国公。

和硕特盟中旗札萨克贝子桑济扎布晋封为贝勒，左旗札萨克头等台吉喇达那博堆进奉为辅国公，右旗札萨克头等台吉贡噶那木扎勒进封为辅国公。③焉耆由于地处要冲，当地居民主要为土尔扈特、和硕特蒙古，杨增信为了牵制整个南疆，故任命布彦蒙库为蒙古骑兵统带（统领）。

1927 年，南路盟青砖瓦的汗王府落成（今和静县城），盟长公署办公地点也设在内。两侧还设有各旗察哈尔（蒙古语，即各旗办事处）。

---

① ［俄］尼·维·鲍戈亚夫连斯基：《长城外的中国西部地区》，商务印书馆 1980 年版，第 104 页。

② 《宣统政纪》卷 70，页 15；邢亦尘编：《清季蒙古实录》下辑，内蒙古社会科学院蒙古史研究所出版（内部发行）1981 年 10 月，第 480 页。

③ 张大军：《新疆风暴七十年》第四章，兰溪（台湾）出版社 1980 年版，第 681－699 页。

三、清政府对东归者的优恤政策

除了封爵外，清政府还对土尔扈特王公实行厚赏。据满文档案记载，清政府在避暑山庄，一次就赏给渥巴锡5千两、策伯克多尔济4千两、舍楞3千两。① 而且每次筵宴必有名目繁多的赏赐。

土尔扈特、和硕特部众虽然胜利到达了伊犁地区，但其经过长途跋涉，悲惨情景使人目不忍睹，伊犁将军伊勒图、大臣舒赫德在给乾隆的奏折中写道："其投来者内，皆为老弱孤独，妇女幼儿甚众，摇晃行走而来。至其游牧地观之，则饥馑疲惫者甚多，到达我等头人驻地后，频频叩首痛苦求乞，看来已是甚为窘迫。"② 乾隆帝看了奏折后很震惊，又深为土尔扈特、和硕特人不畏艰险返回家乡的精神所感动。因此，在承德优赏土尔扈特贵族上层的同时，乾隆帝对土尔扈特、和硕特人民也及时采取了措施加以赈济，并精心策划。拨发库银20万两接济饥寒中的土尔扈特、和硕特部众，在短短的几个月里，从新疆、甘肃、陕西、宁夏及漠南蒙古等地各族人民中调集支援他们的物资计有：马牛羊20余万头，米面4万多石，茶2万余封，羊裘5万多件、棉布6万多匹，棉花近3万公斤，毡房400余具等。③ 这些数字还不包括从哈密、辟展购买的3万头牲畜和东归者初到伊犁时赈赡的茶米等物。御寒的衣物可是他们每人平均得到1匹布、1斤棉，皮袄近1件。这些物资对当时贫困交加的土尔扈特、和硕特蒙古真是雪中送炭，使他们渡过了困难，回到了故乡的怀抱，终于在新的祖国的土地上重建家园、安居乐业。

新疆的蒙古族也热心捐助东归的土尔扈特、和硕特部众。据满文档案记载，在所有捐资的物品中，察哈尔营蒙古军民捐助的物品共计有：孳生羊1万只、孳生牛1千只、皮袄2千件；厄鲁特营捐献了马2千匹、牛1千头、羊2万只。此外还筹办蒙古包等。④ 虽然清政府都将牲畜折价付给察哈尔、厄鲁特营众（银两），但从中体现出察哈尔、厄鲁特军民的一片诚意。翌年秋季，

---

① 土尔扈特档，乾隆三十六年九月（上）3全宗1696：1号。转引自马汝珩、马大正：《漂泊异域的民族》，第194页。

② 中国社会科学院民族研究所民族史研究室等编：《满文土尔扈特档案译编》，第39页。

③ 《优恤土尔扈特部众记》，包文汉整理《清朝藩部要略稿本》卷14，《厄鲁特要略》六，第228页。

④ 军机处满文录副奏折2437－21（NO.172、NO.173、NO175），载中国第一历史档案编《清代西迁新疆察哈尔蒙古满文档案译编》，全国图书馆文献缩微复制中心出版，1994年版，第162－163页。

察哈尔营众又接纳了土尔扈特汗王渥巴锡所属260户到博尔塔拉，直到1776年（乾隆四十一年），这部分土尔扈特迁往游牧地珠勒都斯，这期间，这些土尔扈特人的口粮“皆由察哈尔等供养”。他们教土尔扈特蒙古种田，还捐献御寒衣物，由于“察哈尔官兵教习土尔扈特等种地，收获颇丰，并办给贫困人等御寒衣物，所办甚好”，因此，清政府给予察哈尔官兵“应按照料土尔扈特种地之满洲官员之例嘉奖。”① 对于渥巴锡部众中病弱伤残者15000余人，暂时安置在伊犁河南克特曼、双科尔等地养病，等能行走了再迁往斋尔。

乾隆皇帝对饥寒交迫的东归土尔扈特、和硕特部众宽厚相待，慷慨解囊，并划分牧地，从而为他们与中华各族的友好相处奠定了基础，这一点是值得赞许的。这有利于增强各民族对清中央政府的向心力。当时在北京传教的法国传教士钱德明也佩服乾隆皇帝的慷慨，他说：“我们必须承认皇帝这次的行动是具有高度的智慧和慷慨的，确是世上最伟大的君主。我们必须承认在这个世界上只有中国的皇帝能够有足够的财富来提供这些物资而不需聚敛于百姓。”②

第二节　安置东归者

一、划分牧地

对于如何安置土尔扈特、和硕特部众，乾隆帝经过深思熟虑令伊犁将军伊勒图：“若指与伊犁之沙喇伯勒等处，附近西边，易于逃窜；乌鲁木齐一带又距哈密、巴里坤卡路甚近，朕意令居住塔尔巴哈台东、科布多西之额尔齐斯、博尔塔拉、额密勒、斋尔（又写成齐尔、载里，笔者注）等处方妥。”③ 由此可见，乾隆帝对回归的土尔扈特、和硕特还是有戒心的。根据乾隆帝的意图，除了留在伊犁调养者外，和硕特人暂被安置在额林哈毕尔噶之古尔班济尔噶朗外，土尔扈特部众安置在斋尔一带，即塔城东南，“至巴尔鲁克（山

① 军机处满文录副奏折2553－21（NO、203），载中国第一历史档案编《清代西迁新疆察哈尔蒙古满文档案译编》，第181页。

② ［法］钱德明译：《耶稣会士钱德明关于乾隆〈土尔扈特全部归顺记〉满文碑的译文、按语和注释》，吴其玉译，中国社会科学院民族研究所民族室研究室西北一组编《厄鲁特蒙古历史译丛》第一集，第14页。

③ 《清实录》，乾隆三十六年六月丁亥条。

名——作者）一带，蜿蜒500余里，一脉连贯。"① 由塔尔巴哈台参赞大臣兼辖。迁移这些众多人口也非易事，除了有清朝官兵带领外，清廷还给每10人1只羊、每人1斗粮，作为沿途的口粮。

土尔扈特、和硕特蒙古东归前，在伊济勒河（今伏尔加河）流域居住时，社会经济为单一的畜牧业。1771年11月4日，他们东归3个多月后，在承德避暑山庄土尔扈特汗国首领渥巴锡在向清朝大臣福隆安介绍其部众在额济勒河社会生活时说："俄罗斯人或住砖房，或居木屋，皆靠田而活，并非我土尔扈特靠牧四畜而生。"② 所以，清政府在安置土尔扈特、和硕特部众时，依其生活习性，给各部划分了牧地。但是，乾隆对渥巴锡等土尔扈特、和硕特部众还是不完全信任，这从他对两部蒙古的安置设想中可以看出，他指令部下：

"在渥巴锡的言词之中，却称伊为正统汗之后裔，而此次投顺之台吉，均系伊所携来者，其心意是返归伊犁，将各部俱为伊所辖之下，犹如噶尔丹策凌，竟欲总统伊犁之地，难免没有霸占之情，此断然不可，朕早已洞察此事，倘使伊等聚居一处，则于事不利，故乃令各自间隔而居，不得互通音息等情。"③

同时，又令："与安置尔等之时，命指其良好牧地居之等处。"④ 因此，伊犁将军舒赫德根据清朝这一指令划分了土尔扈特、和硕特部的牧地，清廷又经过反复斟酌，最后确定。首先将土尔扈特部按旧有的组织系统分为新旧两部，渥巴锡所部为旧土尔扈特，舍凌所部为新土尔扈特，恭格所属和硕特为中路。一同东返的喇嘛罗卜藏丹增属众及准噶尔、辉特部共计9千余人交付厄鲁特营领队大臣硕通管辖，被安置在今特克斯县境内。所划牧场均为优良草场。

汗王渥巴锡所领牧地在斋尔原地，由塔尔巴哈台参赞大臣兼辖。

亲王策伯克多尔济所属，牧地在和布克萨哩（今和布克赛尔蒙古自治

---

① 清光绪末年《塔尔巴哈台直隶厅乡土志》，载塔城市地方地编纂委员会编《塔城市志》"附录·文献辑存"，新疆人民出版社出版1995年版，第728页。

② 中国社会科学院民族研究所民族史研究室等《满文土尔扈特档案译编》，乾隆三十六年九月二十八日折，民族出版社1988年版，第166页。

③ （土尔扈特档）中国社会科学院民族研究所民族史研究室等编《满文土尔扈特档案译编》，第163页。

④ （土尔扈特档）中国社科院民研所等《满文土尔扈特档译编》，第38页。

县)，也受塔尔巴哈台参赞大臣节制。

郡王巴木巴尔划牧于济尔噶郎（今乌苏县境)，由库尔喀喇乌苏大臣管辖。

贝勒默们图所属划牧于晶河（今精河)，隶属伊犁将军节制。

新土尔扈特郡王舍楞所部，划牧于布勒罕河（今阿尔泰山布尔根河）流域，由科布多参赞大臣管辖。

贝勒恭格所率和硕特部，划牧于珠勒都斯（今巴音布鲁克）草原，由喀喇沙尔大臣节制。①

翌年4月初止，各部陆续移居到了所划牧地。

1775年8月，渥巴锡逝世不到半年，清政府又将旧土尔扈特又分为东、西、南、北四路。

二、渥巴锡属众迁移珠勒都斯

由于东返的征程中损失过重，定居斋尔之初，渥巴锡所属部众，又突遇了天花疫病的流行、耕作歉收等困难。在1772年1月塔尔巴哈台台办事参赞大臣伊勒图的一份奏折使人震惊，其中写道："渥巴锡5岁小儿阿苏噶衣，出痘而亡，今只剩一婴儿。其属下22400余口内，相继死亡，已达3390余口。"随后，渥巴锡的母亲、妻子以及女儿相继死亡，仅渥巴锡一家就有4人病亡。对此不幸，乾隆帝也很同情，立即令渥巴锡从避暑山庄返回游牧地，并派人开导渥巴锡，还给他赏赐了银两，用于为亲人念经超度。② 渥巴锡于1772年（正月十二日）抵达游牧地博湖图。

乾隆皇帝得知土尔扈特部内天花流行后很吃惊，对此也很关心，1772年春（乾隆三十七年二月）特派领侍卫内大臣福隆安来渥巴锡牧地塔尔巴哈台，考察并看望渥巴锡汗属众，福隆安考察完后在给乾隆汇报的奏折中写道："伊等之人有23000余口。今从正月领取口粮册内，言有19000余口来看，已亡于出痘者，共计3000余人。"③ 可见出痘而亡人数已占了渥巴锡属众总人口的百分之十三。此年底，天花等疾病再次流行，又夺取了数千人的生命。渥巴锡

① 张穆：《蒙古游牧记》，卷14－卷15。

② 中国社会科学院民族研究所民族史研究室等编《满文土尔扈特档案译编》，第180页。

③ 中国社会科学院民族研究所民族史研究室等《满文土尔扈特档案译编》，乾隆三十七年二月初六日折，第190页。

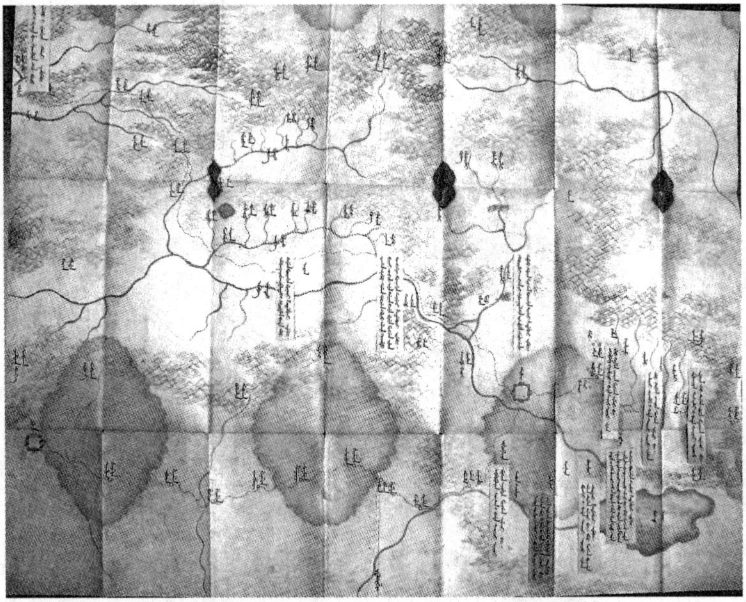

渥巴锡率众迁徙珠勒都斯图（满文故宫博物院存）

及属众惶惶不可终日，不想继续居住在斋尔。

再者农作物也没有收获。土尔扈特、和硕特回归初，清廷就令其“游牧并举。”其中渥巴锡属众抽了1000人携眷安置在布鲁勒地方种地。清廷还拨给了籽种、农具，派绿营兵教习耕作技术。1772年春他们播种了青稞、麦子，但由于务农不善，当年雨水少，因此颗粒无收。从清廷派的专关照渥巴锡游牧地的官员阿思哈给塔尔巴哈台参赞大臣伊勒图的奏折中可知其斑斓，奏折写道：“渥巴锡属众生计困迫，渥巴锡竟然无策，后因种麦无水，全已枯黄。”① 阿思哈也因照料渥巴锡部众不周，受到伊勒图的严加训斥。为了救济部众，渥巴锡拿出自己的银子购买牲畜，分给他们。由于务农不善，贫困者也不少。1773年，在60名绿营官兵的监督和教导下，再加当年雨水充沛，收获比上一年有成效。

且塔尔巴哈台一带气候恶劣，风雪大。为了摆脱困境，1772年9月当舒赫德前往渥巴锡游牧地时，渥巴锡向伊犁将军舒赫德要求另选游牧地，舒赫德表示同意，也筹划着为他们找到合适的地方，经过反复考虑，他认为唯有喀拉沙尔地方目前闲置，可以安置。所以他告知渥巴锡：

① 中国社会科学院民族研究所民族史研究室等《满文土尔扈特档案译编》，乾隆三十七年七月25日折，第215页。

“尔之所思甚善，此尚是，唯此宽敞之地难觅，现此斋尔地方尚属辽阔，绵延千余里。此外，特克斯、博尔塔拉地方居有厄鲁特、察哈尔，特穆尔图湖地方虽属宽阔，但距布鲁特、哈萨克过近，再无地方可觅，唯有珠尔都斯、喀喇沙尔地方宽阔，现在闲置，开都河鱼亦甚丰，虽属回子地方，先前曾有众多厄鲁特居住，尚可居住。唯尔众现无力迁移，暂不能迁移。兹将尔属极其贫困人等，我等代为养赡管束，尔对尚在游牧人等，当仁着仁，当管者管，率斋桑等好生留心办理。倚尔众稍得恢复再行商议。”①

渥巴锡表示愿听从舒赫德的。舒赫德返回伊犁后，又向伊犁的达什达瓦厄鲁特打听珠勒都斯的情况，清楚了这一带不仅有冬夏牧场，还有可耕之地。舒赫德上奏乾隆帝，皇帝同意了并令秋收后再迁移。②

对于渥巴锡迁移珠勒都斯草原一事，伊犁将军舒赫德奏是很重视的，首先特派熟悉地形的厄鲁特蓝翎伊斯麻里等 7 人至喀喇沙尔，从乌什、喀喇沙尔等地亦派熟悉珠勒都斯地方之人，共同勘查何地可安置种地人，何处可安置过冬人，以便确定具体迁往地点。然后，确定行走路线和筹备路途所需。舒赫德等经过认真调查后，确定了经精河以东托里驿站，再翻越伊犁纳喇特（今那拉提山）山的行走路线。还专门让人绘制了“喀喇沙尔珠尔都斯图。”③此图是一份重要的历史地图，绘有喀喇沙尔至库车之间的山川河流、冬夏季牧场位置和人口容量、可耕地亩数目、驿站名称走向、城池地名及渥巴锡部众迁入珠尔都斯草原的行走路线。图中标有 11 处说明，即：

1. 渥巴锡部迁移应从博乐、布尔哈苏路行走。

2. 大小珠尔都斯等处可安置 1 万户。

3. 察汗乌苏、达汗达坂、霍洛山、开都河等 4 处可安置 2300 户。

4. 哈巴齐海口（哈布其罕沟）至乌什克塔拉（乌沙克塔尔）之北山可安置 5000 户。

5. 德伯勒克、克尔霍图等地，可耕地有 18000 亩。

---

① 中国第一历史档案馆藏：《军机处满文录副奏折》2473－2。转引自郭美兰《土尔扈特汗渥巴锡部众东归后拨地安置始末》，载《中国边疆史地研究》，2007 年第 2 期。

② 张穆：《蒙古游牧记》卷 14，第 14 页。

③ 此图横 72 厘米，竖 56.6 厘米，纸本彩绘，原满文，藏北京故宫博物院，此前未有人使用。

6. 塔哈洛依、绰霍等处，可耕地有18000亩。

7. 乌什克塔尔、塔斯海等处可耕地有12000亩。

8. 额伯古尔金、西克新（七个星乡）等处可耕地6000亩。

9. 塔布恩索霍尔、察洛喜等处，可耕地有18000亩，此地有乌斯曼回子耕种。

10. 博尔哈齐可耕地有3万亩，可安置1000户。

11. 者特格尔、霍洛齐、喀拉布拉克、克策（又译成开泽、开宰等）、哈拉莫敦等5处可耕地有15680亩，可安置1700户。

考虑到渥巴锡部众扶老携幼，估计路途要走2个月的时间，清廷提供了路途所需物资，口粮以每人每月30斤为标准，所需羊由伊犁羊厂拨了2500余只。为了路途的安全，由熟悉地形的维吾尔伯克和厄鲁特一官员做向导，每队各派了2名官员、20名兵丁前后照看，伊犁领队大臣果兴阿统辖各队。路途分段交接，由塔尔巴哈台领队大臣送之托里驿站，伊犁又派领队大臣迎至托里驿站，再送至纳喇特山，最后由喀喇沙尔领队大臣由纳喇特送往游牧地。沿途还设6个卡伦，每个卡伦各驻2名官员、20名兵，以防止土尔扈特人随意滞留或逃窜。①

1773年9月初（乾隆三十八年七月十七日前，没有详细记载日期），渥巴锡部众按6个台吉之系分六队启程，8月初2日至11日，第一起3165人、第二起1362人、第三起1342人、第四起562人、第五起2092人、第六起2845人，共计11368人，相继行抵托里之库赛木希克地方。② 9月初7日至17日，在喀喇沙尔办事大臣达色的护送下，渥巴锡部众相继抵达喀喇沙尔附近哈布齐海、喀喇莫多等地。达色等与渥巴锡商议后，将6起土尔扈特人众自哈布其海山南至喀喇沙尔城西北喀喇莫多地方安置三昂吉过冬，哈布齐海山南至喀喇沙尔城东北特伯勒古地方安置二昂吉及6台吉人众过冬。③ 1774年（乾隆三十九年五月十二日）渥巴锡率部中来到了珠勒都斯草原。不久清廷又划分了春夏牧场。自此南路土尔扈特牧地固定下来，延续至今。

贝勒恭格所率和硕特部，在东归的次年初就移牧于珠勒都斯山（今称巴

---

① 中国社会科学院民族研究所民族史研究室等《满文土尔扈特档案译编》，乾隆三十七年七月十六日折，第230页。

② 中国第一历史档案馆藏：《军机处满文录副奏折》2541－4。转引自郭美兰《土尔扈特汗渥巴锡部众东归后拨地安置始末》一文。

③ 同上。

音布鲁克），由喀喇沙尔大臣节制。① 他们比土尔扈特早 2 年来到珠勒都斯草原游牧。喀喇沙尔大臣给土尔扈特、和硕特各个旗划分了大致的冬牧场和春秋牧场，夏牧场均在大小珠勒都斯山。

南部落土尔扈特、和硕特定牧于珠勒都斯草原前，该地属准噶尔汗国克里野特鄂托克游牧地。后来辉特部又在此游牧，乾隆年间，辉特部台吉达什达瓦旗率众内迁，此地闲置。准噶尔蒙古祭祀的河流和高山名称内就有珠勒都斯一名。② 土尔扈特、和硕特两部定牧该地初，当地人烟稀少。20 世纪 50 年代的焉耆府档案中也写道："在 190 多年以前，当这里还是一片渺无人烟的荒滩时，蒙古族人民就首先来到这个儿，从事牧叶（业～引用者）生产，使原有荒凉面貌有了改变。其后各民族兄弟相继搬来，他们便共同进行了征服自然、改造地理环境、生产建设的工作。"③

南路土尔扈特四旗及中路和硕特蒙古族人民迁至天山腹地大小珠勒都斯山和开都河流域游牧以后，他们在珠勒都斯大草原站稳了脚跟，建起了家园。

在定居珠勒都斯之初，由于渥巴锡属下发生了抢劫、斗殴等事件，渥巴锡除了惩治犯罪者外，为保持本部落内部安定，维持地方秩序，于 1774 年正月颁布了防盗法纪六条在部内实行，6 条法纪即④：

一、宰桑管辖之人中，十户设一大甲长，一小甲长来管辖之。十户统一行动，若以水草为据另住时，由甲长管辖之。有作盗者，被甲长等发觉出首，罚作盗者骆驼一峰，若无骆驼，卖人折价付给。大小甲长若庇护盗贼，按其情节之轻重治罪家长。

二、宰桑之身居于昂吉之中，村俗悉听从宰桑而行，不许与其他昂吉之亲属杂居。

三、同居一村庄之人，觉知作盗并能出首者，予以重赏。若均分赃物者，则同治罪。

四、宰桑等明知作盗者而不出首，由他人出首后，亦罚宰桑骆驼一峰。出首作盗者或畏惧宰桑，或畏惧作案者，按伊之自愿，移居其它昂

① 张穆：《蒙古游牧记》卷 14 – 卷 15。

② 新疆社会科学院宗教研究所编《新疆宗教研究资料》第九辑（打印稿，未正式出版），第 55 页。

③ 全宗号 18、案卷号 7、1955 年。巴音郭勒蒙古自治州档案馆存。

④ 中国社会科学院民族研究所民族史研究室等编《满文土尔扈特档案译编》，第 235 – 236 页。

吉，否则，于我附近居之。

五、宰桑属下人等，有作盗、杀人或抢掠什物者，若有隐瞒不告，罢去宰桑之职，没收其村俗，交与他人，并鞭笞三十，枷号三十日。若自己不知情，则审究其真假而定罪。庇护小偷者，亦予治罪。知而出首者，则无罪。若属下村俗等并无出盗贼之情，我必赏其宰桑。

六、凡报偷盗之情后，若有肆意抢掠、伤人之事，召集五昂吉之宰桑，均宣立赏。若有擒拿作盗者，则将贼徒之财产、牲畜，全部赏给擒获之人。小偷小摸之情，亦同样严缉，决不中途罢休。①

随后负责关照和硕特部的三等侍卫札隆阿鉴于土尔扈特与和硕特杂居共处，人口众多，为了防止发生事端，召集贝子布彦楚克等王公，商议制定一项法纪，布彦楚克认为很有必要，立即召集诸台吉等，制定了10条法纪，这10条法纪是在渥巴锡六条法纪的基础上制定的，为使完善又增加了几条内容，即：

一、游牧之事，由贝子布彦楚克、札萨克一等台吉诺海、承办贝勒德勒克乌巴什事之宰桑诺尔布、沙拉布等共同商议办理。统辖约束属下、种地等事宜。

二、该管宰桑、昂吉之人中，十户设大甲长一员，小甲长一员。择其贤者管理之。此十户人众，逐水草而游牧时，悉有甲长随行并居一处，不可任意居住其它村庄。此十户人中，有作盗者，家长知而出首，由贼徒罚去骆驼一峰。若无骆驼，将贼徒卖给他人，计骆驼之价赏给甲长。甲长知作盗者、庇护而不发，或他人擒获出首，则严惩甲长。

三、同居一村庄之人中，知其作盗者，不管是谁，只要出首告发，酌情给予赏赐。若均分赃物者，从中治罪，由分赃者赔偿。

四、宰桑等知贼徒不发，若有他人出首，则罚宰桑骆驼一峰并议罪。出首贼徒之时，或畏惧宰桑，或畏惧贼徒者，均无不可。应通谕众人，自此以往，不必畏惧。必须举出缘由告发之。

五、宰桑本人属下，若有作盗杀人，抢掠财物者，而不查缉押送，倘若隐藏庇护，则革除宰桑之职，抽出其村俗，分给其他宰桑。且要枷

① 中国社会科学院民族研究所民族史研究室等编《满文土尔扈特档案译编》，第231－232页。

号一月，鞭笞五十，充作村俗。倘若本人实不知情，则从实审讯议罪。若出首小偷小摸者，本身无罪。若庇护不发，亦予治罪。

六、宰桑等能严加约束各自之属下，竟无偷盗之情，俱勤奋于农事，不妄宰牲畜，用心繁殖者，则记录该宰桑，该鼓励嘉奖时，予以嘉奖之。

七、凡时作盗行凶，谋害伤人者，如不能立即缉拿，则召集台吉、宰桑等，由贝勒德勒克乌巴什、贝子布彦楚克、札萨克台吉诺海等立赏查缉。得缉贼徒者，可得作盗者全部财产，我等亦酌情奖赏之。若贼徒不得擒，决不允之。

八、值夏季前往游牧裕勒都斯，择游牧人中，每十户设甲长管辖之，若有种地之人者，亦十户设甲长管辖，若发生作盗等事，悉照议定之法纪裁处。

九、凡有逃亡者，甲长乘机报告宰桑，除追踪查缉外，立即呈报之，若明知逃犯之情，而不查缉，倘若日久呈报，则宰桑、甲长分别治罪之。

十、凡宰桑各自所属甲长管辖人内，若有死亡、出生、休妻、娶妻等项，则甲长传闻宰桑，注销或增添名册之处，立即呈报前来，不予重视，则同样论罪。

以上10条防盗法纪与渥巴锡汗制定的6条防盗法纪内容相比，扩大了甲长的管理权限，并增加了制止逃亡的规定。当扎隆阿送伊犁将军审查时，伊犁将军不仅称赞其法纪，还要求布彦库克等重视法制，严格遵守。①

三、渥巴锡汗逝世

1775年1月9日，渥巴锡汗因病逝世，终年33岁。据满文档案记载，临终前他给部众留下了遗言，即：

“前我思念大圣皇帝、达赖喇嘛，自额济勒归附前来，今游牧亦善，大圣皇帝将我仁慈养育之恩，乘我命在叩谢，我去世以后，大圣皇帝恩典，将军必仁慈养育我村俗。尔等只有严加约束村俗，安分度日、勤奋

① 中国社会科学院民族研究所民族史研究室等编《满文土尔扈特档案译编》，第234－236页。

耕田、繁衍牲畜、勿生事端。”①

由此可见，渥巴锡在生命的最后一刻，还牵挂着民族的生存和发展。当乾隆皇帝看了伊勒图上奏的渥巴锡病故的奏折后，立即下旨：

> “自土尔扈特汗归顺以来，感戴朕恩，凡事甚是恭顺，为其游牧之事，尽兴料理，顷闻伊躬欠安，朕尚以为一般之病，曾希冀既可痊愈，今朕闻得病故，殊为痛心，指派乾清门侍卫鄂兰驰驿前往渥巴锡游牧备办茶、奶酒祭奠，且由喀喇沙尔库银内，动用白银千两赏之，以做善事。”②

同年3月底，侍卫鄂兰一行骑马跋涉千里抵达渥巴锡游牧地慰问致祭。侍卫鄂兰在为渥巴锡汗设立的祭奠帐房前，首先将皇帝赏赐的1000两白银转交渥巴锡汗的妻子和儿子，并遵照乾隆皇帝的旨令，向渥巴锡的儿子策林纳木扎勒及其母还有众台吉王公宣布谕旨：“渥巴锡自归顺以来，一切甚为恭顺，惊悉伊病故之噩耗，殊为恻怜，今按律例，汗之字号，让策林纳木扎勒承袭。”渥巴锡之妻跪着奉告：“大皇帝施恩，恻怜奴夫渥巴锡，从遥远之京师，钦差大臣前来赏给奶酒、银两，大皇帝之恩，实同天高地厚，奴感戴大皇帝之恩，谨遵旨谕，将奴才二子，一视同仁，用心抚养。”③

渥巴锡的政治生涯虽然很短，但是他在一生中作了一件大事，就是将部众从俄国的压迫下摆脱出来，并率领他们东归。当然了土尔扈特、和硕特人也由此付出了沉痛的代价，和无法弥补的损失。

---

① 中国社会科学院民族研究所民族史研究室等编《满文土尔扈特档案译编》，第238页。

② 同上，第239－240页。

③ 同上，第242－243页。

第五章

南路土尔扈特、中路和硕特社会制度

第一节　盟旗制度的建立

清朝在统一蒙古各部的过程中，制定了一整套制驭蒙古的政策。清政府以盟旗制度作为统治蒙古地方的基本社会组织形式。盟旗制度是在蒙古地区原有的政治制度的基础上建立起来的。土尔扈特部东归以前其汗国“有 13 个兀鲁思组成，每个兀鲁思有各自的亲王统治着，在 13 个兀鲁思中渥巴锡汗的兀鲁思最大，渥巴锡汗的兀鲁思有 10 个爱马克组成，一个爱马克就是一个半军事管辖区，由宰桑领导”。①

蒙古原先的组织，是以血缘为基础建立起来的部落封建领主制。清统治者为了削弱蒙古各部大汗和诺颜们的权利，以便于控制他们，首先对蒙古实行分而治之的政策。为了分散蒙古各部封建主的权利，对归附和被征服的蒙古各大部落，根据其政治态度，部落分布远近，在蒙古原有的社会制度鄂托克的组织基础上仿照满洲八旗制的组织原则，将其原有部落分别划分为若干旗，因此，蒙古社会新的组织——旗具有双重性质：既是清朝皇帝赐给旗内各级蒙古封建主的领地，又是清朝国家行政中蒙古地区的基本军事、行政单位。旗分有札萨克旗、总管旗及喇嘛旗等 3 种。这些政策按蒙古各部对清朝政府的政治态度区别对待。对归附或者被征服后投诚的蒙古封建主，只要对清廷表示忠顺，除允许其继续拥有领地、属众外，并封爵袭职，设置札萨克旗管理，如喀尔喀、土尔扈特、和硕特部；而对少数不肯驯服或降顺后又倡导反清的蒙古王公则采取夺爵削职，剥夺其拥有领地、属众等封建特权，设

① ［美］W. L. 芮弗：《土尔扈特》，凌颂纯等译，新疆人民出版社 1988 年版，第 16 页。

总管旗，如准噶尔（阿勒泰乌梁海因属于准噶尔统治之下故也设总管旗）、察哈尔等部。总管旗是指清朝直接统治的行政单位，不设札萨克，不会盟（后来也有会盟的，阿勒泰乌梁海七旗左右两翼各有一个会盟之地，他们称之为丘尔干）。

土尔扈特、和硕特部归顺清朝后，渥巴锡汗仍然保留了汗的称号，被封为“卓里克图汗”，但是此时的土尔扈特部已被分为新、旧两部分土尔扈特，卓里克图汗只统领旧土尔扈特部，而且旧土尔扈特部又分为东、西、南、北四路。1771 年 10 月清政府欲将四路设四个盟，渥巴锡得知后对四路设四个盟长一事表示不满，他认为如果这样其他盟长将会凌驾于他之上。鉴于渥巴锡的态度，清政府认为设盟长一事先不急于办理，先划旗分佐领，时机成熟再说。① 以往史学界有一种错误的观点，认为渥巴锡在世时就设立了盟长，渥巴锡为首任盟长。② 其实满文档案记载得很清楚，在 1775 年 9 月（乾隆四十年八月二十六日），渥巴锡逝世后（不到半年），土尔扈特、和硕特东归 3 年后，清政府才正式对东归六部设立盟旗，用治理蒙古的办法“分而治之”来统治土尔扈特部。任命正副盟长，编设札萨克，并颁发印信。③ 据乾隆四十年五月壬戌十六日的实录载：

> ……札萨克等请各给印信，蒙古等向分东西南北左右翼，照厄鲁特之例以右为大，左为次，请将土尔扈特和硕特汗策凌纳木札勒，作为旧土尔扈特南部落管理扎萨克印信，恭坦为南中，拜济瑚为南右，伯尔哈什哈为南左；策伯克多尔济为北，奇里布为北右，阿克萨哈勒为北左；车凌德勒克为东右，奇布腾为东左；默们图为西。和硕特贝勒德勒克乌巴什为和硕特部落管理扎萨克印信，布彦楚克为中，诺海为右，齐叶齐为左，均请铸给印信，并盟长扎萨克印信，兼用满洲蒙古字铸给。④

由此可见，旧土尔扈特南路盟长为汗王渥巴锡之子策凌纳木札勒，盟下

---

① 中国社科院民研所民族室等编：《满文土尔扈特档案译编》，民族出版社 1988 年版，第 159 页。

② 《卫拉特简史编写组》《卫拉特蒙古简史》（上册），新疆人民出版社 1992 年 6 月底一半，第 253 页。

③ 中国社科院民研所民族室等编《满文土尔扈特档案译编》，民族出版社，第 244 页。

④ 新疆社会科学院历史研究所编《〈清实录〉新疆资料辑录》乾隆朝卷五，乾隆 40 年 5 月壬戌条，新疆大学出版社 2009 年版，第 146 页。

设4个旗。和硕特贝勒德勒克乌巴什所属盟设3个旗。

虽然设置盟旗后封建主的权利大大地削弱了，但蒙古社会的游牧封建制基本上保留了下来。清代规定蒙古族最高行政区划是盟，盟行使督察各旗军政司法大权，而非地方行政机构。由若干旗组成1个盟，盟相当于现在的州、地区级，盟下设旗，旗相当于县一级。六部之一的渥巴锡所属部是和鄂尔勒克的后裔，被称为乌讷恩素珠克图旧土尔扈特，后又分为东西南北四路，① 每一路为一盟，实际上旧土尔扈特之下又分四盟，清统治者这样做的目的，就是为了限制卓里克图汗的权力，以达到"分而治之"的目的，卓里克图汗虽然统领乌讷恩素珠克图旧土尔扈特，实际上其权限只限于南路盟，对其他三盟并无管辖权。早在安置土尔扈特各部时，乾隆就指令伊犁将军舒赫德"令各自间隔而居，不得互通音信"。②

贝勒恭格所属和硕特部为巴启色特启勒图盟（又译写成巴启色勒启勒图，简称和硕特盟——作者）。南路盟与和硕特盟均隶属喀喇沙尔大臣兼辖，伊犁将军节制。③ 喀喇沙尔大臣是1758年（乾隆二十三年）清朝统一新疆以后设立的，1759年建喀喇沙尔城，喀喇沙尔大臣驻之。所属范围包括焉耆、库尔勒（包括西尼尔、布古尔两回庄）。嘉庆年间喀喇沙尔大臣之下又专设夷回务章京1员，专管南路土尔扈特与和硕特两盟。④ 光绪年间置府又将"喀喇沙尔"改为焉耆，恢复了古地名。而当地的蒙古族等少数民族都习惯于称焉耆为喀喇沙尔。喀喇沙尔是蒙古语，即哈喇赛尔，汉意为"黑山脊梁"。后维吾尔等民族发音为喀喇沙尔（《西域图志》写作哈喇沙尔），故延续之。⑤

每盟设盟长、副盟长各一人，由理藩院从各盟札萨克及闲散王公中选人奉请皇帝任命，颁发盟长印，如给南路盟颁发的盟长印用满蒙两种文字刻"乌讷恩苏珠克图南部盟长之印"（现藏于新疆维吾尔自治区博物馆）。按照清朝法规，盟长和札萨克实行世袭制，在本旗辖区内享有绝对权力，但却无权擅自处置和分割其他领地，只能履行朝廷委任的职责，重大军事、政事、最高裁决权属理藩院。盟长平时不能直接干预各旗事务，也无权发布政令，只有遇到旗札萨克不能解决的民事案件时，盟长可以会同审理。地方性重大

① 包文汉整理《清朝藩部要略稿本》，卷14，《厄鲁特要略》六，第230页。

② 土尔扈特档，乾隆三十六年九月二十五日，《满文土尔扈特档案译编》第163页。

③ 张穆：《蒙古游牧记》卷十四，第19－22页。

④ 《喀拉沙尔志》，下册。

⑤ 据新疆佛教协会会长夏立宛活佛说，新疆有4个赛尔，即和布克赛尔、奥特克赛尔、哈喇赛尔、吉木赛尔（即吉木萨尔）。

事件则报请将军、都统办理。如由旧土尔扈特南路汗、中、左、右四个札萨克旗组成的南路乌讷恩素珠克图盟，由汗王兼任盟长，汗王成为全盟最高领导，履行朝廷或中央政府委任的职责，掌握全盟政治、军事、司法大权。

南路盟盟长为渥巴锡长子、卓里克图汗策琳那木扎勒，副盟长为贝子恭坦；中路和硕特盟盟长为恭格（1773 年去世）之子德勒克乌巴什，副盟长布彦楚克。1783 年始，均世袭罔替。①

盟是中央政府对各旗的监督机构，朝廷指定适当的固定地点为会盟处，也就是盟长公署，盟长公署是土尔扈特、和硕特部最高行政组织，内有盟长、副盟长（土斯拉克齐）各一人。盟内设印务处，由专任官员掌管盟长印信，盟设议会，南路土尔扈特人称之为“东杰”。为盟的执政组织，由土斯拉克齐、5 名固孜达、5 名梅伦、1 名笔帖式、10 名扎楞等 20 多人组成。由土斯拉克齐总管，定期或不定期召开会议，处理盟属各旗、苏木重大事务。盟长公署是土尔扈特、和硕特部的领导中心。

土尔扈特、和硕特盟的社会政治制度为札萨克旗制，札萨克旗既是国家的基本军事、行政单位、也是基本的生产管理机构。旗又是清朝皇帝赐给旗内各级封建领主的封建领地，当一个封建领主被任命为旗的札萨克时，他就成为旗内各级领主世袭领地的管理人。旗设札萨克（旗长）管理旗务，“札萨克”，蒙古语意为“政令”、“政权”，自清代时，“札萨克”才作为一种蒙古地方行政官吏的名称而载入文献。札萨克由世袭王公充任，并授予札萨克印。札萨克还兼任所在盟的盟长，充当会盟地召集人。根据清朝的规定和法令处理旗内行政、司法制度、征税、任免管旗章京以下官员等政务，履行朝廷委付的职责等等。旗内的土地和属民由札萨克支配，但札萨克没有占有权。旗札萨克又是全旗的军事指挥官，平时定期召集军队接受盟长的检阅，战时动员兵丁出战。

旗有治事的组织机构，旗设土斯拉克齐（协理台吉）1 员，协助札萨克处理旗务，此职必须由台吉担任，札萨克缺员或有其他事务时，土斯拉克齐可以代行札萨克职务；固孜达 1 员，“固孜达”为满语“固山达”之音转，“固山”为“旗”之意，“达”意为“长”，也就是管旗章京，又称为固山章京，每旗置 1 名，直属札萨克，辅佐旗札萨克和土斯拉克齐管理旗的军事、行政、司法事务；梅伦，也就是副管旗章京，每旗置 1 人，协助固孜达及土斯拉克齐管理旗的行政和军事事务。笔帖式（秘书）1 员，管理地方旗民

---

① 张穆：《蒙古游牧记》卷十四，第 13－22 页。

事务。

5个苏木设1个扎楞，“扎楞”是满语“甲喇”的音转，即参领，专门负责指挥佐领及兵丁。苏木（佐）设苏木章京（佐领）1员，章京受旗札萨克之命，办理审查丁册、征办税课、排解纠纷、传递信件等事务。坤都（骁骑校）1员、博士克（领催）6员，协助章京办理军政事务。在章京之下，每10户设1什长，为最低一级行政单位的负责人。

盟旗制度的实施，虽然是清朝为保证对蒙古地区的有效统治而设立的，在客观上对蒙古社会发展具有一定的积极因素。经过编旗，调整牧地属众，严格划清各旗界限后，使过去蒙古社会以血缘近亲氏族建立的部、鄂托克等领属关系大为削弱，不仅使清朝政府进一步巩固了对蒙古地区的统治基础，也有利于蒙古社会的发展及畜牧业经济。

第二节　乌讷恩苏珠克图南路盟[①]

一、盟旗官职

清政府在新疆境内的土尔扈特蒙古部中设置了13个札萨克旗（不包括新土尔扈特盟）。其中乌讷恩素珠克图旧土尔扈特共设10个札萨克旗，8个普通旗。其中南路盟下设4个札萨克旗：即汗旗、中旗、左旗、右旗，共54个苏木（佐领，基层一级，相当于乡），其中汗旗辖5个普通旗，每旗各辖10个苏木；中旗辖2个苏木；左旗辖1个苏木。

东返初人口8251户、35909人。[②] 内有1千户为大喇嘛罗布藏丹增僧众，划拨伊犁，实际有7千多户。乾隆末、嘉庆初年有7956户。[③]

清末南路盟的官职及人口为：分爵部落大小188员，盟长罕（同汗）总管土尔扈特一切事务，副盟长贝勒帮办汗管理游牧一切事宜，札萨克头等台吉管理属下固山牛录事务，闲散头等台吉管理属下牛录帮办游牧事务，闲散二等台吉2员，闲散三等台吉（阿都齐、蟒海、格勒克）内一员帮办贝勒游

① 以下简称南路盟。

② 《满文土尔扈特档案译编》（其他盟东返后的人口数均相同，故略注），第137页。

③ （清）永保《总统伊犁事宜》，第215页，转载中国社会科学院中国边疆史地研究中心编《清代新疆稀见史料汇辑》，（新疆卷）第202－203页。全国图书馆文献缩微复制中心出版。（下同，略）

牧事务，其余二员并不经营事件。闲散四等台吉（可能是三员，没有注）内一员帮办札萨克台吉事务，其余二员并不经营事件。固山章京（土尔扈特蒙古称为固孜达）8员，各管本固山事务，梅楞章京（麦仁）8员，各管本梅楞事务，甲喇章京（扎楞）13员，各管本甲喇事务，牛录章京（臧根）54员，各管本牛录事务，昆都卜（孔都）十户、54员，各帮办本牛录事务，罕贝勒护卫37员，查闲散协理台吉共9员，虽无俸银绸缎。以上罕爵贝勒公札萨克台吉属下大小官员阿勒巴图共6127户，计男妇大小13678名。① 民国初年降为3000多户，万余人。②

汗旗札萨克卓里克图汗世系列表③

世次	名字	袭封年代	传承关系
首封	渥巴锡	1771年	敦罗布喇什幼子
第二世	策琳那木扎勒	1774年	渥巴锡长子
第三世	霍绍齐	1792年	策林那木扎勒长子
第四世	丹津旺济尔	1806年	霍绍齐弟
第五世	那木济扎多尔济	1809年	丹津旺济尔兄
第六世	策登多尔济	1809年	那木济扎多尔济子
第七世	那木扎勒珠尔默特策林	1831年	策登多尔济子
第八世	玛哈巴扎尔	1850年	那木扎勒珠尔默特策林族弟
第九世	布彦乌勒哲依图（拉那特巴咱尔）	1852年	玛哈巴扎尔子
第十世	布彦绰克图	1876年	布彦乌勒哲依图子
第十一世	布彦蒙库	1891年	布彦绰克图子
第十二世	满楚克扎布	1917年	布彦蒙库子
第十三世	恭本德吉特	1947年	满楚克扎布子

① 吴江、吴奉培《喀喇沙尔事宜》下卷。中央民族学院图书馆编，中国民族史地资料丛刊之十一，1979年9月。第13－17页。《回疆通志》记载则有7917户。

② 谢彬：《新疆游记》，杨镰、张颐青整理，新疆人民出版社1990年版，第97页。

③ 以下3个表均参考《和静县志》，卷21，第491页，以及《钦定大清会典事例》，卷972，“理藩院封爵。”

中旗札萨克贝子（贝勒）世系表

世次	名字	袭封年代	传承关系
首封	额默根乌巴什	1771 年	渥巴锡从子
第二世	恭坦	1772 年	额摩根乌巴什子
第三世	巴勒丹拉什	1811 年	恭坦子
第四世	蒙库那逊	1831 年	巴勒丹拉什子
第五世	固鲁扎布（始进奉贝勒）	1861 年	蒙库那逊子
第六世	乌勒哲依特固斯	1876 年	固鲁扎布子
第七世	恭噶那木扎勒	1888 年	乌勒哲依特固斯子
第八世	敏珠尔多尔济（1913 年进奉郡王）	1899 年	恭噶那木扎勒子
第九世	江布里多尔济	不祥	敏珠尔多尔济子

右旗札萨克辅国公世系表

世次	名字	袭封年代	传承关系
首封	拜济湖	1771 年	渥巴锡从子
第二世	策伯克扎布	1821 年	拜济湖子
第三世	巴彦克什克	1832 年	策伯克扎布子
第四世	曼吉多尔济	1844 年	巴彦克什克子
第五世	达尔玛巴勒	1881 年	曼吉多尔济子
第六世	诺尔博林沁（1913 年进奉镇国公）	1884 年	达尔玛巴勒族弟
第七世	阿拉西巴力吉儿	1916 年	诺尔博林沁子

左旗札萨克一等台吉世系表

世次	名字	袭封年代	传承关系
首封	伯尔哈什哈	1771 年	渥巴锡从弟
第二世	讷木扎勒喇什	1782 年	伯尔哈什哈长子
第三世	扎尔	1802 年	讷木扎勒喇什弟
第四世	和团	1828 年	扎尔子
第五世	额尔德尼	1845 年	和团子
第六世	西勒达尔玛（1913 年进奉辅国公）	1897 年	额尔德尼子

南路盟设旗与其他盟不同的是，旗下设旗，即汗旗又直辖 5 旗，即克烈、

巴伦、察腾、扎布苏尔、谢比纳尔，这5旗是从汗王原所属的5个昂吉而来的。[1] 5旗不属于札萨克旗，即旗的首领不封札萨克，只设管旗章京，权力比札萨克小得多，实际上南路盟有8个旗。从《新疆识略》卷5《官职兵额》可看出，南路有"管旗章京8员，梅楞章京8员"[2]。管旗章京和梅伦章京是每旗设一个，正因为有8个旗，南路盟管旗章京和梅伦章京才各设了8个。1938年12月8日南路代盟长尔德尼向省政府提交的南路盟旗组织及各头目名单中也报的是8个旗，即开来（同克烈）、茶同（同茶腾）、巴隆（同巴伦）、扎布素（同扎布苏尔）、斜米（同谢比纳尔）、郡王、镇国公、辅国公等8旗。这在过去研究时都没有注意。

现将南部落所属现职各头目衔名表列下[3]：

职务/姓名/区别	盟长	营务处	固孜达	麦仁	札楞	藏根	孔都	哈翁
盟长公署	尔德尼	殷英						
开来旗辖十苏木			安固	其母代	蒙叩那生、贾哇	桑格吉、冬古禄、克鲁都、阿拉、边拜	那代、克里布、克希可泰、才勿尕、喇木加屋	冬尕、阿拉
茶同旗辖十苏木			帕勿克	察汗	巴扎尔、君巴	窦尔加拉、莫鲁代、克翁、普鲁外、杨德克	巴独玛、沙尕、加木英、桑盖、那木督克	那仁、邦尕
巴隆旗辖十苏木			恭奇克	艾仁才	希来、察罕	边拜、章拜、杨登、普鲁外、冬孤禄	恶其尔、巴力吉、阐拉、却于登、那木吉立	当增、卜勿来
扎布苏旗辖十苏木			杨登	艾仁成	尼满、阿拉	却登、东古鲁、布独尕、阿拉、谢米	巴都木、加卜	铁木耳

[1] 《满文土尔扈特档案译编》第238页，渥巴锡去世后，伊勒图给渥巴锡的妻子信中有段话可以说明，"将五昂吉之众，亦仍令尔汗在世时所任用之旧宰桑分割之。"

[2] 松筠：《新疆识略》卷5，第33页。另吴江、吴奉培：《喀喇沙尔事宜》下卷也云："固山章京8员，各管本固山事务"。第14页，中央民族学院图书馆编，中国民族史地资料丛刊之十一（下同、略），1979年9月。

[3] 《尔德尼为报所属现职各头目衔名表致盛世才等的代电》，载新疆维吾尔自治区档案局等编《近代新疆蒙古历史档案》，第78－79页。

续表

职务 姓名 区别	盟长	营务处	固孜达	麦仁	札楞	藏根	孔都	哈翁
斜米尔旗辖十苏木			拉吉甫	桑格吉	左都勿、其米提	艾都米提、窦尔吉、布音太、柴登、窦尔吉	普鲁万、巴独木、全增、夏金、窦尔吉	阿拉西、巴力吉
郡王旗辖二苏木		夏格吉	巴生	多古冬	达哇	达勿、边伯	李一加、贾布素来	
辅国公旗辖一苏木		霍尔加	赛不根	英奇	巴赛	阿拉	巴德玛	
镇国公旗辖一苏木		金伯	科以恰	阿拉	干登	乌冬	阿来	

附记：列表盟长1、营务处4、固子达8、麦仁8、札楞13、藏根29、孔都29、哈翁9。共计101员名，合并登记。

对南路土尔扈特史颇有研究的胡邦铸先生认为："尔德尼的这份文件还告诉我们，在郡王旗、镇国公旗、辅国公旗均设有营务处这是我们过去所不知道的。札萨克旗设置营务处，汗旗之下所属各旗不设营务处，表明札萨克旗同汗旗之下所属各旗在规格和档次上是有高低之别的。长期以来在南路土尔扈特的历史研究中，人们往往将汗旗之下所属各旗置于其他札萨克旗之上，或者干脆就不承认南路左中右旗为旗，认为他们只有4个苏木。"①

胡邦铸先生说得确实如此。由于南路盟旗组织的这种特殊性，以往的研究中造成了混乱。南路土尔扈特民间有将南路盟看作有6个旗，还有看做5个旗的。下面就举几个有代表性的例子：

茶·恰克德先生在《有关南路旧土尔扈特的几个回忆片断》的一文中认为，"旧土尔扈特乌讷恩素珠克图南路盟共辖6（个）旗54个苏木，6个旗的名称是：开来提（又译成克烈、克列特、克列亦特）旗、茶腾旗、巴伦（又译成巴荣、巴润）旗、扎布素尔（扎布莎尔、扎布苏尔）旗、斜米尔（又译成谢比纳尔）旗、对牛（又译成堆牛、杜乃尔、杜纳尔兄弟之意）旗。前五

① 胡邦铸：《罗布淖尔与土尔扈特研究》，新疆人民出版社2009年版，第199页。

旗各管辖十个苏木，对牛旗管辖四个苏木。”① 我考虑可能同1940年和通县成立时，6个区的区名其中5个区是按南部落的5个旗命名的，即，开来特、察腾、巴伦、扎布素尔、斜米尔等5区。另一区是将左、中、右3个旗合为一个区，定区名为堆牛区。我想以后南部落土尔扈特民间就习惯于将按6个区名称称呼6旗了。

1986年10月新疆社会科学院宗教研究所的一个考察队在和静县巩乃斯乡考察后，在整理的材料中认为，南路土尔扈特部有5个旗、54个苏木。5个旗为：克列特、察腾、扎布莎尔、巴荣、谢毕纳尔。还有就是土尔扈特部汗王直系亲属杜纳尔苏木。②

二、旗的组织

道·乃岱先生认为土尔扈特有5个旗，即：克列亦特旗、巴润旗、扎布苏尔旗、谢毕纳尔旗，左中右3个旗合称为杜纳尔旗。之所以这么划分，他认为前4个旗是汗王直辖的，左中右3个旗所属只有1到2个苏木，游牧区又相连，而且3个旗的札萨克和渥巴锡都是同宗的，因此，称左中右3个旗为杜纳尔旗，杜纳尔即蒙古语兄弟之意，也就是说杜纳尔旗众是渥巴锡兄弟们属众。我认为道·奈岱先生的分析也是可以理解的。

汗王所辖的5个旗、50个苏木即：

克列特旗10苏木：伊克、木胡尔、吉尔格勒、巴雅其哈、宫其克、德宁、克西卡腾、布音克西格、芒吉、巴格克列特。

察腾旗10个苏木：洪格热、察罕芒吉、乌鲁木扎、克卡、西日布、达瓦、格勒泽德、哈尔努德、德吉德、额尔德尼。

扎布萨尔旗10个苏木：额仁策、萨恩吉布、达恩达尔、蒙格勒、察罕、布热、赏西、达瓦、格海、宝杜仁。

巴荣旗10个苏木：巴音、僧格、道格楞、贝泰、贝仁特格斯、布音克希格、额热构其克、马热希卡、草木德、厄热布吉勒。

谢毕纳尔旗10个苏木：布腾、乌腾、散扎布、昂嘉恩谢毕纳尔、宗喀巴

---

① 和静县文史编纂委员会编《和静县志》卷34，新疆人民出版社1995年版，第804页。见新疆社科院宗教所编《新疆宗教研究资料》（铅印本，未出版）第14辑，第27页。

② 新疆社科院宗教所编《新疆宗教研究资料》（铅印本，未出版）第14辑，第44－46页。

谢毕纳尔、却进谢毕纳尔、格根谢毕纳尔、夏拉、格宁、巴格日。

汗王兄弟所辖的3个旗4个苏木即：

中旗札萨克辖2个苏木：却干、可克。

右旗札萨克辖1个苏木：札萨克（又称察次克）。

左旗札萨克辖1个苏木：吉纳（又称归乃）。

第三节　中路和硕特巴启色特启勒图盟①

一、盟旗官职

1772年（乾隆三十七年）清廷在中路和硕特部设置了巴启色特启勒图盟，盟设4个旗，即中路旗（又称贝勒旗）、中旗、左旗、右旗。任命4个旗札萨克。1775年（乾隆四十年五月壬戌）经伊犁将军伊勒图上奏，高宗帝下旨："和硕特贝勒德勒克乌巴什，为和硕特部落管理和硕特印信，布彦楚克为中（旗）、诺海为右（旗），齐业齐为左（旗）均请铸给印信。并盟长扎萨克印信，兼用满洲蒙古铸给。"② 1797年（清嘉庆二年11月丙子）因贝勒腾特克无子嗣，所以清廷停止贝勒爵位的承袭，将属众分到其他3旗，其中"分给札萨克台吉齐业齐二佐领，乌尔图那逊一佐领，贝子鄂齐尔二佐领，均应如所请办理。唯所遗孤女二人，保宁（伊犁将军——引用者）仅请留给一佐领，办理尚有未周，应除所留一佐领外，将现在分给齐业齐二佐领之赋税，再行分与二女一半，以为养赡之资，仍著齐业齐代为经营，俟伊等及岁出嫁后，即将此三佐领俱给予齐业齐。"③ 自此以后和硕特盟只有3旗。

"每旗都有一个王或公，都有他们的个人势力范围，地区、草场、水土，各旗都有他们自己的王公，都是世袭的爵位，王公相传数百年，现在所谓他们的王公称号，都是远在前清乾隆年间封的爵职，一直相沿到现在，和硕特最大的王公，即为中旗部落的郡王，其次是左右旗的两个

---

① 以下简称和硕特盟。

② 新疆社会科学院民族研究所《准噶尔史略》编写组编《清实录准噶尔史料摘编》，新疆人民出版社1986年版，第550页。

③ 新疆社会科学院民族研究所《准噶尔史略》，编写组编《清实录准噶尔史料摘编》，第550页。

辅国公，中旗由札萨克贝子雅兰丕勒领牧，右旗由札萨克头等台吉诺海领牧，左旗由札萨克头等台吉巴雅尔拉瑚领牧。”①

嘉庆年间有：“大小官员 47 员，盟长贝子，总管和硕特游牧一切事件，札萨克头等台吉，闲散二等台吉管理属下固山牛录事务，固山章京 4 员各管本固山事务，梅勒章京 4 员各管本梅勒事务，甲喇章京 4 员各管本甲喇事务，牛录章京 11 员各管本牛录事务，昆都卜什户 11 员，贝子侍卫 8 员。以上贝子并台吉大小官员阿勒巴图等 1462 户，共男妇大小 5174 名。”② 民国初年，人口降至 900 余。③

以下为三旗札萨克世袭表④：

中旗札萨克贝子世系表

世次	名字	袭封年代	传承关系
世次	名字	袭封年代	传承关系
首封	雅兰丕勒	1771 年	昆都伦乌巴什元孙、恭格族叔父
第二世	布彦楚克	1775 年	雅兰丕勒之子
第三世	鄂（额）齐尔	1790 年	布彦楚克之弟
第四世	巴特玛车林	1801 年	额齐尔之子
第五世	普尔外	1814 年	巴特玛车林之子
第六世	车德恩多尔济	1815 年	普尔外之子
第七世	多尔济纳木扎勒	1840 年	因车德恩多尔济无子，故由右旗头等台吉巴彦齐尔噶勒次子袭
第八世	棍布扎布	1881 年	多尔济纳木扎勒之子
第九世	桑吉扎布（1911 年晋封贝勒）	1897 年	棍布扎布之子
第十世	达热木比力	1913 年	桑吉扎布子
第十一世	班弟	1924 年	桑吉扎布侄子
第十二世	伊乌那逊	1937 年	桑吉扎布次子
第十三世	乌日吉克高恩其克	1946 年	班弟叔

---

① 和硕县档案、5－1［卷］，和硕县档案馆存。

② 吴江、吴奉培：《喀喇沙尔事宜》下卷。中央民族学院图书馆编，中国民族史地资料丛刊之十一，1979 年 9 月，第 13－17 页。《回疆通志》所载为 1684 户。

③ 谢彬：《新疆游记》，杨镰、张颐青整理，第 97 页。

④ 和硕县地方志编纂委员会编《和硕县志》卷 23，第五章，“中路和硕特盟旗世袭”，第 521－523。《钦定大清会典事例》卷 972，“理藩院封爵”。清光绪二十五年刻本影印，（台）新文丰出版公司印行（后同，略）。

右旗札萨克头等台吉世系表

世次	名字	袭封年代	传承关系
首封	诺海	1771 年	昆都伦乌巴什孙、恭格族弟
第二世	桑吉（三济）	1792 年	诺海之子
第三世	乌图那逊	1797 年	桑吉之子
第四世	巴彦济尔噶勒	1834 年	乌图那逊之子
第五世	昆济克扎布	1839 年	巴彦济尔噶勒之子
第六世	东鲁普旺扎勒	1856 年	昆济克扎布之弟
第七世	贡噶那木扎勒（1913 年晋封辅国公）	1888 年	东鲁普旺扎勒之子
第八世	格恩党德尔	1922 年 – 1939 年	贡噶那木扎勒之子

左旗札萨克头等台吉世袭表

世次	名字	袭封年代	传承关系
首封	巴雅尔拉瑚	1771 年	昆都伦乌巴什五世孙、恭格族弟
第二世	齐业齐	1773 年	巴雅尔拉湖之子
第三世	桑济车林	1805 年	齐业齐之子
第四世	济尔噶勒	1819 年	桑济车林之子
第五世	图鲁蒙库	1826 年	济尔噶勒过继之子
第六世	拉锡德勒克	1851 年	图鲁蒙库之子
第七世	车伯克多尔济	1891 年	拉锡德勒克之子
第八世	那德那博堆（1913 年晋封辅国公）	1899 年	车伯克多尔济之子

二、旗的组织

民国以后，11 个苏木又成为 10 个苏木，即中旗辖包尔额克、哈日、俞金、格拉奇 4 个苏木；右旗辖 2 个苏木，即宝日、扎布素尔；左旗辖 4 个苏木，即夏日、东大亨、巴图特、莎比纳尔。苏木的名称大都是按照部落氏族的名称，也有些为首领或地名。下面是民国时期和硕特部盟旗表：

和硕特盟长公署及所属各苏目（同木）名称表①

<table>
<tr><td colspan="3">左旗</td><td colspan="4">中旗</td><td colspan="3">右旗</td></tr>
<tr><td colspan="3">辅国公兼副盟长拉德那伯的</td><td colspan="4">郡王兼盟长达瓦</td><td colspan="3">辅国公兼第二副盟长格宁当都尔</td></tr>
<tr><td colspan="3"></td><td colspan="4">吐斯拉哥齐：茶汗（吐斯拉哥齐职务，陶里太曾担任一个时期以后，病故）</td><td colspan="3"></td></tr>
<tr><td colspan="3">左旗固孜达普日外</td><td colspan="4">中旗固孜达茶汗</td><td colspan="3">右旗固孜达艾仁才</td></tr>
<tr><td>斜米尔苏目</td><td>巴图特苏目</td><td>东大亨苏目</td><td>夏日苏目</td><td>格拉奇苏目</td><td>于吉苏目</td><td>哈让苏目</td><td>包日古苏目</td><td>札不素尔苏目</td><td>包浪苏目</td></tr>
</table>

民国时期和硕特部仍然施行盟旗制度，据民国档案载：②

和硕特蒙族游牧系一种封建的部落制度，虽然在形式分为郡王与［辅］国公，中、左、右三个旗，但统治方面各有各的势力范围，地区、草场、水土，其组织关系都是横的联系，没有上下指挥的关系，郡王也不能随便命令辅公国（※应为辅国公），在每旗除了有王公以外，每旗都有一个固孜达官职，系直接奉王公的命令执行任务的官吏，每一个苏目都有一个站根，管辖一苏目一切摊派差役和行政事情，每一个苏目还有一个昆都，系帮助站根办理苏目内的事务，因为各旗之间都是横向联系，谁也不能命令和指挥谁，所以办理事情多不一致，因此才有盟长公署的产生，盟长公署这个组织很早就有，是为了统一领导整个一个的游牧的政治机构，因为王、公都是爵位，没有行使命令权，有了盟长公署，才能有权推行政令，每旗王公都有他自己的印信，是银制的大方印，上有满文刻的官府名称，盟长公署另外有一棵银制的大方印，这都是前清乾隆年间颁发的，这棵印谁当盟长就属谁保管，但大多数都存放在郡王处，所以历次的盟长都由郡王兼任的。

① 和硕县档案 5－1［卷］，和硕县档案馆存。
② 同上。

第六章

南路土尔扈特、中路和硕特社会经济

第一节　畜牧业

一、草场的划定

渥巴锡所属南路盟牧地具体的范围：夏牧场在大珠勒都斯山内，冬窝子在喀喇沙尔城西北开都河一带。春秋牧场在小珠勒都斯山内。自旧土尔扈特南部落人民定居在大小珠勒都斯山与开都河两岸以后，这里的山林、草场、土地都由汗王划给所属各旗，各旗又划给所辖苏木。

中路和硕特部夏牧场在小珠勒都斯山（巩乃斯草原）内，冬窝子在开都河沿岸。“查霍（同和）硕特游牧于每年夏四五月不等，贝子带领属下台吉大小官员阿勒巴图前往城之西北，距城400余里小珠勒都斯山内度夏，于秋七八月不等出山，在城之东南30余里开都河一带度冬游牧，自耕自种，并不交纳赋税。”① 具体的分布除了夏牧场在小珠勒都斯山外，分布在开都河中下游平原的焉耆、和硕滩（开都河的尾闾、博斯腾湖一带）、塔哈其（现塔哈其乡）、包尔图山、扎塔什山和东塔什罕山沟等地。

以上是两个盟大致的冬夏牧场，各旗、各苏木都有固定的冬夏牧场，旗与旗之间的地域由汗王以天然的山、河或敖包（祭祀的山堆）来划定。不得逾越。

土尔扈特、和硕特所处的地理环境为他们提供了优越的天然牧场，这对

① 吴江、吴奉培：《喀喇沙尔事宜》下卷。中央民族学院图书馆编，中国民族史地资料丛刊之十一，1979年版，第13－17页。

他们畜牧业的发展是至关重要的。

珠勒都斯草原是新疆南部最优良的高山天然牧场，可利用面积23835平方公里。是仅次于内蒙古鄂尔多斯草原的全国第二大草原，是新疆重要的牧业基地。大小珠勒都斯山由山间断陷形成两个相连的高位山，艾尔宾山西段分隔其间。东北边的小珠勒都斯山，海拔在2500米以上，西南边的大珠勒都斯山海拔为2400米－2500米，两山东西各长100公里左右，南北宽20公里－25公里。其山地草原，水草丰美，巴伦（即汉语右）珠勒都斯河、准（即汉语左）珠勒都斯河、开都河等河流奔流于千岩万壑之中。

关于珠勒都斯草原与巴音布鲁克草原之间的关系及解释，当代不少志书及文章都有一种模糊的概念，或者错误地解释，均认为巴音布鲁克是由伊克（大）珠勒都斯、巴尕（小）珠勒都斯两个高位山间盆地和山区丘陵草场组成。

我认为首先这是一个概念上的错误。珠勒都斯作为山间盆地，不仅是天山南坡的一个盆地，又是山名，有大珠勒都斯山和小珠勒都斯山两部分，即民国时期和静人，习惯于称之为“大山”、“小山”。而且它又是河流的名称，又是大草原。部分年长的蒙古农牧民至今仍然习惯于称巴音布鲁克山为珠勒都斯山。

美丽的巴音布鲁克大草原　　林岱绘画

正确地解释应是，巴音布鲁克草原在1950年和靖县人民政府成立前称之为珠勒都斯，和靖县成立后巴音布鲁克取代了珠勒都斯的称呼，如同清朝末年喀喇萨尔直隶厅升格为焉耆府后，焉耆一词取代了喀喇萨尔一样。所以，巴音布鲁克也可以说是山间盆地。

清朝及民国的志书上很少可以看到巴音布鲁克一名，而珠勒都斯常常出现。清朝宣统年间出版的《新疆山脉图志》收集了各种史志对疆内一些大山名称的解释，其中对珠勒都斯的解释主要有：①

> 珠勒都斯山其中多黄金，东西珠勒都斯水出焉是为海都河之源。新疆图说（书名，引用者）珠勒都斯山即土尔扈特部落一带大山，在哈喇沙尔城北450里。
>
> 西域释地（书名，引用者）珠勒都斯山在哈喇沙尔城北珠勒都斯之地，北连雪山，回环千余里，水草丰茂，为土尔扈特和硕特游牧。
>
> 使准噶尔行程记（书名，引用者）正月十七日至察罕鄂博图（或作插汉鄂博图），住小裕勒都斯（或作准土斯）地方九十里，十八日住大裕勒都斯地方八十里，十九日驻鄂敦库尔口（或作阿敦库鲁）五十里。
>
> 回疆通志（书名，引用者）著（即珠的音译，引用者）勒土斯山西陲纪略（书名）作准图斯在哈喇沙尔城北一带，乾隆三十六年安置土尔扈特罕霍硕特尔部落所属人万余户住牧于此。
>
> 蒙古游牧记（书名，引用者）南路旧土尔扈特部喀喇沙尔城北当天山之南，珠勒都斯至京师8600余里……则珠勒都斯为天山南北相通要隘，明矣及南路进兵亦必由此。

建国后，国内地区性土壤地理的专著《新疆土壤地理》在说到中部天山南坡草场时写道："特别需要指出的是尤尔都斯（即珠勒都斯）盆地，它是天山南坡最主要的草场。盆地海拔高度在2500米-2800米左右。气候寒冷而较干旱，植被主要属亚高山干草原类型，为亚高山草原土。"②

巴音布鲁克原是珠勒都斯山上的一座小山峰，地理位置很重要，是伊犁地区经巩乃斯通往珠勒都斯草原的隘口。国民党统治时期，和靖县警察局就在巴音布鲁克山峰上设立了一个派出所，有10余人驻防。山区军解放珠勒都斯时首先攻克了巴音布鲁克山峰，由此进入。当时巴音布鲁克名胜大噪。巴

① （清）王树楠：《新疆山脉图志》卷2，王氏陶庐刊本。

② 中国科学院新疆综合考察队、中国科学院土壤研究所编《新疆土壤地理》，科学出版社1965年版，第397页。

音布鲁克取代珠勒都斯是在20世纪50年代，即和静县人民政府成立后，将山区革命时成立的尤鲁都斯县归并和静县，在其原辖区成立巴音布鲁克区，自此，珠勒都斯这一称呼被巴音布鲁克取代了，而珠勒都斯一词被渐渐遗忘。

开都河，《西域图志》写作海都郭勒，① 海都不仅是河名，又是山名，《西域同文志》释为准噶尔蒙古语，意为“曲折”。无论是海都或是开都均是蒙古语“haidag”的音译，直译为汉语“死了仔畜仍能出乳的母畜。”② 引申为永不枯竭的母亲河。我认为后种解释是准确的，土尔扈特、和硕特蒙众世世代代视开都河为母亲河。因为该河有众多支流汇聚而成，水流平缓，河谷开阔，流域面积包括和静、焉耆、和硕、库尔勒、尉犁等县市。史载：“开都河俗名通天河，源出北大雪山，经喀喇乌苏西门外5里，水势甚宽，夏有渡河，冬月架冰桥以渡，回庄多开渠引以灌田。”③ 开都河是天山山区内仅次于伊犁河和阿克苏河的第三大河。正源出自珠勒都斯河，“东西珠勒都斯水出焉是为海都河之源。”④ 该河全长516公里。主要有巴音郭楞河、依列克西河等12条支流。当地历代农牧民均利用开都河堵坝引水以灌溉土地，发展农业。并在宽阔的河岸牧放牲畜。

美丽的开都河　　林岱绘画

焉耆盆地东至乌什塔拉库克油克山，西至霍拉乌苏，南至紫泉泥及博斯腾湖北岸，北至达格尔及察汗通古，均为清政府分给土尔扈特、和硕特蒙部

① 钟兴麒等校注：《西域图志校注》，新疆人民出版社2002年版，第391页。

② 《蒙汉词典》，内蒙古人民出版社1976年版。

③ 《新疆图志》卷17，藩部4。

④ 王树楠：《新疆山脉图志》卷2，第206页。

封建王公的世袭领地，名为“采邑”或“食邑”。① 其地水源丰富，开都河水势甚宽，畅流不息。《新疆纪略》云：“其地实为乐土之可居，而其人游惰，不能尽力耕作，自食其力。”②

和硕滩境内的博斯腾湖是新疆最大的淡水湖，海拔1048米，面积980平方公里，其东、西、北三面沿岸可耕可牧。

对于草场的使用，在民国初年，“因牲畜量较昔激减，虽各有专主，凡系本族人民之牲畜，均准其自由放牧，概不争执。如非本族人民牲畜放牧时，尚须给予现金。冬季草场（即冬窝）若非本人所有，虽系本族人民牲畜，亦不准其放牧。百余年来，即按此规定，安居度日。”③

在牧区牲畜既是生产资料，也是生活资料。土尔扈特、和硕特蒙古回归之初，牲畜丧失殆尽。清政府为安置、救济其部众，购买马、牛、羊，以供其食用和牧养。伊犁厄鲁特、察哈尔营也捐献马牛羊。这些牲畜使土尔扈特、和硕特人民渡过了暂时的困难，也为以后两部蒙古畜牧业经济的恢复和发展奠定了基础。18世纪初始，土尔扈特蒙古畜牧业逐渐得到复苏，经过一段时间的休养生息，牲畜繁多，珠勒都斯草原上，“雪山回环，毡帐云屯，牛马羊群，填委山谷，富裕为各蒙部之冠”。土尔扈特、和硕特蒙古畜牧业经济的恢复和发展，对南北疆畜牧业经济的发展也起了促进作用

二、生产资料

牲畜是畜牧业的主要生产资料。土尔扈特、和硕特蒙民放牧的牲畜主要有牛、马、羊、骆驼。由于珠勒都斯系高原山区，气候寒冷，不利于牲畜的生长繁衍，因此，随着土尔扈特、和硕特两部畜牧业经济的恢复和发展，使畜牧品种得以改良，培育出了适应当地自然条件、生产性能良好的焉耆马、杜乃尔牛、茶腾大尾羊（现称巴音布鲁克大尾羊）、扎布苏尔骆驼等优良品种。

1. 马　主要是焉耆马，虽然称为焉耆马，其实产地主要在珠勒都斯草原，其次在今和硕等地，当地蒙古族则称焉耆马为大山马、巴伦马、和硕马。因

① 巴音郭楞蒙古自治州地方志编撰委员会编：《巴音郭楞蒙古自治州志》卷10，“农业”，第322页。

② 《新疆纪略》下。

③ 和靖县政府宗卷、一般类12档205号，民国28年－29年。和靖县档案馆存。

为焉耆地理位置的重要性，它位于丝绸之路的要冲，上述各地马出口，又要经过焉耆，故称为焉耆马，就像哈密瓜的产地不在哈密，而在鄯善一样。由于焉耆史称喀喇沙尔，故当地人又称焉耆马为喀喇沙尔马，史载：

“喀喇沙尔马群，蒙部之人自以为生，是以操术专而习业勤，息耗之数比于官厂悬绝不啻倍，蓰今南北疆所服乘者，大抵皆喀喇沙尔产也。”①

有关专家认为：

“焉耆马原是蒙族人民在该地长期经营的蒙古马；但由于历史上的多次战役，他们又从新疆其他地区获得了哈萨克马及其他马种。到19世纪末叶以来约70年间，先后曾有俄国种马输入，其中包括顿河马、奥尔洛夫马以及这两个品种的改良马，和当地马配种，因此今日的焉耆马在血缘上和这些外来品种很有关系。”②

经过改良后的马颈形较长，胸廓宽大，且中躯长，乘挽兼用，耐粗饲、高寒，适应性强，兼长爬山越岭长途奔走，成了和伊犁马一样驰名全国的焉耆马良种。因此今日的焉耆马在血缘上和这些外来品种很有关系。

清末民初，曾在新疆各地的驻俄领事馆供职10年的俄国人尼·鲍戈亚夫连斯基在南北疆各地实地考察，搜集了大量的社会学第一手资料，对于焉耆马他也颇为了解，他在其著作《长城外的中国西部地区》一书中云：“在亚洲这块地方上的各族牧民之中，唯独焉耆的土尔扈特人与众不同。他们非常喜欢马，同时每个人都给自己养几匹好马，在珠勒都斯和焉耆有一种好马，驰名整个中国西部地区。这种马个头不大，但体形美观，胸款，腿健。由于牧场多在山上和峭壁之间，焉耆马的蹄子十分坚硬，以致无需钉掌。这些优点使焉耆马身价很高，几乎比当地其它马匹要贵出一倍。一匹好马价值100至200卢布。”③ 据新疆省民国档案记载，省农矿厅曾为迪化南山种畜场改良马

---

① 钟广生：《新疆志稿》，民国十九年铅印本，程文出版社台湾影印发行。

② 谢成侠：《中国养马史》第十一章，第七节，科学出版社1959年版。

③ ［俄］尼·维·鲍戈亚夫连斯基：《长城外的中国西部地区》，商务印书馆1980年版，第142－143页。

匹从满楚克扎布汗王处购买了种骡马 60 匹。①

2. 牛　土尔扈特、和硕特牧民原牧放蒙古黄牛，20 世纪前叶由西藏引进牦牛，距档案记载“为了发展牲畜的繁殖和提高品种，在多活佛（即五世多布敦策仁策敏活佛，当时南路盟的摄政王——作者）当权的时候，也向苏联购进种马，在巴音布鲁克大山内进行改良马种，为现在的巴音布鲁克区第二乡巴音苏牧种马就是这样进行配种的。在□年前，为了增加肉食和奶类，也派人到西藏购买一批毛（牦——作者）牛来此进行生产（据说在西藏买毛牛 100 条，在吆回途中因不服水土及得病损失外，实拿到的毛牛只有 1 至 20 条了）。”② 牦牛来自青藏高原，抗寒抗病力强，耐粗饲，尤其是可利用 3000 米上的高山牧场，主要肉用为主，乳肉兼用。引进的数量不多的牦牛在珠勒都斯草原经过半个多世纪的繁育，品种质量逐渐提高，数量不断增加。后来牧民将黄牛和牦牛杂交，培育出第二代犏牛，犏牛体格高大。

3. 羊　茶腾大尾羊，又称巴音布鲁克大尾羊，是由土尔扈特东归时带回的羊种与当地的土种羊杂交培育而成，属肉脂毛兼用羊种，现已是新疆 3 个大尾羊品种之一，其特点是羊头要么是黑色，要么是黄色，身体部分是白色。

茶腾大尾羊

其次，有些在城镇附近兼营农业的土尔扈特、和硕特人还养驴。

---

① 1937 年 3 月 31 日《农矿厅为购焉耆骡马以改良品种事致省政府的呈》，新疆维吾尔自治区档案局等单位编《近代新疆蒙古历史档案》，第 255 – 256 页。

② 全宗号 18、案卷号 7、1955 年。巴音郭楞蒙古自治州档案馆存。

由于牧民唯一的收入来源是畜牧业，因此政府向他们征收的是牲畜直接税。法定的税额是十抽一。

三、生产方式

土尔扈特、和硕特蒙古的社会形态是以畜牧经济为主体的宗法封建制，王公贵族、宗教上层占有草场和大多数牲畜，利用权势剥削所属牧民。牧民除向王公贵族、宗教首领交纳牲畜外，还要承担繁重的无偿劳役。这种封建私有制的生产关系制约了畜牧业生产的发展。

蒙古族人民在长年的游牧生产和生活中，历来都有互助放牧的习惯。牧区基层社会组织——阿寅勒，是在私有制、个体分散劳动基础上，数户近亲从居合牧的独立的协作生产单位和共同生活的社会组织。过去由于游牧社会都是简单社会，社会角色的种类非常稀少。都看不出生产力有什么质的变化。现代以来土尔扈特、和硕特牧人的游牧方式仍然保持着以“和屯”（村落）集体放牧的习惯，即以 3 至 10 户以上的牧户（阿寅勒，即“帐幕”、“户”之意）组成，每个“和屯”都有专人负责，其负责人一般为长者或较富裕者。富裕牧户单独游牧时，则由其主人安排。这种游牧方式在 20 世纪 60 年代还仍然沿袭着。甚至在 80 年代初在巴音布鲁克草原还保留着阿寅勒以“和屯”集体放牧的习惯。①

同其他蒙古不一样，他们按传统的游牧方式“逐水草而游牧”，依靠牲畜的自然繁殖不断发展牧业基础生产。按季节划分春、夏、秋、冬四季牧场，其牧场都是天然草原，受地理、气候影响而变化。春秋牧场是为过渡而设的，夏草场多择牧草丰茂的高山草原，“冬窝子”多设于背风向阳的山谷丘陵，这里冬季气候平稳，既无大风大雪，积雪又不很深，适宜人畜越冬。牧民们 10 月份赶着羊群下山，在平原草场过冬，直到次年春天 3 月天暖雪消，驮上蒙古包赶着羊群上山。

无论是清政府还是民国政府从来没有关心牧民的草原建设，牧主也很少对牲畜进行改良，长期以来，都是以极为粗陋的方式放牧，任凭牲畜自然繁殖。遇到天灾人祸则束手无策。特别是珠勒都斯草原常年有霜冻、大风、冻害、暴雨等自然灾害。故一般的百姓生活都比较贫困。正如当地土尔扈特有

① 米杰、杨廷瑞：《新疆蒙古族牧区社会中的“阿寅勒”》，新疆少数民族经济研究会等单位编《和静县地区经济与蒙古族有牧业经济》，1984 年（内部发行），第 144 – 145 页。

知之世所说："我们蒙古人除了小风可吹倒的毡房外和大风能刮去的牲畜两样外，别无财产。"① 19世纪末，曾来珠勒都斯、伊犁探险的法国探险家邦瓦洛特曾来到了土尔扈特牧民家里，他看到的情况是他们都不富裕，牲畜不多，只有少量的马、羊和奶牛。②

四、狩猎

狩猎在新疆蒙古人的社会经济中起着重要作用。早在土尔扈特、和硕特回归之初，清政府还特别关照大臣官员们，帮助土尔扈特人、和硕特人伐木捕鱼以充口粮。而且还下令不许查收他们的猎枪。③ 这说明清政府是鼓励他们狩猎的，清朝政府也将狩猎看做是他们渡过困难，维持生计的一种方式。天山南北蒙古牧民居住的高山草原，有珍贵丰富的飞禽走兽，如马鹿、熊、狐、雪鸡等。除了食用外，貂皮和鹿茸是他们换取生活用品的珍贵产品。对于西部蒙古人的狩猎生产，尼·鲍戈亚夫连斯基是这样描述的："几乎所有的蒙古人都从事狩猎。不论是以出售为目的的用枪狩猎也好，还是用其他各种工具捕兽也好，都十分发达。蒙古人是出色的射手，即使用原始的火铳（多是燧石枪）也能打得很准。在尤勒都斯有的猎手甚至有时连火铳也不用，而是用弓箭狩猎，因为弹药昂贵，而且常常买不到。"④

第二节　农　业

一、东归初

土尔扈特、和硕特蒙古东归之初，清朝政府为使他们渡过困难，一方面积极筹措牲畜粮食以救济，另一方面又拨农具籽种和耕地，引导和帮助他们从事农耕，使耕牧以自救。当时，伊犁将军伊勒图决定"渥巴锡所属贫户甚

---

① 艾·巴都玛拉：《森勤活佛和土尔扈特经济》，和静县文史资料委员会编《和静文史资料》第二辑，第16页。

② 邦瓦洛特：《勇闯无人区》，简民译，新疆人民出版社2001年版，第33页。

③ 《清高总实录》卷987，乾隆四十年（1775年），七月乙丑。

④ ［俄］尼·维·鲍戈亚夫连斯基：《长城外的中国西部地区》，商务印书馆1980年版，第68页。

多。不能养赡，特加恩分拨伊犁等处，赏给籽种口粮，令其耕种，俟生计丰足，再归渥巴锡。”① 当时就将一部分土尔扈特人安置在博尔塔拉、精河、塔尔巴哈台及和什托洛盖（今和布克赛尔蒙古自治县境内）一带从事耕种。据满文档案记载，这部分人有：“此辈（指渥巴锡）4千户内，除去放羊者外，种田3千人。”②

清廷在决定渥巴锡及属众迁移珠勒都斯时就下令，他们“所需口粮籽种等项即于哈密、辟展所储银两内动拨，采买乌什等处回人所种之谷，运至喀喇沙尔，以备分给渥巴锡所属人众，种地农器就近于辟展、哈密等地运往。”③ 所以渥巴锡及部众一踏上珠勒都斯新家园，哈密等维吾尔族各伯克头人就将8000石面及3000石粮食送至喀喇沙尔，以接济他们。同时，伊犁将军还给他们1500头牛，在迁移时作为乘骑外，还备来年作为为耕牛使用。④ 这些粮食和耕牛不仅使土尔扈特人在新家园的生活提供了帮助，而且也为他们今后农业的发展奠定了基础。

“其（指土尔扈特——作者）汗渥巴锡部落，和硕特贝勒恭格部落安插于著勒土斯，资其游牧，教之耕种，京差侍卫3员，管理其人，开都河南北两岸及著勒土斯牧场毡帐云屯，皆伊等所居也，数年来渐知稼穑。”⑤ 由于土尔扈特、和硕特牧民不善耕种，因此清廷令喀喇沙尔大臣派当地清军教他们种地，当地喀喇沙尔驻有种田马步守兵302名。喀喇沙尔大臣给和硕特部籽种750斛，令其种田于哈布齐海一带。⑥ 种植的作物有小麦、苞谷、青稞。他们所种的粮食都获得收获，但产量同其他营旗屯田官兵所获产量比还是低的。

由于土尔扈特部不习惯农耕。耕作粗放，广种薄收，耕地主要用“二牛抬杠”，生产工具十分简陋。春季撒种，一般也不进行田间管理，秋季收获后，牛马踏场，产量不过百斤。而且渥巴锡等首领又不加重视，因此，一开始，耕种没有取得好的效益。清朝官员一再开导、鼓励土尔扈特首领们重视耕种，希望他们去引导牧民们勤奋种田的同时，又决定给种田之人自播种时

---

① 《清高宗实录》卷987，乾隆四十年（1775年），七月乙丑。

② 中国社会科学院民族研究所民族史研究室等编《满文土尔扈特档案译编》，乾隆三十八年正月初三日，第223页。

③ 张穆：《蒙古游牧记》卷14，第14页。

④ 中国社会科学院民族研究所民族史研究室等编《满文土尔扈特档案译编》，乾隆三十八年七月16日折，第230－231页。

⑤ 张穆：《蒙古游牧记》卷14，第12页。

⑥ 中国社会科学院民族研究所民族史研究室等编《满文土尔扈特档案译编》，乾隆三十七年正月二十八日，第186页。

至收获，每月加赏5斤口粮，以鼓励他们积极种田。在清朝政府的督促及鼓励下，土尔扈特人民的农耕有所进展。“自耕自种。不交纳赋税，亦无别项差役，”① 和硕特部也如此，德勒克乌巴什郡王曾在奏折中说：“伊等屯田数年，业经谙习，请照别处游牧例，自行耕种，又称所收粮石，经观音保每月差人分放等语。”②

土尔扈特及和硕特人民经过十多年的休养生息，放牧和屯田，畜牧业逐步恢复，农业生产有了些发展，生活条件较前大为改善。1789年（乾隆五十四年），清朝官员保宁上奏：“土尔扈特车凌德革克游牧。较前充裕，请不必督其耕作，听自谋生理。”③ 清政府也鉴于土尔扈特“年来马畜繁滋，各臻充裕，蒙古习俗利于牧养。”④ 因此，准奏其余土尔扈特也照此办理。自此以后，土尔扈特经济又转向单一的畜牧业生产。只有少部分人从事农耕。不过也曾出现了在嘉庆年间，由于“喀喇沙尔屯兵所种地亩即遇收成平常，不能按年接续，请动库存银两采买吐（同土，引用者）尔扈特、霍（同和，引用者）硕特余粮，以备储仓接续军粮”的现象。⑤

通过上述记载可以看出，南路土尔扈特及和硕特人在归国之初之所以有一部分人从事农耕也是由于迫不得已，是清政府为使土尔扈特人渡过暂时的困难而施行的一种措施。这种措施也取得了一定的效果，它不仅解决了当时土尔扈特、和硕特人的口粮。而且也恢复和促进了土尔扈特人民的经济。他们因不擅长农耕，当牲畜逐渐增加后还是愿意从事游牧经济，即使从事农耕，也是在一边放牧的情况下进行，是作为生活辅助手段。农业在其经济生产中始终发展缓慢，而未占主导地位。据光绪末年撰修的《焉耆府乡土志》载，在焉耆地区（包括库尔勒）“有汉农20余家，缠农1400余家，回农4300余家，蒙古近来亦知耕种，乌沙克他庄有蒙古6户（和硕特部——引者）前报垦有案。”⑥ 可见在清朝末年从事农耕只有寥寥可数的和硕特人。“土尔扈特部落蒙民从20世纪初开始有极少数是耕种土地的农民，后来才逐渐多起

① （清）达生瀚：《喀喇沙尔志》，上册，蓝晒本。

② 《清高宗实录》卷1064，乾隆四十三年（1778年）八月戊辰条，20－21页。

③ 《清高宗实录》卷1341，乾隆54年10月癸酉，第6页。

④ 《清高宗实录》卷1341，乾隆54年10月癸酉，第6页。

⑤ （清）达生瀚：《喀喇沙尔志》上册，蓝晒本。

⑥ （清）徐国祯：《焉耆府乡土志》，《实业》卷，载《新疆乡土志稿》29种版本，湖北省图书馆印制，1955年9月（后同，略）。

来。”① 20 世纪下半叶也如此，从一份 1942 年的民国档案就可看出他们那时经济形态之一斑，即：“焉耆、和靖、和硕三县、局，现有之蒙族民众大都从事牧畜业，居住深山旷野，流动不定。而实行开垦从事农业者甚少（约占整体蒙族百分之三），以致大好的土地被荒芜着，未有开种。”② 牧民的食粮均靠用牲畜同回民等民族交换。

而绝大多数土尔扈特、和硕特蒙古人日常生活主要以“食猷肉，饮其汁”为饮食。即使食用粮食，也是同维吾尔和汉等民族交换所的。清末：“蒙民时出山，来城市易食粮货物。”③ 正如土尔扈特知名人士茶·恰克德先生所说：“广大的牧民群众每年按自己的生活需求将牲畜出售给外来的商人，如焉耆回族商人苏阿吉、东东子和乌鲁木齐回商杨福等，有的甚至到新源、伊犁等地去出售畜产品，换回面粉、布匹、日用品等。”④

清末民初在新疆的驻俄领事尼·鲍戈亚夫连斯基对当时新疆蒙古人的社会经济形态也颇为了解，他是这样看的：

> 中国西部的蒙古人中，从事农业的也很少，他们只是在那些草场面积日益狭小、畜牧条件日趋艰难、生活资料逐渐减少、因而必须在为他们所喜爱的畜牧业以外另谋出路的地方才开始搞农业。由于这些原因，我们看到在牧民稠密的塔尔巴哈台的土尔扈特部那里已开始种少量的土地，此外在伊犁的厄鲁特人和察哈尔人也种地，但数量更小。焉耆的土尔扈特部则还没想到要种地，因为他们那儿的放牧条件至今还相当优越。⑤

---

① 茶·恰克德：《南路土尔扈特的几个回忆片段》，《和静县文史资料》，载《和静县志》卷 34，“杂志，”第 803 页。

② 1942 年 5 月 10 日《省政府就焉耆行署呈报蒙族区、村公所经费及区、村长待遇等事致财政厅的训令》，新疆维吾尔自治区档案局等单位编《近代新疆蒙古历史档案》，第 269 页。

③ （清）徐国祯：《焉耆府乡土志》，《实业》，第 3 页。

④ 茶·恰克的：《有关南路土尔扈特的几个回忆片断》，载《和静县志》卷 34，“杂志，”第 803 页。

⑤ ［俄］尼·维·鲍戈亚夫连斯基：《长城外的中国西部地区》，商务印书馆 1980 年版，第 69 页。

二、发展

和硕特部游牧地在山沟内，虽然3面环山，但所居自然环境没有土尔扈特部优越，从事农耕的人较土尔扈特人多，自然农业较土尔扈特部发达。1841年（道光二十一年）始，和硕特部盟长多尔济纳木扎勒从所属的3个旗内抽调劳力和资金与维吾尔族、回族以及汉族人民一道，在今和硕县的清水河、塔哈其及博湖县的塔温觉肯、宝浪苏木等地开挖水渠，造田农耕。①

在和硕特部辖地，“清同治年间至光绪年间，从托克逊、鄯善、阿克苏、喀什等地迁入部分维吾尔族民众，从甘肃和青海迁入部分回族和托茂（青海回族的一支，有蒙古血统）民众在和硕（指和硕县——引者）境内定居。为了使进入和硕境内的维吾尔族和回族、托茂民众安居乐业，和硕特部落各苏木的蒙古民众让出部分熟地，并支援耕牛、耕马帮助兄弟民族暂渡难关。”②与此同时，和硕特民众也跟他们学到了先进的农业技术。19世纪末，和硕特部的勘布（黄教上层）扎拉禅出资修渠，开垦土地，兴建的堪布渠为发展当地的农牧业生产起了重大作用。③

特别是清末，夏季草场小珠勒都斯草原也成为土尔扈特牧地后，和硕特蒙众生活则比土尔扈特贫穷，民国初年，内地学者黄文弼在当地考察后写道：“和硕特人均穷，居于沟内，无大草场，王爷亦穷。”④ 和硕特部种田的蒙众逐渐增多，出现了“乌什塔拉庄回民种地在蒙民之先，专赖蒙（古）山泉水阴注，先年蒙民专事游牧，不知稼穑，水尚敷用，近来蒙民亦知用水灌田种地，在回民之后，两造渐久恳多，自然水不敷用”的局面，为此省长杨增新曾照会和硕特中部右旗扎萨克辅国公认真办理。⑤

民国20至30年代，新疆都督杨增新竭力提倡新疆各族人民从事农业，大力发展民屯，照会各蒙古王公，开导部民耕种，他认为游牧部落不见发达的缘故，莫非固守游牧旧制，不肯耕种，因此必须改变单一的畜牧经济结构，大力垦荒并兴工、经商才能富民。1917年8月杨增新曾指令焉耆县知事让汉

① 和硕县地方志编纂委员会编《和硕县志》卷23，第3章，“和硕特在焉耆”，第519页。

② 同上。

③ 巴音郭楞蒙古自治州地方志编撰委员会编《巴音郭楞蒙古自治州志》卷8，“民族”，第256页。

④ 黄文弼：《蒙新考察日记》（1927－1930），文物出版社1990年版，第197页。

⑤ 和硕县档案、卷3－93，和硕县档案馆存。

族民工租用蒙古人的土地以开垦，他说：

“该县城南北和土（即和硕特、土尔扈特——作者）两蒙部牧场地段、土肥水广、安户自属便宜、唯该蒙古牧场向系该部自行经管，由来已久，若如所请拨归县辖，轇轕自甚疑难办到，转不如作为汉回各户租种，由蒙古收租，公家暂可不必收粮，祇求能开利源于民有益较为妥协。”①

土尔扈特布彦孟库汗也响应杨都督的号召，率众挖渠。据档案记载：

“因为那时单独生产，特别是以和肖（同和硕，即旗之意～引用者）及苏牧（即苏木，佐之意～引用者）为单位开挖大渠及开垦大批荒地是很困难的，因此由王子（布彦孟库汗～引用者）下命令动员全体农牧民集体参加开挖大渠，如现在的开来大渠，巴伦渠，开泽渠，八棵树渠，焉耆河南档户渠，都是以派差的方式动员了蒙古族人民，大家来开挖出来的，而除焉耆河南档户渠（即盖干布湖——活佛之渠的意思，是以活佛的名义动员农牧民开挖出来的）归王子活佛外，其余渠道都归各自和肖、苏牧的农民共公（同）使用，扩大了耕地面积，增加了水利。又如和靖县二区谢米渠（即乌拉斯台渠）在1917年前就有王子动员全体农牧民们拿出人力、物力等共同开挖出来的。”②

以前在研究这段历史时都有一种错误地认识，即以上水利工程的主持人是多布顿策楞活佛。③ 上述档案清楚地说明是布彦蒙库汗在1917年前主持修建，此时多活佛还没有摄政，不可能主持修建，只是汗王以多活佛的名义动员民众开挖的，于是有些人则认为是多活佛倡导修建的。④

谢毕纳尔旗的10个苏木则在乌拉斯台渠两岸驻牧，牧民们在渠的两岸开

① 《补过斋文读》丁集下：1.《指令焉耆县知事杨茂春呈覆查勘该县地势水源挖渠开垦分别民屯各情形文》。

② 全宗号18、案卷号7、1955年。巴音郭楞蒙古自治州档案馆存。

③ 巴音郭楞蒙古自治州地方志编撰委员会编《巴音郭楞蒙古自治州志》卷8，“民族”，第258页。

④ 艾·巴都玛拉：《森勤活佛和土尔扈特经济》，政协和静县文史资料委员会编《和静文史资料》2，第19页。

荒造田、修建房屋。俄国探险家记载了当时的情景："开都河附近，有许多毡房和牲畜围栏，周围是农田。"①

1917年（民国6年）至1918年（民国7年），杨增新核准焉耆县（当时和硕特归焉耆县管辖）知事刘希曾向和硕特部蒙古族王公贵族和当地富余户借款，招雇民工在六十户一带，傍北大渠另开新干渠一道，在干渠之北另开支渠，支渠以北由蒙古族耕牧，以南由官府招民承垦，共开荒地2万多亩。当时居住在北干渠下游的和硕特蒙古各苏木招民承垦荒地1000多亩，安置无业游民200多人。乌什塔拉、塔哈其、曲惠、包尔图一带的农牧民响应政府号召，扩大垦荒耕地面积，粮食产量比清朝末年有较大幅度的增长。

土尔扈特摄政王多活佛还请了俄罗斯人来和靖修盖洋水磨，这样方便了农牧民。② 水磨面粉加工厂当时搭盖的情形是：

> "建筑大体上是苏俄式的，又照顾了当地民族特点。这项设计在当时的焉耆盆地是一项开创性的工程。面粉厂需要把黄水泉的水引入赛尔克绿洲，再进入乌兰马义克渠，渠水流进面粉厂时，水位差高达4米，产生很大动力。从赛尔克绿洲向面粉厂厂房延伸近5公里的路线，全是人工筑堤，而且水势是缓流而下，所需土方不下4万立方米，工程量很大。面粉厂的生产设备比%%较先进，从小麦的筛选到加工成面粉都是机器完成的。"③

20世纪初居住在开都河两岸，现在的哈拉莫敦、七个星、包尔海、乌拉斯台、开泽和乃门莫敦的土尔扈特牧民开始逐渐向半农半牧转移，开始建造房屋，冬季就住土房内。一面耕种粮食，一面放牧，经济开始转型。但经济形态仍然是自给自足的自然经济。

黄文弼在和硕特部牧地察汗通格（即察汗通古，今和硕县东北）考察期间，发现："惟此处蒙古能种地，以小麦、青稞为大宗。塔斯干沟水经察汗通格下游乌沙塔拉、察汗，蒙古即引水种地。行之渐久，或能改变游牧生活也。"④ 直到解放初和硕特蒙古族经济仍然以畜牧业为主，农业次之，据档案

---

① 邦瓦洛特：《勇闯无人区》，简民译，新疆人民出版社2001年版，第36页。

② 全宗号18、案卷号7、焉耆专员公署1955年。巴音郭楞蒙古自治州档案馆存。

③ 苏·道尔吉等《土尔扈特第五世森勤活佛》，载政协巴音郭楞蒙古自治州委员会编《巴音郭楞文史》（精选本），第51页。

④ 黄文弼：《蒙新考察日记》（1927-1930），文物出版社1990年版，第199页。

载："本县经济以牧畜为主，农次之，谈不到工、商二字，"全县牲畜粮产大约如下表：①

<table>
<tr><td rowspan="2">现有牲畜
统计表</td><td>种类</td><td>马</td><td>牛</td><td>羊</td><td>驴</td><td>骆驼</td></tr>
<tr><td>数量</td><td>3500</td><td>3000</td><td>35000</td><td>120</td><td>150</td></tr>
<tr><td rowspan="4">耕地
统计表</td><td colspan="2">地区</td><td colspan="2">可耕地</td><td colspan="2">已耕地</td></tr>
<tr><td colspan="2">乌什塔拉</td><td colspan="2">52000 亩</td><td colspan="2">12000 亩</td></tr>
<tr><td colspan="2">曲惠</td><td colspan="2">10000 亩</td><td colspan="2">3000 亩</td></tr>
<tr><td colspan="2">十苏目
（指和硕特～作者）</td><td colspan="2">200000 亩</td><td colspan="2">50000 亩</td></tr>
<tr><td rowspan="3">粮产
统计表</td><td colspan="2">种类</td><td colspan="4">数量</td></tr>
<tr><td colspan="2">小麦</td><td colspan="4">2500 石</td></tr>
<tr><td colspan="2">包谷</td><td colspan="4">1500 石</td></tr>
</table>

由于土尔扈特、和硕特蒙民先于回、维吾尔等民族定居开都河一带，故"是职县所属山林、草场、土地，早经封建制度时代划分给所属蒙民（系当时口头划分，并无执照及地图），亦即所有土地，完全为蒙民所私有，殆无官有之土地可言。"② 土地归蒙古封建领主所有。比如，1949 年 9 月，和硕县的地主、富农、和封建王公户数只占全县农户的 11.2%，却占有全县耕地面积的 52.75%，人均占有土地 23.8 亩，而占全县总户数 68.2% 的贫雇农，仅占有 16.65% 的土地，人均占有土地仅 2.8 亩。③

20 世纪 20 年代后，从吐鲁番、库车等地迁入焉耆盆地的维吾尔族、回族人口增加，租种蒙古王公贵族或蒙古牧民居住的土地。南路土尔扈特："民国 36 年前，和靖一片草原，后有南疆维族同胞开垦。"④ 另，"自四月革命（指 1933 年的四·一二政变～引用者）后，在新政府发展农业，扩大春耕口号下，一般蒙民渐知农业需要，多开渠耕种，更有召集他族人民开垦伙种及租种，分批收获者。然山里大部蒙民，仍注重其游牧生活。"⑤

租佃形式主要有伙种、无偿劳动、租种、雇工等种类。其中最主要的是

① 焉耆专员公署 1953 年，91 卷，巴州档案馆存。

② 和靖县政府宗卷、一般类 12 档 205 号，民国 28 年－29 年。和靖县档案馆存。

③ 和硕县地方志编纂委员会编《和硕县志》卷 4，"农业"，第 64－65 页。

④ 1952 年，县委永久 5 号卷，和静县档案馆存。

⑤ 和靖县政府宗卷、一般类 12 档 205 号，民国 28 年－29 年。和靖县档案馆存。

与其他民族合伙种地，这种形式占了95%。① 即有牧主出土地、耕畜、种子和农具，伙种户（主要是维吾尔）出劳动力，收获的小麦扣除种子后平分，其他作物因下种量少，不扣除种子平分。

“伙种为和靖主要的土地关系，开泽两乡伙种地1778亩，占总面积56‰……后来业主出木料，佃户自己打土坯，修改土房居住，这样就形成了和靖一带的定性的伙种形式，业主双方都依赖这个规则伙种。”②

开垦的各族农民逐渐增加，外来者愈来愈多，退役军人也落了户，失掉羊群的牧民也开始转向农业，伙种条件起了些变化，业主工具不全或种籽两头负担，佃户也不强求，现举几个典型如下：③

1. 维族扎克·克马利伙种蒙族缺的地皮七百六十斤，种麦子四百斤，包谷九十斤，佃户出劳动力与车马，秋后除种平分。

2. 汉族金万禄伙种蒙族凯提来地皮200斤，业主出土地牛斗、农具，一座房子，佃户出劳动力，种子双方负担，秋后平分。

3. 维族艾孜则，租蒙族克鲁捷地皮300斤，租粮麦子150斤，包谷100斤，因佃户缺牛队、工具等，遂与蒙民达木恰伙种，达木恰出牛队、农具，一半种子，佃户出劳动力和一半种籽，秋后除去租粮外平分。

此外有自耕形式。两三户耕种181亩，这些蒙民自耕者，一部〈分〉由于债务、天灾或其他原因丧失了牲畜，以游牧再不能维持全家生活，逼使自己耕种，一部分是有羊群的牧民，将自己大块土地伙种给佃户（多是维汉），抽其中一部分土地自耕，春三月上山前，业主叫佃户帮忙犁过，撒上麦子或包谷，即上山牧羊，夏季佃户又帮忙业主浇水，秋季雇人收割。有的业主自己劳动，经常佃户帮忙，实际这种办法，是剥削佃户的价值劳动。以下举几个例子：

---

① 1943年4月16日《省政府就和靖县呈报拟定蒙民与其他民族合种地亩临时办法事给财政厅的训令》，新疆维吾尔自治区档案局等单位编《近代新疆蒙古历史档案》，第271页。

② 1952年，县委永久5号卷，和静县档案馆存。

③ 同上。

> 1. 达木恰（蒙民）9口人，有骆驼3峰，马7匹，牛15头，羊20双，有地皮1000斤，因牧畜不够吃穿，除将650斤地皮伙种外，自耕350斤地皮。蒙民克克代5口人，有马5匹，牛11头，羊11双，有地皮645斤，除荒地150斤，伙种330斤外，自耕165斤，虽两腿残疾，依然劳动。蒙民道尔吉，4口人，有骆驼4峰，马5头，牛8头，羊43双，地皮325斤，完全保耕。上列3户，都系中农以下阶级，自己劳动自耕。①

1940年和通县（后改为和靖县～引用者）成立后，在盛世才推行的改土归流政策下，大批的蒙古族封建领主又转化为封建地主。当发生水旱蝗灾时，地主不承担经济损失，佃农在歉年不能维持最低生活水平，群起抗租，常常出现租佃纠纷。为减少纠纷，便于管理，1943年4月16日和靖县政府拟定了蒙族地亩与其他民族伙种临时办法16条，提交省政府第八次政委会议决议。省政府经过修改，出台了《修改和靖县蒙族地亩与其他各族合种地亩临时办法》（20条），供和靖县政府执行。省政府又鉴于其他蒙古族集聚的地区也经常发生土地纠纷案，故于同年5月5日颁发了《新疆省蒙族采地租佃办法》（10条），令伊犁、塔城、阿勒泰、焉耆各行政区执行。② 地主和佃农的矛盾由此得到一些缓解。

由于草场紧张，为了鼓励蒙古族牧民种地，焉耆区行政长公署实施一些办法，"筹拨大量土地，并援助解决草场问题……游牧地段内之荒地，在不妨碍牧畜业利益之下，应尽量拨给开垦，并按每户实有人口多寡分配拨给，俾承垦人充裕其生活需要，以期家给人足。"③ 故此出现了和靖县斜米区胡秦衙门乡蒙民贷款的现象。为了发展部落的农业生产，满楚克扎布汗王的福晋乌静彬曾经就开发焉耆地区的农业和水利建设以及文化发展等方面提出方案给省政府，她认为："焉耆地处本省南北疆，为经济文化之中心，开都、孔雀两河横贯其间，沃野千里，尚未充分开发。如水利改进开辟后，可耕农田计有370万亩之谱。对焉耆农田水利建设自有必要。"④

---

① 1952年，县委永久5号卷，和静县档案馆存。

② 1943年5月15日《省政府就通过［新疆省蒙族采地租佃暂行办法］事给财政厅的指令》，新疆维吾尔自治区档案局等单位编《近代新疆蒙古历史档案》，第274－275页。

③ 和靖县政府宗卷、一般类12档205号，民国28年－29年。和靖县档案馆存。

④ 1946年5月6日《西北军政长官公署就乌静彬治蒙方略及该地蒙族现状致国民政府的呈》，新疆维吾尔自治区档案局等单位编《近代新疆蒙古历史档案》，第388页。

1948年南部落盟长公署为办理各租户租地事宜给某些庄专聘租户办事员。①

1949年2月20日，南路恭盟长致省政府关于贷给蒙民籽种的呈文：

“内云：窃查蒙民向来业牧，不知耕垦，以致沃野荒芜，日食不继，而渐逞贫困之状，因此，竭诚提倡农业之发展，并令各区蒙民务于今春尽其可耕土地人力播种小麦，以裕民生，惟因所需麦种二百石，无法筹措，春耕在即，弗可迁延，是以呈请钧座俯念民艰，恩准赐贷春耕籽种小麦二百石，俾便播耘而苏民困，是否可行，敬请为核示遵施行。”②

省政府鲍尔汉主席同意贷给蒙民牲畜，并下旨令：

“据焉耆土尔扈特、和硕特两蒙部盟长公署本年五月二十四日秘字第〈76〉号呈称，窃查焉耆为本省有名牧畜区域，山场广大，水草丰美，气候温和，土壤肥沃，唯自近年受战争影响，畜牧业不能发展，草场丰肥之地区，今属于焉耆大山，且富户之牲畜，亦在不能管辖之地带，而现有土尔扈特和硕特两部牧民，历遭天灾人祸，复以军需采购频繁，致使牲畜数字锐减，兼之县城附近草场多属贫瘠，牧放不利，繁殖维难，牧民生活痛苦已极，设不早为补救，则将来牧畜经济，前途隐忧不堪虞，拟恳钧座恩准救济，补助牲畜计羊肆千贰百双，马壹佰伍拾匹，牛贰佰陆拾条，驼贰拾五峰，以资分配各贫穷牧户，俾维牧业向资生活，并恳对本年军马羊等项，勿在焉耆采购，以示体恤，可否之处，理合具文呈请鉴核示遵等情，到府查该蒙部盟长所称各节，均属实情，本府现为解决该两部蒙民困苦，计着与该县本年度应征蒙民牧税现品内（代金除外），按该部所请数目，予以无息贷给，限期二年，由该盟长负责如期归还，以示体恤，其余牲畜及代金，仍应报解财厅，除分行外，合行令仰，该县府遵照，俟牧税扫数后，速将该项现品数字列表政府，以凭派员监督办理为要。此令主席鲍尔汉。”③

---

① 盟长公署来往函件及军人名册、一般类第1档、第1号、民国37年-38年，3-92，和硕县档案馆存。

② 同上。

③ 同上。

随着一部分贫牧也开始转向农业，自此农业户逐渐增多。

东归以后的和硕特、土尔扈特蒙古自定牧于珠勒都斯草原和焉耆盆地后，不仅为开发和建设当地的农牧业生产作出了贡献，而且为当地的市镇建设也作出了贡献。1838 年 11 月 17 日（道光十八年十月己巳），道光皇帝为奖励护理盟长印务的汗王哈屯（蒙古语夫人之意）喇什丕勒在修建喀喇沙尔城垣和河堤时捐资的行为，诰封她享受福晋的待遇，赏其孙那木扎勒珠尔默特策林三眼花翎，札萨克一等台吉图鲁蒙库、巴彦吉尔噶勒花翎。①

近代以来，由于新疆社会动荡不安，尤其是南疆较为严重，特别是阿古柏侵占南疆后，南路土尔扈特和硕特两部更是遭殃，他们东躲西藏，部分土尔扈特部众逃往库尔喀喇乌苏、阿勒泰等地，长达 11 年。所以社会经济严重受损。民国初年，社会较为安定，经济复苏，各项逐步发展时，甘肃军阀马仲英攻入新疆，其部下在焉耆一带骚扰，南路土尔扈特、和硕特特经济又受到冲击。三区革命时期，由于战事频繁，经济发展也受到影响，如从人口的变化可看出，1773 年秋，渥巴锡属众迁移珠勒都斯时有人口 20000，和硕特部有 5600 人，② 清代末年，土尔扈特有 13678 人，和硕特有 5174 名。③ 一世纪来两部人口不仅没有增长，反而下降了。1928 年（民国 17 年）据新疆人口统计表，焉耆蒙古族（土尔扈特及和硕特两部总人口）有 26767 人，④ 比清末增加了 7915 人。根据《焉耆区各种人口统计表》1951 年土尔扈特人口为 18596 人，和硕特蒙古有 3906 人。⑤ 两部人口合计为 22502 人，又下降了。由此可见，东归后南路土尔扈特、和硕特的人口数量是呈曲线形的，是受社会经济影响的。

---

① 《清实录》卷 315，载新疆社会科学院历史研究所编《清实录新疆资料辑录》道光朝卷 3，新疆大学出版社 2008 年版，第 882 页。

② 中国社会科学院民族研究所民族史研究室等编《满文土尔扈特档案译编》，乾隆三十七年二月初六日，第 190 页；赏给土尔扈特等牲畜数清单，第 211 页。

③ （清）达生瀚：《喀喇沙尔志》上册，蓝晒本。吴江、吴奉培《喀喇沙尔事宜》：第 17 页载：和硕特贝子并台吉大小官员阿勒巴图等 1462 户，共男妇大小 5174 名（按回疆通志作 1684 户）。

④ 新疆维吾尔自治区民族事务委员会编《新疆民族词典》，新疆人民出版社 1995 年版，第 871 页。

⑤ 焉耆专员公署档，1951 年，案卷号 22，全宗号 10，巴州档案馆藏。

第七章

南路土尔扈特、中路和硕特部安内攘外的事迹

第一节　19 世纪新疆的形势

土尔扈特、中路和硕特部众定牧于天山南北后，曾多次参加清政府平定新疆及驱逐外敌的正义军事行动。

乾隆中期以后，清朝的全盛局面开始衰退。19 世纪中叶，清朝统治日益腐败，阶级矛盾和民族矛盾越来越尖锐，帝国主义乘机入侵，沙皇俄国也加强了对新疆的侵略。1864 年新疆农民起义爆发，此年，浩罕军官阿古伯伙同张格尔之子布素鲁克乘机入侵南疆，沙俄也乘机出兵抢占了伊犁。新疆遭受了空前深重的民族灾难。与此同时，新疆各族人民在更广阔的范围内展开了维护祖国统一，反抗帝国主义侵略的正义斗争。

清朝统一新疆后，在全疆各地驻防，但是部署的总兵力约为 2 万，是极为单薄的。更何况清朝重视北疆，因此北疆的军事力量强于南疆，“北疆驻兵多，屯田广，守备周密，足资震慑，弭乱于未生，止祸于无形。南疆兵屯较少，防范尤疏，每次倡乱之暴徒为数少，如有相当兵力迎头扑灭，绝不致滋蔓难图”①。而且南疆的驻防兵都是换防兵。南疆的居民主要是维吾尔族，在喀什噶尔亦有柯尔克孜族和塔吉克族。

新疆的南北疆之分，是以横贯新疆中部的天山作为分界线的，土尔扈特、和硕特的牧地大小珠勒都斯草原及开都河就处于天山腹地，因此地理位置十分重要，“喀喇沙尔系回疆南路咽喉，土尔扈特、和硕特游牧期间”②。与南

① 曾问吾：《中国经营西域史》，商务印书馆 1936 年 11 月。

② 《平定回疆剿擒逆裔方略》，以下简称《平回方略》。

北疆相连并靠近南疆最近的算是土尔扈特、和硕特游牧兵了。因此，近代南疆发生的数次和卓动乱，或是外敌入侵，土尔扈特及和硕特蒙众则首当其冲被征调。英勇的土尔扈特、和硕特蒙古人民与新疆各族人民一道横戈跃马、冲锋陷阵，镇压叛乱者，驱逐侵略者，一次又一次沉重地打击了分裂分子和支持和卓后裔叛乱的浩罕扩张主义者，表现出高度的爱国主义精神，他们为祖国的统一和边疆各族人民的安全做出了巨大的贡献。

第二节　平定张格尔及其兄玉素甫的叛乱

渥巴锡所属南路旧土尔扈特部乌纳恩苏珠克图盟定牧大小珠勒都斯草原，盟辖4个札萨克旗，54个苏木，人口35909人①。和硕特盟辖3旗，10个苏木，人口3158人。② 均属喀喇沙尔办事大臣管辖。盟旗组织是军政合一的组织，旗是最基本的军事行政单位，旗设扎萨克管理旗务。旗之下的最基层组织为苏木（即佐），清朝规定“每150户编为1个佐”，其中100名为闲散（预备兵），50名为骁骑（现役兵）。即所属旗的男丁，凡年满18岁以上、60岁以下者都要编丁入册，兵丁平时生产，战时出征。因此，土尔扈特、和硕特蒙众作为清朝的八旗兵肩负着保家卫国的神圣职责。

浩罕原是乌兹别克人建立的一个伊斯兰教封建小国家，地处费尔干纳盆地，18世纪末开始对外扩张，到19世纪20年代，浩罕发展成为一个北至锡尔河下游的中亚大国，势力扩展到了喀什噶尔边境的阿赖岭。浩罕同新疆多有贸易往来因而浩罕的伊斯兰教宗教集团同新疆的和卓集团的关系也是比较密切的。所以，乾隆年间平定大小和卓以后，浩罕便成了和卓后裔的避难所。

19世纪上半叶，英帝国主义和浩罕罕国的统治者互相勾结，利用大小和卓的后裔为工具，三番五次的入侵帕米尔高原及天山南路各城，给当地带来了极大的灾难。19世纪20年代，大和卓博罗尼都的孙子张格尔，在浩罕汗国统治者的唆使与支持下，先后4次返回新疆进行作乱。第一次在1820年（清嘉庆二十五年），张格尔纠集300人由浩罕侵入帕米尔高原，入卡作乱。清军堵截张格尔叛兵，杀死和活捉百数十余人，张格尔带残兵逃走。第二次是在

---

① 《土尔扈特档》，中国社科院民研所等《满文土尔扈特档译编》，民族出版社1988年版，第137页。

② 《土尔扈特档》中国社科院民研所等《满文土尔扈特档译编》第137－138页。

1824年（清嘉庆二十九年），张格尔率200人再次入卡作乱，被清军击溃。

1826年夏，在浩罕兵力援助下张格尔第三次作乱，入侵天山南路。由于当地驻守的清军兵力单薄，且清朝官员贪污腐败，失去民心，张格尔为了便利用当时南疆维吾尔族人民对清朝官吏和伯克地主的不满，并煽动宗教狂热，争取白山派教徒及柯尔克孜人3000余，壮大实力，发动大规模暴乱。张格尔很快攻下了喀什噶尔、英吉沙尔、叶尔羌、和田西四城。浩罕匪帮在当地烧杀抢掠，无恶不作。当地维吾尔族人民面对其残暴行为，大失所望。他们觉醒后，反过来协助清军进攻张匪。

8月27日，清朝政府任命伊犁将军为扬威将军，行总指挥职责，任命陕甘总督杨遇春、山东巡抚武隆阿为参赞大臣。征调内地及伊犁四营的官兵3600余名集会于阿克苏进剿张匪。此时，张匪已率军逼近了距阿克苏80里地的浑巴什河。9月中旬，匪军企图强渡浑巴什河，攻阿克苏，但在清军及各族人民的抵御下未成。9月23日，匪军又分4股强渡，清军经过两昼夜激战，歼敌千余。取得了浑巴什河战役的胜利。浑巴什河之役，是清军对张匪总进攻的首捷。这场战役，土尔扈特、和硕特蒙古兵发挥了重要的作用，战斗打响前，土尔扈特、和硕特蒙古游牧兵接到上前线的命令，立即自备马匹、武器，组成千人队伍，在土尔扈特贝子巴勒丹喇什、和硕特台吉乌尔图纳逊的带领下，随同喀喇沙尔办事大臣巴哈布作为先头部队急赴阿克苏前线，在浑巴什河战斗中，敌军占据河岸高地顽抗，蒙古骑兵发挥长于冲击的优势，“由两旁抄出，抢上土坎，贼始退避”①，迅速解除外围，为清军取胜扫除障碍。他们和清军一道继续追剿叛军，歼敌万余，俘获匪首库尔班素皮。由于他们在战斗中发挥了重要作用，表现英勇，受到了清政府的嘉奖，“贝子巴勒丹喇什、和硕特台吉乌尔图纳逊俱著加恩赏给大锻二匹，饬常格由库贮颁给，若无翎枝，并著加恩各赏戴花翎，其阿勒巴图1000名，每兵加恩赏银1两，受伤兵2名，加恩各加赏银四两”②。不久，在清军收复西四城的其他战役中，土尔扈特、和硕特蒙古兵在巴哈布的率领下，所向披靡，战功显赫。再次受到清政府的嘉奖，“土尔扈特汗策登多尔济、伊弟台吉楞陈多尔济协济蒙古官兵1000名，打仗甚为出力，仰恳皇上天恩，俯准将策登多尔济赏戴双眼花翎，台吉楞陈多尔济赏戴花翎，以示奖励”③，土尔扈特贝子巴勒丹喇什、和

① 《清宣宗实录》卷108，第28页。

② 同上。

③ 《平回方略》卷67，道光八年秋七月辛丑。

硕特台吉乌尔图纳逊又赐予在乾清门前行走、从优议叙；副盟长公策伯克扎布、管旗章京陇吉特赏戴花翎，甲喇章京额尔德尼赏戴蓝翎，陇吉特、额尔德尼交理藩院议叙，并说明此次议叙各员，均著照军功例议给；1000 名土尔扈特、和硕特蒙古兵再次赏银 1000 两的奖赏①。1828 年（道光八年）春节之际，张格尔第四次入卡作乱，最终被清军打败，张格尔本人也被清军活捉，并于同年 6 月被送到北京处死。

主持土尔扈特盟长印务的哈屯（夫人）喇什丕勒带领两子捐助军需马 500 匹、驼 300 双、羊 5000 只，也受到清政府的奖励，“喇什丕勒前次呈进驼马，踊跃急公，深勘嘉尚，著赏给大缎 4 匹，由喀喇沙尔库存项下支给”②。张格尔暴乱平定后，土尔扈特、和硕特蒙古兵又奉命返回喀喇沙尔城“在各要隘防守，无稍疏虑”。由于土尔扈特、和硕特兵作战勇猛，“自是回疆有事，皆征其兵”③。

张格尔暴乱始于 1820 年，终于 1828 年，历时 8 年之久。这充分暴露了清朝统治的衰退，及其在南疆军事部署上的薄弱。同时也暴露了英国殖民主义及浩罕对我新疆地区的野心。暴乱所以能够被平息，这同新疆各族人民的通力协作是分不开的，在镇压张格尔的暴乱中，除了土尔扈特、和硕特蒙古兵和索伦（达斡尔族）、锡伯、察哈尔、额鲁特四营官兵参战外，维吾尔、柯尔克孜等人民也协助作战，他们为前线通风报信，或者捐助马匹，给予很大的支持。

1830 年（道光十年）初，浩罕又指使张格尔之兄玉素甫和卓再度入卡坐乱。7 月，玉素甫率浩罕兵万余进攻喀什噶尔、英吉沙尔、叶尔羌等城。伊犁将军急调满营等换防官兵 2000 名前往戡乱外，10 月又令“添派惠远城、巴燕岱两满洲营，锡伯、察哈尔、额鲁特四营及绿营官 30 员，兵 1000 名，并檄调库尔喀喇乌苏及精河两处游牧之土尔扈特王贝勒等，令其拣派精兵 1000 名，又招募乡勇，酌派遣 1000 名，并拣派得力文武员弁，均有容安带往阿克苏防堵”④。因为阿克苏是前往北疆的咽喉要的，因此防守很重要。南路土尔扈特汗策登多尔济奉命挑选精壮土尔扈特兵 1000 名、和硕特台吉额勒哲依图拣选 200 名和硕特兵于 11 月中旬抵达阿克苏。以上官兵除留守少部分在阿克

① 同上书，《清宣宗实录》卷 49，道光七年秋七月己丑。
② 《清宣宗实录》卷 137，页 5 下 – 6 上。
③ 《清史稿》藩部 6，列传三百十。
④ 《清宣宗实录》卷 173，页 24 下 – 25 下。

苏防堵外，其余则分路出击浩罕军，驻守在各城的清军得到了广大维吾尔人民的支持，维吾尔人也踊跃参战，叶尔羌一战，浩罕军大败，叶尔羌维民抓获了300余名浩罕军。12月底，清军又先后解除英吉沙尔、喀什噶尔两城之围。玉素甫和卓见势不妙率余众逃到了浩罕。逃走时掳掠了12000多名维吾尔族人。

次年1月3日，土尔扈特贝子巴勒丹喇什病故军营，清廷鉴于他在抗敌阵营内的英勇牺牲，因此，用提升爵位一级以示优恤，下旨，“将该贝子照贝勒例赐恤，并将伊子承袭贝勒矣”①。自此，巴勒丹喇什后裔均世袭贝勒爵位。此时，汗策登多尔济也患病于军营，清廷鉴于此状，下令土尔扈特、和硕特官兵撤回原牧地，并免收他们出征前所借的银两。1831年4月17日（道光十一年三月戊午），汗策登多尔济病故，清廷特派遣喀喇沙尔办事大臣额勒锦前往祭奠，并赏银800两为治丧费②。对于立过战功的土尔扈特和硕特官兵清廷都给予了奖励，如“赏……土尔扈特扎萨克贝子车林多尔济，双眼花翎”，“赏……喀喇沙尔和硕特贝子车丹多尔济……花翎”，等等③。

第三节 平定七和卓及倭里罕之乱

自1830年玉素甫和卓叛乱被平定后，南疆保持了17年的相对稳定局面。此后由于浩罕扩张政策及和卓复辟野心的驱使，在浩罕和喀什噶尔的大农奴主及宗教头目们的策划和支持下，南疆又发生了两次大的叛乱。一次是1847年（道光二十七年）的“七和卓之乱”；一次是时隔10年后的“倭里罕之乱”，在平定这两次叛乱时，土尔扈特、和硕特部分官兵也参加了，他们同其他营兵一道出生入死，最终平定了叛乱。为维护南疆的稳定作出了贡献。

1847年7月，在浩罕汗国统治者的策动下，以张格尔的两个侄子迈买提、倭里罕为首的7位和卓侵入天山南路占据了阿图什，又逼迫大批维吾尔族人加入其队伍，壮大武装。浩罕军队又攻下了喀什噶尔和英吉沙尔，他们在当地大肆抢劫和屠杀，因而引起各族人民的激烈反抗。同年9月，清军分两路进兵，一路由伊犁南下，其中有伊犁两满营及锡、察、额、索四营，乌鲁木

---

① 《清宣宗实录》卷180，页13。

② 《清宣宗实录》卷185，页6。

③ 《清宣宗实录》卷182，页29－30，卷209，页24－25。

齐的满汉官兵及土尔扈特、和硕特兵，总计5064名，其中土尔扈特、和硕特蒙古官兵1064名①。一路由酒泉西进。伊犁的清军首先到达前线。在维吾尔人民的支援下，参赞大臣栾山率领清军打败了叶尔羌、英吉沙尔等地的匪帮，匪徒们急忙裹挟3700多名维吾尔人民逃回浩罕。许多人被冻死或饿死在去浩罕的路途中。清廷在征兵时，首先考虑到征调土尔扈特、和硕特蒙兵，栾山认为“该兵（指土尔扈特）素为贼匪所畏，自应饬令前进，以壮声威”。可见土尔扈特、和硕特蒙古兵的勇猛都响遍了天山南路，他们在平定南疆贵族叛乱的斗争中起到了举足轻重的作用。由于他们英勇参战，事后清廷免去了土尔扈特、和硕特官兵出征时所借的饷银。在平定“七和卓之乱”的斗争中立过战功的清军各官兵，清廷都给予了奖赏。

1857年（咸丰七年）的倭里罕之乱，是在浩罕和喀什噶尔的宗教头目及大农奴主们的策划和支持下爆发的。阿图什有个名叫密尔爱玛提的大阿訇。18世纪50年代他多次派人到浩罕去，与倭里罕互相勾结，准备寻找时机叛乱。同年6月5日，在浩罕的唆使下，倭里罕和卓带领部下窜犯入境，密尔爱玛提带领3000人接应，他们猛攻喀什噶尔汉城、英吉沙尔汉城及南疆政治中心叶尔羌等地。侵占了巴楚、柯枰、叶尔羌、和田等地的乡村，建立了残暴的封建统治，向各族人民征收马匹、武器和沉重的赋税。面对着倭里罕和卓一伙的进扰，各族人们无法生活下去，他们团结一致，共同对敌。同年7月清朝出兵，察哈尔营领队大臣锡拉那奉命管带伊犁满营、绿营、锡伯、察哈尔、额鲁特各营官兵千余名、协领富珠哩等也带领遣男千余名于7月下旬到达阿克苏，8月3日解了巴楚之围。

13日，喀什噶尔办事领队大臣裕瑞奉命带领喀喇沙尔土尔扈特、和硕特蒙古兵1089名驰抵阿克苏，土尔扈特贝勒蒙库纳逊、和硕特台吉巴图巴逊均带兵前进。接着8月14日，锡拉那带领官兵在叶尔羌东面的头台向倭里罕匪徒猛烈追击，大获全胜，又解除了叶尔羌之围②。9月2日，土尔扈特、和硕特蒙古兵到达叶尔羌，10日，他们与伊犁、乌鲁木齐及换防喀什噶尔满营官兵共5000余人，由参赞大臣法福礼统帅，由叶尔羌出发，进军英吉沙尔。经过5天的战斗收复了英吉沙尔。9月21日，清军兵临喀什噶尔城下，倭里罕余众不战而溃，逃出卡外，但不甘心，仍不时进扰，因此伊犁参赞大臣法福礼又命锡拉那等各自带领部众出卡进剿，10月9日，“左翼带兵大臣裕瑞等带

① 《制胜全策》道光二十七年八月二十三日奉。

② 《钦定平定陕西甘肃新疆回匪方略》卷4，页3。

领土尔扈特、索伦、锡伯、察哈尔、厄鲁特个营官兵迎击左路，右翼带兵大臣奎英、协领伊勒哈布带领乌鲁木齐、伊犁、满营及霍（同和）硕特官兵迎击右路，并力功击御，贼势稍却，旋见河水猛减，臣即饬官兵速进，土尔扈特甲喇章京交加克带领蒙古枪兵数十名首先沾河，我军三路奋勇直前，伤毙残匪200余名，贼势不支，退至树窝沙梁设伏”①。倭里罕见大势已去，率300多人逃到了浩罕。这次也有1500多人被裹挟走。

倭里罕之乱被平定后，清政府同样对在本次战役中立下战功的官兵给予奖赏。其中土尔扈特汗部布彦乌喇哲依图、和硕特贝子多尔济纳木扎勒均赏戴双眼花翎并议叙，土尔扈特护理盟长哈屯鄂斯库吉尔噶勒御书匾额“绥藩笃祜”，甲喇章京交加克赏戴蓝翎②。“该贝勒（指土尔扈特）等既阿勒巴图（在此指士兵）从征数月，卫寒冒署，均皆劳瘁，当即宣示皇仁优加抚慰，并分别奖励，所有土尔扈特、霍硕特贝勒台吉蒙古官员，均各赏给绸缎、袍子、褂料，其阿勒巴图共赏给牛100双、羊300双、白面3000斤”③。

第四节　驱逐阿古柏匪帮的斗争

1864年（同治三年），新疆库车穆斯林人民举行了反对清朝腐败统治的武装起义，占领了库车城。不久，新疆各地相继响应，清政府在新疆的统治机构摇摇欲坠。但是，在这场反清运动中，上层封建主和人民有不同的目的，封建主打着民族和宗教的旗号，窃取领导权，割据称王，更令人可痛的是，某些封建主为争夺私人权利，竟赴浩罕求援，“引狼入室”，致使起义受到很大的损失。

1865年（同治四年），中亚地区的浩罕汗国利用清政府忙于镇压内地各族人民起义、无力西顾之际，派将领阿古柏带匪徒侵入南疆，阿古柏在英帝国主义的支持下，利用各种手段，攻占了南疆各城，而且于1871年（清同治十年）侵入乌鲁木齐、玛纳斯等地。近代维吾尔族历史学家毛拉木沙·塞拉米在《伊米德史》一书中摘道：“属它管辖的土地，东起古牧地，西至色尔库力，全程百日行距，北有冰达坂和卓克，南抵喀朗古山地，全

① 《钦定平定陕西甘肃新疆回匪方略》卷7。

② 《清文宗实录》卷235，页22下－23上。

③ 《钦定平定陕西甘肃新疆回匪方略》卷9。

程80日行距，他在这个由乌鲁木齐和七城（指南疆）等37处阿齐木伯克管辖的范围内，称汗14年”。阿古柏建立的王朝代表军事独裁的专制统治，在阿古柏的统治下，土地大量集中，农民负担沉重的田赋与苛税。社会生产力遭到严重破坏。

与此同时，沙俄也出兵侵占了我国伊犁地区，并进一步向北疆各地进行渗透。我国西北边疆形势继续处于危急之中。各族人民陷入了外敌统治之中。

1875年（光绪元年）5月，清廷任命左宗棠为钦差大臣督办新疆军务。命金顺为帮办新疆军务，准备收复新疆的战斗。左宗棠坐镇肃州（今甘肃酒泉），派刘锦棠等率大军进疆，驱逐侵略者。翌年7月，自哈密到吉木萨尔一带，清军已经结集了80个营、达6万的兵力。根据左宗棠的部署，先征讨阿古柏，然后进军伊犁，驱逐沙俄。8月，清军在乌鲁木齐地区向阿古柏匪军发动进攻，广大官兵经过英勇奋战，取得了古牧地、乌鲁木齐、玛纳斯、达坂城、吐鲁番等战役的胜利，基本上消灭了阿古柏匪军的主力。

1877（光绪三年）年5月29日，阿古柏暴死于库尔勒城郊的营帐内。8月，刘锦棠军从吐鲁番、托克逊出发，以收复喀喇沙尔、库车、阿克苏和乌什等“东四城”为目标，对阿古柏残余展开了追击战。此前，白彦虎（原为陕西回民起义领袖之一，后投靠阿古柏）决开了开都河水，淹喀喇沙尔以阻清军。清军跨洪水，进入了“水深数尺，官署民舍荡然无存”的喀喇沙尔。清军得避居山中之和硕特蒙古人民的协助，和硕特台吉扎希德勒克当时领数百户属民固守在包尔图山（军事要隘，为清代军台所在地，四周高山屏障）中游牧，并死守山口，以阻阿古柏匪帮。听说清军来的消息，扎希德勒克主动到清军大营，要求效力。刘锦棠同意并令扎希德勒克率领属下做后援，侦察和传递军事情报。10月7日，和硕特蒙民奉命做向导，首先下开都河，探河水深度，接着“师逾开都河，遂将该部落帐房迁居河东防堵，其劳绩未可掩仰”①，清军顺利渡河会师库尔勒。在库尔勒，和硕特蒙古兵帮助清军掘得窖粮10万斤，解决了当地诸部军粮不继的困难，保证了马步各军继续前进。经过4个多月的作战，清军收复了喀什噶尔、和田，彻底驱逐了阿古柏匪军。由于台吉扎希德勒克在清军进军库尔勒的关键时刻助了一臂之力，立了军功，因此“以保守喀喇沙尔和硕特、土尔扈特两部被回扰蒙众，并随同官军防堵

---

① 《左文襄公奏稿》卷51。

有功，赏札萨克头等台吉扎希德勒克花翎①。

在驱逐阿古柏的斗争中，各族军民踊跃参加剿匪部队，共同作战，“或为向导，或随同攻伐”，各族人民为保卫新疆作出了不可磨灭的贡献。充分显示了新疆各族人民热爱祖国，反对分裂，拥护统一，珍惜团结，反对分裂的崇高意志。

1864年的新疆农民起义，被一些封建主篡夺了领导权，他们煽动民族仇杀。如热西丁和卓掌握库车农民起义的领导权后，把人民遭遇的所有不幸都归结为“异教徒”统治所造成。号召群众进行“圣战”②，在库车、喀喇萨尔、库尔勒疯狂屠杀蒙、汉、满人民，“1870年春季东干人向库车进军时，曾将在喀喇萨尔和库车之间游牧的所有土尔扈特人洗劫一空。”③ 使土尔扈特、和硕特人民遭受空前的灾难，人口急剧下降。直到民国初年南路土尔扈特人口才有3000户、万余人。④ 汗布彦乌勒哲依图虽然率领土尔扈特、和硕特军民抵抗，但最终因寡不敌众而失败。

特别是阿古柏侵占南疆后，南路土尔扈特、和硕特部众更是遭殃。他们流散在库尔喀喇乌苏（今乌苏县）、伊犁布伦托海（今福海县境界）等地。1867年12月（同治六年十一月）土尔扈特汗布彦乌勒哲依图一行抵达了布仑托海棍噶扎拉参喇嘛的行营，其50个苏木的部分人将随后迁移。还有部分人逃往库尔喀喇乌苏（东路土尔扈特，今乌苏市）。⑤ 翌年4月4日，清廷令布伦托海办事大臣李云麟：“所有该盟长属下土尔扈特、厄鲁特游牧人众，糊口无资，并著李云麟等设法接济，就近照料，以弭变端。”⑥ 李云麟将他们暂时安置在布伦托海。在此期间，汗布彦乌勒哲依图还多次请求清朝派大军征讨阿古柏匪帮，并表示要亲自带兵参加战斗。清廷考虑到该部数年来的艰苦情形，当时虽未批准布彦乌勒哲依图参战的请求，但对汗布彦乌勒哲依图“捍卫西陲，忠贞世笃”的精神给予了赞扬⑦。而且鉴于汗布彦乌勒哲依图“自其祖父渥巴锡投顺以来，百有余年，安居乐业，历受豢养深恩，其感激图报，自系出于至诚，前次会同和硕特等兵于喀喇萨尔剿击回逆，嗣又带兵进

① 《钦定平定陕西甘肃新疆回匪方略》卷305。
② 毛拉比拉里：《穆斯林在中国的战争》，维文、汉文译，稿存新疆社科院历史所。
③ ［俄］M. A. 捷连季耶夫：《征服中亚史》第2卷，第三章。
④ 谢彬：《新疆游记》，中华书局印行1923年4月，第172页。
⑤ 《清穆宗实录》卷216，页830－831。
⑥ 《清穆宗实录》卷226，页108－109。
⑦ 《清穆宗实录》卷272，页21上－22下。

剿伊犁逆回并捐输马匹，其悃忱甚属可嘉，此次又请带兵进剿乌鲁木齐回匪"①，因此1869年4月13日（同治八年三月甲戌）清廷奖赏汗布彦乌勒哲依图用黄缰，并赏银2万两奖励其所属王公官员②。在布伦托海其间汗布彦乌勒哲依图将沙俄入侵的情报及时向科布多帮办大臣汇报。1876年9月26日（光绪二年八月丁酉），伊犁将军荣全奏："盟长布彦乌勒哲依图病故，伊子布彦绰克图应袭汗爵，现在年未及岁……所有旧土尔扈特南部落盟长及扎萨克卓尔哩克图汗印务，即交福晋恩克巴图护理"，清政府准奏，并鉴于该部落的困难处境，拨银2万两救济该部众③。因为早在1873年土尔扈特汗布彦乌勒哲依图就因救济贫困的部众，请求清政府借10年的汗俸银，此事使清政府感到了他们处境的悲惨，立即答应。④

清军驱逐阿古柏匪帮后，1878年2月（光绪四年）24日，土尔扈特福晋恩克巴图上奏，请求收集逃散部众，仍回珠勒都斯游牧。准奏后，福晋偕同伊子布彦绰克图及属下取道乌鲁木齐南山返回喀喇萨尔，收集逃散的部众总计万余。逃散了10年的土尔扈特人终于返回牧地。同年12月27日清廷鉴于"该人众困苦情形，殊堪矜念，加恩著赏给银4万两，由左宗棠给发。"⑤ 并抚恤和硕特部2万两银。清政府抚恤土尔扈特部及和硕特部的6万两银子在当时可谓雪里送炭，为日后土尔扈特、和硕特两部经济的恢复起了很大的作用。南路土尔扈特部在阿勒泰及库尔喀喇乌苏近10年的状况如何，史料记载极少，有待进一步发掘资料，进行研究。还有一件事值得一提，距土尔扈特民间传说，在驱逐阿古伯的战斗中，土尔扈特出兵千余人至库车、尉犁、阿克苏一带，他们在许多年后返回，被安置在今和靖县西南面的夏尔布拉克村一带，被编为一个苏木。由于他们在维吾尔族居住区居住时间长，因此口音带有维吾尔语音调，因此当地蒙古人称她们为和通苏木，"和通"是蒙古人对维吾尔人的称呼。⑥ 其实际情况也有待于进一步的研究。

总而言之，土尔扈特、和硕特两部蒙古族人民在近代新疆安内攘外的斗

① 《清穆宗实录》卷226，页33下–34上。
② 《清穆宗实录》卷254，页7下–9上。
③ 《清德宗实录》卷38，页10下–11上。
④ 《清德宗实录》卷356，页18下，19上。
⑤ 《左宗棠奏稿》卷53。《清德宗实录》卷134，页5下。
⑥ 新疆社会科学院宗教研究所编《新疆宗教研究资料》第9辑（1984年12月打印本），第14页。

争中做出了不朽的功绩。他们的英勇行为充分体现了他们热爱祖国、反对侵略、拥护统一、反对分裂的崇高意志，他们的英雄业绩将激励和培育后代的爱国主义情感，促使子孙后代为保卫边疆、建设边疆而奋斗。此文还将说明新疆今天的稳定和发展是同新疆各民族的浴血奋战分不开的，是来之不易的，我们应珍惜、维护今天的和平、稳定的局面，为构建社会主义和谐社会而努力。

第八章

民国南路土尔扈特、中路和硕特重大事件

第一节　参与平息焉耆暴乱

杨增新统治时期，新疆面临着社会、政治、经济、军事、外交等一系列严重危机，其中财政危机已达到极点。他对新疆的各少数民族实行以安抚为主的方针，并信任重用他们。在他治新期间，一直实行“弱兵”的治军政策，其措施主要是以财政紧张为名裁员，不练兵和不设大官。

杨增新实行闭关自守的策略，企图把新疆变成与世隔绝的“桃园胜境”，对此北洋军阀对杨增新颇为不满，决定移兵屯垦新疆，让冯玉祥的部队西来排挤他，虽然新疆各族王公、宗教人士联名通电中央，加以阻挠，迫使冯玉祥部队畏难中止。但是杨增新感到了危机，为加强哈密的防守，1927 年他令南路盟摄政者多布敦策仁策敏活佛将蒙古骑兵团移防哈密，于星星峡（蒙古与新疆交界处）据险防守，并给以大量的武器装备，还给他派遣了一名汉官给予协助。多活佛驻防哈密期间，盟长职务暂由土斯拉克奇（即协理台吉，辅佐盟长掌管盟旗事务）西力克代理。

多活佛一面加强布防，一面抓紧训练他的骑兵，聘请一位俄籍蒙古骑兵教官来强化训练。1928 年，迪化发生了“七七政变”，杨增新被杀，不久，金树仁继任。金树仁上台之后，首先整顿军备，大力扩充军队，购置新式武器，加强实力。多活佛也由哈密调回喀喇沙尔驻地。他所统带的蒙古骑兵团也扩编为一个旅，仍驻扎焉耆，因此金树仁主新时期，官方均称多活佛为多旅长。

金树仁统治时期，由于政治腐败、扩编军队、增加捐税、滥印纸币和对羔子皮贸易实行垄断等问题，使本来就存在着的严重的社会矛盾更加激化。

1931年2月27日，哈密农民爆发了反抗金树仁政府的武装斗争，后来，哈密的封建贵族掌握了起义的领导权，使哈密农民反对金树仁政权的起义蜕变为复辟王制的暴乱。他们逐杀当地的汉族居民和蒙古族牧民，农民起义的性质发生了变化。1931年夏，甘肃回族军阀马仲英（号称尕司令）“以解救伊斯兰教弟兄的名义，乘机率军进疆”。①

马世民是马仲英的部下，是一名团长。他率团于1932年秋奉马仲英之令进入吐鲁番、鄯善等县秘密活动，伺机煽动闹事，开辟地盘，发展实力。9月3日－20日，金树仁接连5次致电满楚克扎布汗王催促其派600名蒙兵速赴吐鲁番防守。② 满汗王奉命派遣600名土尔扈特骑兵驻守吐鲁番。11月2日金树仁又令南盟协理、骑兵团长西里克率兵驻防东路门户哈密。12月又令和硕特郡王兼蒙古骑兵第一团团长班第率军开赴七角井（天山东路七角井盆地）驻防。③

12月2日，马世明军乘当地驻军不备，攻下了鄯善，接着进攻吐鲁番。面对严峻的形势，翌年元月，金树仁急令督办公署参谋主任（上校级）盛世才率军至鄯善、吐鲁番平乱，攻占了鄯善、吐鲁番。马世民部在南疆和迪化城郊骚扰。盛世才加派南疆剿匪正副总指挥陈平秀、西里克率领蒙古骑兵至南疆“震慑”。④

农历腊月30日，马世民派部下马全禄领兵到达离焉耆城仅两公里的回族礼拜寺驻扎，在当地征调16岁以上的回族和维吾尔族青年入伍，扩充势力。焉耆行政长牛时、县长马良佐风闻后，担心焉耆城空虚，守不住，立即亲笔致信满汗王，请他即日抽调蒙古兵丁百余援助。翌年2月4日金树仁致电满汗王严防马仲英部窜扰，选拔得力蒙兵驻扎个要隘。⑤ 曾任和硕县县长的胡海滨当时就在焉耆，他目睹了当时情况，他说：“满汗王当即派兵丁百名前往焉耆县城，驻扎在城墙上……2月13日（农历正月初一）黎明，正当全城汉民放鞭炮之际，马全禄率回军攻城，城内顿时一片混乱，驻守城墙的蒙古士兵见其势头凶猛，越墙而逃，马全禄率众进入焉耆县城，枪杀当地的汉族驻军，

① 新疆社会科学院编著《新疆简史》第3册，第4章，新疆人民出版社1980年版，第145页。

② 新疆维吾尔自治区档案局等单位编《近代新疆蒙古历史档案》，第411－414。

③ 新疆维吾尔自治区档案局等单位编《近代新疆蒙古历史档案》，第415。

④ 新疆社会科学院编著《新疆简史》第3册，第4章，新疆人民出版社1980年版，第157页。

⑤ 新疆维吾尔自治区档案局等单位编《近代新疆蒙古历史档案》，第416。

将开当铺的、养猪的群众滥杀一通，有的全家被杀绝。”① 马全禄杀死了焉耆行政长牛时和县长马良佐，占领了焉耆。自封为旅长，其队伍在焉耆一带杀人放火，搞得人心惶惶。战乱由东疆波及南疆。

马全禄原是个宗教小头目，在战斗中，他往往打着“为宗教而战的旗帜”。利用金树仁和马仲英之间的矛盾挑拨、煽动民族仇杀，使人民群众流离失所、家破人亡，进而使各民族间产生隔阂，导致焉耆社会大动乱。土尔扈特、和硕特部众东躲西藏；不少农牧民也惨遭杀害，20 世纪 80 年代据当时目睹现状的老人回忆：“马仲英在新疆时，强迫蒙古族信仰伊斯兰教。他来时，土尔扈特汗王带领所有的人躲进山里，都被武装起来。”②

同年 2 月 9 日，马世民率部由吐鲁番抵达焉耆，成立剿匪司令部，自认总司令，司令部设在原行政公署。他下令张贴布告，严禁杀人，杀汉族一人，要两人抵命，杀人之风总算平息下来。当时，南路土尔扈特、和硕特部都属于焉耆县辖区。满汉王得知马世民来焉耆消息后，立即派人到迪化向金树仁报告。

“4·12”政变，金树仁下台后，盛世才当了督办，掌握了新疆的军权。8 月，南京政府派司法行政部长兼外交部长罗文干为中央代表，参加盛世才、刘文龙等人的宣誓就职仪式。并同盛世才等研究确定省府委员及各厅长人选，电告南京政府批准后，确定省府委员为 13 人，督办盛世才为了进一步稳定局势，他认为在新疆这个多民族的省份要想站稳脚跟，必须笼络各民族的知名人士和实力派，因此他极力拉拢吸收少数民族头领甚至活佛、阿訇进入各级政府，在省府委员中都容纳新疆的各势力，如伊犁的张培元、马仲英、南疆的加尼亚孜（维吾尔族）、阿山的沙里甫汗（哈萨克族）、焉耆的蒙古王公满楚克扎布和麻木提，等等。当时确实制造了一种民族团结、和平友好的气氛。

8 月 8 日，马世民第二次进入焉耆，当地汉民 59 人十分惊慌，逃入巴伦台土尔扈特牧区。年仅 17 岁的满汗王一身戎装（此前金树仁曾任他为蒙古第一骑兵团团长，西里克为团副），同骑兵团副团长西里克一道带领骑兵开往焉耆，准备攻打马世民。由于武器装配不够，满汗王致电盛世才，派军队援助。③ 盛世才令和硕特郡王班迪（当时为蒙古骑兵团团长）协同满汗王参战。不久在县城东北郊展开了激战，因满汗王等蒙古骑兵在人数及武器装备方面

① 胡海滨：《1933 年焉耆战乱的前前后后》，载《新疆文史》，1992 年第 1 期。

② 新疆社会科学院宗教研究所，第 9 辑，第 19 页。

③ 新疆维吾尔自治区档案局等单位编《近代新疆蒙古历史档案》，第 417。

不及马世民，死伤较多，终未能攻克县城。但马世民被班第旅长击毙。[1] 马部的剿匪司令一职由其弟马世英代理。

不久，马仲英和张培元就联合反盛，9月21日盛、马双方开战，盛军失利，马部占领了焉耆、库尔勒等地。他知道要战胜这两个南京政府支持的强敌，靠自己的一点兵力是不行的，必须寻找支援和帮助。为了得到苏联的支援和新疆各族人民的拥护，他打起了"亲苏"、"反帝"的旗帜。10月9日，盛世才发出讨马通电，调遣了15000名官兵，其中归化军（即苏联军）2000余人，省军8000余人，其余为东北军。[2] 盛世才分兵两路进攻马仲英部。

同年10月，满楚克扎布汗王及随从骑马到省城迪化晋见新上任的督办盛世才，盛世才为利用满汗王驱逐占领焉耆的马世民的势力。委任满汗王为暂编蒙古骑兵第一师中将师长，王府管家西力克与和硕特郡王班第为少将旅长，统归满楚克扎布师长管辖。由省督办公署派参谋及10余名处长，并补充了一批枪支弹药。满汗王及其部下回到巴伦台，师司令部设在巴伦台宫明活佛所住的二层楼上。[3]

年底鉴于形势危急，盛世才请求苏联支援。苏联派兵进入伊犁，首先协助盛军攻入伊犁，消灭了张培元军。3月初，盛世才由迪化各地调集大批省军和阿尔泰军（从阿尔泰招募来的归化军）攻打焉耆县城，并令满楚克扎布师长及和硕特郡王班第率领骑兵合力出兵，配合省军围攻焉耆县城。他们骑着战马、挥舞着战刀，带领着士兵英勇杀敌，县城遂于当月攻克。接着又攻克了库尔勒县城。当时，瑞典考察家斯文·赫定正巧来到了库尔勒县城，他目睹了城内有许多土尔扈特人和俄国哥萨克骑兵。他在与俄国官兵交谈时，俄国军官告知他：

> "我们分成几队，一队一队地从喀拉（喇）沙尔到达了这里。今天到达的有2千名俄罗斯人，一半是白俄，一半是赤俄（指苏联边防军，引用者）。这里还有1千名土尔扈特士兵，另外有2千名携带着各种武器的士兵，没有路过库尔勒，就直接奔向库车去攻打马仲英。现在库尔勒的2

---

① 巴明亮：《蒙古骑兵旅攻打焉耆城》，政协和硕县文史资料委员会编《和硕县文史资料》第1辑，第44页，1993年11月内部印制。

② 王日蔚：《盛世才借红军铲除异己真相》，《天山》第1卷，第3期，第9页。转引自蔡锦松：《盛世才在新疆》，河南人民出版社1998年版，第127页。

③ 胡海滨：《1933年焉耆战乱的前前后后》，载《新疆文史》，1992年第1期。

千人中，大部分明天要往西走。我们从乌鲁木齐出发时，总共有5千人。”①

4月中旬马仲英只好败退，在库尔勒县劫持了斯文·赫定探险队的4辆卡车，从他的最后一个根据地库车（今库车县）退往巴楚（今巴楚县）。② 省军乘胜追击，土尔扈特骑兵也随同作战，打垮了马部，占领了巴楚。马仲英带领部分心腹退入苏联。

焉耆收复后，由于满汗王立了功，因此被任命为焉耆警备司令，提升一级，免去师长职务，负责焉耆事务，司令部驻地在焉耆。西里克被任命为旅长，军官有120名、士兵325名、枪支335支，其中军官百分之九十为蒙古族，士兵百分之五十为蒙古族。③ 焉耆之乱平息后，当地社会秩序暂时平稳。

第二节　投身三区革命

一、三区革命的爆发

盛世才统治后期实行反苏、反共、反人民的法西斯独裁统治，给新疆各族人民带来了巨大的灾难。国民党势力进入天山南北，贪污盛行，物价飞涨，又使各族人民遭受了苦难。哪里有压迫，哪里就有反抗。轰轰烈烈的三区革命不久爆发了。1944年8月，在盛世才离开新疆前夕，巩哈县（今尼勒克县）乌拉斯台山上的600多名由维吾尔、哈萨克族为主组成的游击队拿起武器，打响了伊犁地区反抗国民党统治的第一枪。巩哈县的武装起义立即得到了伊犁、塔城、阿勒泰3个行政区各族人民的热烈响应，他们纷纷组织游击队，攻击分散驻防在各地的国民党军队和警察。并在上述地区建立了革命政权。因这场革命发生在伊、塔、阿等3个区，故称为三区革命。

三区革命是新疆现代史上的重大事件，是在中国共产党和社会主义苏联的影响和支持下爆发的。三区革命的爆发牵制了一批国民党军队，配合了解放战争，促进了新疆的和平解放。对其性质和贡献，革命领袖毛泽东给予了

---

① ［瑞典］斯文·赫定：《马仲英逃往记》，宁夏人民出版社2003年版，第209页。
② 同上。
③ 张大军（台湾）：《新疆风暴七十年》第25章，第344页。

充分肯定，即“是我全中国人民民主革命运动的一部分”。①

在伊、塔、阿三区都有蒙古族居住。三区革命爆发的三个区都有蒙古族参加革命。因三区革命发源地尼勒克、巩留与珠勒都斯草原仅一山之隔，伊犁、塔城、阿勒泰三区爆发革命的消息很快传到了珠勒都斯草原，并在当地土尔扈特蒙古人中产生了影响。

二、土尔扈特蒙古骑兵营

位于和静县西部的珠勒都斯不仅是新疆南部最优良的高山天然牧场，而且它所处的地理位置十分重要。1941 年南路土尔扈特（仅和静县）蒙古有 1600 多户，7400 多人。②

生活在此地的土尔扈特牧民也深受国民党的压迫和剥削，那些多如牛毛的苛捐杂税使得他们的生产生活基本条件极度低下。1947 年元月南路盟长恭本德吉特曾因部落民众生活贫困，致函省财政厅请豁免牧税，函曰：“查窃盟人民，均系牧畜为业而甚贫苦，其富豪之家，类居于巴音部落克大山，为匪所占，和靖现属境内，草场狭小，尚多不毛之地，以至牲畜有减无增，且近年来，军事频繁，政府一再采购军马、官羊，蒙民农业基础未固，商业尚未建立，益形贫困，数口之家，无不嗷嗷饿殍之状，逞于山野，是以电请钧座为核，俯念民艰，恩准豁免三十八年度牧税，俾资牲畜得以繁殖而苏民困，是为至祷。”③

当时珠勒都斯县属和靖县管辖，其除有国民党陆军第七预备师第 20 团步兵第 1 营驻守外，还有警察局和蒙古保安队，巴音布鲁克（一座山峰）要塞设有派出所，驻有 10 余名警察。并由焉耆团部加派骑兵 1 个排，协助防守。据说，“这些军警毫无纪律，形同盗贼，对蒙民勒索敲诈，无恶不作，蒙民不堪其扰，积怨甚深。有些军警竟将喇嘛昭的铜佛窃取，常在毡筒内，被发觉后，认为辱及神佛，无可再忍，遂暗通伊军。”④

---

① 《新疆三区革命史》编撰委员会编《新疆三区革命大事记》，新疆人民出版社 1994 年版，第 308 页。

② 和静县志编撰委员会《和静县志》第 31 卷，新疆人民出版社 1995 年版，第 726 页。

③ 盟长公署来往函件及军人名册、一般类第一档、第一号、民国 37 年 - 38 年，3 - 92，和硕县档案馆存。

④ 蔡震森遗稿：《随乌静彬去和靖宣慰经过》，政协新疆维吾尔自治区文史委编《新疆文史资料》第 4 辑，第 156 页。

由于三区革命的势力日益扩大，乌苏、精河被三区革命军占领，国民党统治者的根基发生了动摇，1944 年 12 月伊犁的一些国民党的官员和家属企图取道珠勒都斯逃往乌鲁木齐。巴音布鲁克派出所的警察因该年冬雪大，给养困难，也随他们撤回了和靖县城。①

巩哈爆发革命的消息鼓舞了珠勒都斯草原的人民，特别是派出所警察的逃往给珠勒都斯开展革命斗争创造了条件。一些开明人士、部落头目及宗教上层决心响应三区革命。他们随即秘密集会商议举行武装起义，决定派当地土尔扈特蒙古中有较高威信的藏族人强自德②到巩哈县向革命首领帕提赫·莫斯里莫夫（苏联侨民，塔塔尔族）汇报了当地的情况。帕提赫·莫斯里莫夫给了他一批枪支弹药，令他回去后先组建游击队。③ 强自德回来后，和当地部落头人商量后，决定武装起义，脱离国民党的统治。他们经过在牧民中进行宣传，组建了一支草原游击队，史称珠勒都斯游击队，最终与山区革命军一道消灭了国民党军警，占领了巴音布鲁克要塞。

珠勒都斯游击队的建立使焉耆的国民党要员们惊恐万分，他们又派了一个排的兵力协助原派出所的人马，进驻珠勒都斯扎克斯台（又译作库尔克斯台、布鲁古斯台）的乌兰哈达。1945 年 4 月 15 日，游击队在强自德的领导下，突袭了乌兰哈达的国民党驻军，歼灭了他们，占领了该地。国民党军大部分成了俘虏，只有十余人逃回了和靖县。乌兰哈达歼灭战使珠勒都斯游击队名声大振，强孜德也成了当地家喻户晓的人物。

占守珠勒都斯草原，可利于出击焉耆和库车，切断了国民党军队从焉耆支援伊犁的重要通道及迪化与阿克苏的公路交通线。为了抵制伊犁革命力量向南疆发展，新疆省主席吴忠信任命南部落汗王满楚克扎布（由于刚出狱，身体不佳）的福晋乌静彬为焉耆宣抚队领队，并给了武器，令在焉耆、和静、和硕一带活动。④ 1937 年，满汗王入狱后，乌静彬掌握了王府的经济大权。接着国民党势力进入新疆，乌静彬积极靠拢新任新疆省主席，因满楚克扎布汗出狱后，精神失常，吴忠信只好利用其福晋乌静彬，令她代理满汗王副专

① 张达钧（台湾）：《四十年动乱新疆》，亚洲出版社有限责任公司出版，（未注年代）十一六星赤旗的没落，第 135 页，十四猖狂的苏、蒙、哈联军第 165 页。

② 强孜德又名贾木措，曾是西藏某寺院的 1 个满金，1932 年随唐格喇嘛来珠勒都斯做佛事，是唐格喇嘛的管家。后又娶了当地的土尔扈特姑娘成亲，其生活习俗同当地的蒙古族无异。

③ 新疆三区革命史编撰委员会编《新疆三区革命大事记》，第 46 页。

④ 吴忠信：《主新日记》，民国 34（1945 年）年 3 月 13 日。

员职。从此，乌静彬正式步入政坛，大显其威。宣抚队一方面严禁牧民去珠勒都斯游击队驻地大珠勒都斯，另一方面妄图围剿珠勒都斯游击队。①

1945年乌静彬受命组织了和靖县蒙古族自卫队，初建时有1个大队，3个中队，230名队员，于年底改称“自卫团”，县长尔德尼兼任团长。此后乌静彬、昌德文均兼任过团长。② 同年初夏，自卫队进驻小珠勒都斯、扎克斯台等地扎营。1945年5月10日，强自德、舍盖领导的牧民游击队包围了乌孜根阿德拉克地区的蒙古自卫队，自卫队副队长巴生临阵起义，自卫队不战自溃。珠勒都斯游击队占领了该地，并俘敌220名，缴枪200枝，子弹30000发。大多数俘虏经过在伊宁集训后，又充实到游击队行列，壮大了珠勒都斯的革命力量。

珠勒都斯草原成了三区革命根据地的一块地盘了，三区革命政权以珠勒都斯草原作为天然屏障，进可以镇定南疆，退可以守住天山。“开辟南线战场的主导思想是攻打焉耆区和阿克苏区，配合尉犁起义，扩大三区革命在南疆的影响，牵制国民党在南疆的兵力，支援北线和中线作战。南疆国民党驻军为了把革命限制在北疆，在通往北疆的主要山口，都驻扎了相当的兵力。”③于是该年5月三区政府特派特克斯第三骑兵团进驻大珠勒都斯。特克斯骑兵团团长为阿里尤夫（俄罗斯人）、副团长为铁木尔，其中哈萨克军官士兵百名，俄罗斯军官士兵40名，该骑兵团还吸收当地的13名土尔扈特青年入伍。以下是特克斯第三骑兵团驻珠勒勒都斯蒙古士兵名单：④

序号	职务	姓名	何旗	何苏木	住址	其他
1	士兵	卡白耐拉	查屯旗	哈日努特	大尤鲁都斯	
2	士兵	阿德班·阿拉	查屯旗	巴图尔	大尤勒都斯	
3	士兵	才布贾夫·夏吉米特克	右旗	董古鲁夫	大尤勒都斯	健康欠佳
4	士兵	巴依尔塔·巴生	右旗	董古鲁夫	大尤勒都斯	
5	士兵	阿拉·夏日巴德木	右旗	董古鲁夫	大尤勒都斯	
6	士兵	帕里吉尔·金比	杜尼尔旗	希里克	大尤勒都斯	

① 新疆三区革命史编撰委员会编《新疆三区革命大事记》，第70页。

② 郝占文：《民国时期和靖县的建立及其行政机构社会团体》，第119页。政协巴音郭勒蒙古自治州文史委编《巴音郭楞文史资料》第8辑（内刊）。

③ 新疆社会科学院历史研究所编著：《新疆简史》第3册，第9章，新疆人民出版社1980年版，第401页。

④ 尤鲁都斯县政府卷宗（蒙文）第64号、1946年5月。

续表

序号	职务	姓名	何旗	何苏木	住址	其他
7	士兵	才布克·图什木特	右旗	董古鲁夫	阿日勒	
8	士兵	隆吉特·米吉特	查屯旗	额尔德尼	乌兰苏	
9	士兵	敖苏尔·普尔巴	查屯旗	多其特	夏布尼尔	
10	士兵	阿拉·确登	查屯旗	夏布尼尔	科拉特·阿日勒	
11	士兵	阿拉西·彭查	右旗	董古鲁夫	苏巴嘎图	
12	士兵	查汗·库库勒带	右旗	博木巴	阿勒藤嘎苏哈日阿拉	已走
13	士兵	恭其克·多布吨	杜尼尔	西里克	克拉特阿日勒	

阿里尤夫团长帮助土尔扈特蒙古游击队扩建为骑兵营，给士兵配发了较为先进的武器。骑兵营共有300多士兵，营长为肖格，副营长为嘎勒登。① 由此可见，珠勒都斯蒙古族人民反抗国民党统治的武装斗争是在三区临时政府的支持下开展的。由于珠勒都斯地域辽阔，有9道达坂与外地相连，因此民族军分别在9个口子（9道达坂）各驻军20－30人，同时设一个骑兵连，流动巡逻。② 1945年夏，民族军开始实施三线作战计划以后，巴音布鲁克游击队（指珠勒都斯骑兵营）也在伊犁民族军的支援下频频出击，袭扰库车、轮台、焉耆直到托克逊一带的国民党军警，密切配合了民族军在北线、中线，特别是南线进攻库车的战斗。③

5月下旬，民族军和珠勒都斯土尔扈特骑兵营沿开都河进攻哈尔尕图（又译写成哈日哈特）达坂，将驻守在该处的国民党驻军消灭大半。经过1945年6月的达林（又译写成大冷、达楞）达坂、8月的崖空达坂、乌拉斯台、等3次战役，狠狠痛击了在此地驻守的国民党驻军。民族军的目标是占领托克逊和焉耆，以切断南疆与迪化的交通线。

9月初，当中线民族军攻占乌苏后，又抽调蒙古族团长嘎勒登（骑兵团～引用者）所率250余人攻打乌瓦门要地塞。该处是从北面进入和靖的门户，数路交叉之点，国民党重兵把守。据和靖县警察局档案载："进攻乌瓦门

① 《和靖县警察局警察教育各级官警人员调查表卷宗》，政治类第二档第31号，民国34年。和静县档案馆藏。

② 覃道周：《三区革命在巴音布鲁克地区活动片断》，政协巴音郭楞蒙古自治州文史委编《巴音郭楞文史资料》第5期（内刊）。

③ 新疆三区革命史编撰委员会编《新疆三区革命史》第86页。

者蒙匪团长嘎勒登率领土匪 250 名（蒙匪 200 余人等，余系老毛子～指苏联人）。机枪两挺，并配手提式全带杂色枪。”① 6 天中激战数 10 次，终因兵力悬殊未攻下。

和靖县西北的茶汗乌苏是通伊犁的要道，驻有国民党第七师第二〇团第三营的兵力。有 9 月 23 日民族军进攻茶汗乌苏要塞，据和靖警察局档案载：“此次进攻茶汗乌苏，土匪 500 余人系由巴音布鲁克而来，伊犁厄鲁特蒙族最多数等，余锡索哈维等族，该匪带有机枪 3 挺，并有手提式数挺等，余土匪多数带杂色枪，少数步枪。”指挥官为俄罗斯人、武器有重迫击炮八门、轻迫击炮约 4 门、轻重机枪约六挺、杂色步枪约 300 余枝、手榴弹及发光弹比较多。7 天内 9 场战斗，民族军寡不敌众，伤亡 200 余人，只好向乌拉斯台河上游方向退去。② 虽然未占领该地，但给国民党军一个重创。

三、尤鲁都斯县革命政权的作用

山区军解放了珠勒都斯草原，三区临时政府于 1945 年 8 月 7 日，发布 17 号命令，决定将珠勒都斯地区划做一个特别县，并委派铁依甫阿訇前往这一地区，着手组建县政府。新政府定名为尤鲁都斯（因维吾尔人将珠勒都斯发音为尤鲁都斯，故之）。三区政府任命强自德为县长，③ 查汗为副县长、铁依甫阿訇为秘书长。县政府所在地设在现在的巴音布鲁克区政府。有人认为新政府有夏什来衙门、宗教会、同盟会（又称和平会、蒙盟会 4 个职能部门组成，是政教合一的组织。）④ 县政府及所属机构负责人名单如下：

宗教会会长：殷英喇嘛（蒙族）
同盟会会长：巴亦斯别克（哈族，苏联人）
蒙盟会会长：阿特木尔（蒙族）
畜牧科科长：布杰吉
建设科科长：阿包头

① 和靖县警察局《警察教育各级官警人员调查表》卷宗、政治类第二挡、第 31 号、民国 34 年，和靖县档案馆存。
② 同上。
③ 新疆三区革命史编撰委员会编《新疆三区革命大事记》，第 93 页。
④ 覃道周：《三区革命在巴音布鲁克地区活动片断》，第 48 页，政协巴音郭楞蒙古自治州文史委编《巴音郭楞文史资料》第 5 期（内刊）。

民政科科长：格艾日登

总务科科长：乌朗恰克德尔

法院院长：你满（蒙族，留日学生）

公安局局长：阿布都拉苏鲁坦（维族）

公安局副局长：格你满（蒙族）

公安局以下设4个派出所。①

三区政府对尤鲁都斯革命政权很关注，1946年4月17日，三区政府委员会通过267号决议，决定暂将新源县的耕地划出一部分给尤鲁都斯县蒙古族同胞，让其耕种，工商发展公司负责供给尤鲁都斯县蒙古族人民所需的商品。②

尤鲁都斯革命根据地虽然成立了县一级的革命政权，但焉耆区的国民党当局对这个由伊犁通向南疆的前沿阵地并不甘就此罢休，他们对尤鲁都斯实行经济封锁、军事围剿的策略。因此，尤鲁都斯县政府及蒙古骑兵营肩负着同国民党继续斗争，巩固革命成果，保卫革命前沿阵地的任务。尤勒都斯县政府成立的几年中做了不少有利于人民的工作：（1）宣传三区革命的意义，鼓励群众继续斗争，特别是向国民党统治区的蒙古同胞发宣传传单，以争取革命力量。组织骑兵营继续痛击国民党的军事镇压。（2）设立基层组织，建立了巴伦、茶藤、谢米尔、对努尔4个乡政府。使一度杂乱无章的社会秩序得以治理。各个乡都举办一年一度的塔克楞节（即祭敖包），丰富了群众的生活。（3）当时牧民生活极度贫困，县政府决定免收1945和1946年的牧业税，而且不派任何差徭，以扶持发展生产。在省工商发展公司的帮助下及时供给牧民所需的日用品，并帮助牧民销售畜产品。（4）成立了一个卫生所，苏联方面提供了医务人员、药品和器械，为方便牧民就医起了一定的作用。（5）发展教育事业，在尤鲁都斯草原明拉特地方创办了第一所公办小校，为牧民适龄儿童上学创造了条件。有10来个教师，百余名学生上课。此外，1946年始，他们还将百余名小学高年级的学生送往位于新源县阿拉图伯地方的一所

---

① 覃道周：《三区革命在巴音布鲁克地区活动片断》，第48页。政协巴音郭楞蒙古自治州文史委编《巴音郭楞文史资料》第5期（内刊）。

② 新疆三区革命史编撰委员会编《新疆三区革命大事记》，第93页、第159页。

寄宿制蒙古小学，这所学校学生的学费及生活费用都由三区政府负担。①

珠勒都斯骑兵营虽然人数不多，但他们作战勇敢，在伊犁临时政府的领导和帮助下，解放了家乡珠勒都斯草原，切断了国民党军队从焉耆支援伊犁的重要通道。打退了国民党和保安队的数次进攻，有力的牵制了国民党军队向北疆集结兵力，密切配合了民族军南线进攻库车的战斗。为巩固三区革命政权发挥了重要作用。尤勒都斯县政府不仅同国民党继续斗争，巩固革命成果，保卫革命前沿阵地，还做了不少有利于当地百姓的事情。1949 年 9 月 25 日，新疆和平解放后，珠勒都斯蒙古骑兵营随三区民族军整编加入中国人民解放军建制。

综上所述，南路土尔扈特部积极响应三区革命，适应形势的需要，投入到革命的洪流中，建立了自己的革命武装和革命政权，有力的配合了三区政府夺取解放战争的斗争，为三区革命作出了贡献，为解放三区谱写了他们浴血奋战的光荣历史。

---

① 和靖县政府档案、情报卷 77 号，和靖县档案馆存。另参见浩·巴岱《新疆三区革命时期的巴音布鲁克人》，政协巴音郭楞蒙古自治州文史委编《巴音郭楞文史资料》第 5 期（内刊）。

第九章

盟旗制的取消及人民政权的设立

第一节　盟旗制的取消，郡县制的建立

一、盟旗制的取消

盛世才执政后，新疆各少数民族地区始实行“改土归流”，伊犁屯垦使建制撤销，札萨克各旗、各军府营划设县局，只是划制的时间不同。土尔扈特和硕特两蒙古居住区“改土归流”较晚于其他少数民族集聚区。经过了酝酿、筹划、建立等3个较长的阶段。

早在1930年焉耆县县长韩坝就酝酿在南路土尔扈特辖地建县，而且在同年4月内他3次致电新疆省督办公署，申明改制设县之必要。当时金树仁慑于全疆蒙古部落之势力，以改札萨克制必牵动全疆蒙古族部落，措施稍有不慎，就会酿成蒙民暴乱为由，复电待将来有机会再议。① 1931年10月国民政府公布了《蒙古盟部旗组织法》，规定乌讷恩素珠克图盟、巴图赛特启勒图盟等蒙古部适用本法。将盟旗制度再一次合法化。② 自此一段时间，就新疆蒙古改土归流事宜暂未有人提议。

1938年6月28日，焉耆行政长官于德一提出一个改旧制实行县治的方案。具体措施是：在南路土尔扈特、和硕特两部增设设治局，同时保留原盟长、固孜达等旧名义，由盟长兼任设治局局长，由省政府委派副局长和秘书，

---

① 郝占文：《民国时期和靖县的建立及其行政机构社会团体》，第107页。政协巴音郭楞蒙古自治州文史委编《巴音郭楞文史资料》第8辑（内刊）。

② 1938年7月25日《蒙古盟部旗组织法》，载《近代新疆蒙古历史档案》，第16－18页。

将原蒙古各旗苏木改为区、乡建制，由固孜达、藏根分别充任区长、乡长之职。对此，盛世才指令省民政厅厅长邱宗浚详细核查，邱宗浚写了一个长篇的呈文致省政府，他认为：

> “在内地各省一切官制焕然改观。新疆为封建色彩最浓厚区域，自四月革命后，接橥六大政策努力工作，纯为民众谋利益，厘定官制，期合时代之要求，所有前清遗留封建残余名义应归取消，已到相当时期……故有于各游牧部落设治，为将来升县改进民治之计划，意义正确。是以职在伊犁屯垦使任内，本著政府政策即以改土归流为重要任务，经过三年有余之苦力奋斗，幸将此项任务圆满完成。”

同时建议：新旧名义不能同时存在，不如乘此时机在土尔扈特、和硕特两部均设设治局，所有旧名义如盟长、固孜达、藏根等旧名义官佐等一并取消，分别改充局长、区长、村长等职。但汗王、郡王系属封爵，在政府保护王公口号下仍旧保留。并提出最好由两部落自动召开会议，形成决议，澄清取消各种旧名义，改为设治局，遵照设治章程改制，使不满意改制者不致有所借口。①

经周密的筹划后，11 月 17 日，南部落代盟长尔德尼召集盟属官员、部落王公、总教头目 60 多人在盟长公署召开临时会议，行政长于德一列席会议。会议主要是商议并表决南部落改设县治一事。首先参加省第三次民众代表大会的代盟长尔德尼、般务处殷英、固子达安固首先发言道：伊犁等地改设各设治局后，均取得了好的成绩。本部落人口多，若与其他族一样得到发展，必须改制，才不至于落后。他们 3 人的建议得到了与会者的赞成。会议经过磋商，形成了 4 项决定：1. 同意改制，呈请省、督两府改组；2. 设县后，政府从优增加各王公俸禄，完全承担王公生活开支，不再由民众担负；3. 过去每年为民众祈福的 3 次大的念经费用是由民众支付的，设县后，政府每年豁免各僧房税羊共 2000 只，以抵念经之费用；4. 由代盟长尔德尼呈报省、督两府由焉耆区行政公署定夺。会议结束时，于行政长发了言，他阐述了改设县治的益处，要求议会者会后向各界人士宣传。30 日，尔德尼就南部落改设县

① 1938 年 7 月 25 日《民政厅为土尔扈特、和硕特二部改设设治局事致省政府的呈》，《近代新疆蒙古历史档案》，第 72 – 第 73 页。

治事致电督办公署、省主席及于行政长。①

12 月 25 日，和硕特部代理盟长巴拉吉也致省政府呈文，拟恳政府在和硕特部设立设治局，即以盟长改组为设治局长。为此督办公署于该月 29 日给省政府发咨文：改设县治，事体重大，令贵府查照核办。②

二、郡县制的建立

1939 年 2 月 7 日，焉耆区行政长于德一奉民政厅、财政厅再行确实查明、详加考虑妥拟具体办法呈候政府核定的旨意，经过筹划拟定了改治县、局的具体办法呈报省政府。3 月 18 至 5 月 4 日省政府财政厅、民政厅批准于德一行政长所拟在土尔扈特、和硕特两部进行改组，增设县局的方案，即南部落设和通县（后改为和顺县、和靖县），县府设在和通苏木地方（汗王府内）。并改旗为区，原来的 5 旗改为 5 区，区名用原来的旗名，即：开来区、察腾区、扎布素尔区、斜米尔区、兑牛区（又译写成堆牛、对牛）。和硕特设治局拟在汤文吉克地方，原 3 个旗改为 3 个区。③

省政府委任殷英（蒙古族，是满楚克汗王的姐夫，曾任南路旧土尔扈特盟长公署协理与营务处长，后任县参议会议长等职）代理和通县县长，巴拉吉代理和硕设治局局长，盟长尔德尼为焉耆县副县长（蒙古族，号柴昌东，曾任南部落盟长公署代盟长，后尔德尼为和静县县长），盟长原职取消。为推动工作，副县长、副局长由汉族充任。和通县、和硕设治局均隶属焉耆行政督察专员公署。④

---

① 1938 年 11 月 30 日《尔德尼为报南部落改设县治之决议事致督办公署等的代电》、1938 年 12 月 25 日《巴拉吉为将和硕特部设立设治局事致省政府的呈》，《近代新疆蒙古历史档案》，第 76－77 页。

② 1938 年 12 月 29 日《督办公署为南部落及和硕特部改设县、局事给省政府的咨》，见新疆维吾尔自治区档案局等单位编《近代新疆蒙古历史档案》，第 80－81 页。

③ 1939 年 3 月 18 日《财政厅等为南部落及和硕特部改县、局事给省政府的呈》，见新疆维吾尔自治区档案局等单位编《近代新疆蒙古历史档案》，第 87 页。

④ 1939 年 5 月 4 日《财政厅为报核准成立和通县、和硕设治局编发经费预算表事致省政府的呈》、1939 年 5 月 15 日《省政府委任尔德尼、李国栋为焉耆县、和通县副县长的委令及给财政厅的训令、给督办公署的咨》，见新疆维吾尔自治区档案局等单位编《近代新疆蒙古历史档案》，第 89－90 页。

和靖县参议会县长、副县长、参议员简历表（民国36－37年）①

姓名	年龄	籍贯	出身	曾否入党	经历	通讯处
殷英	41	和靖县蒙族	蒙文私塾	入国民党	历充盟长公署科长、和靖县长、政务委员会委员、参议会议长等职。	乌拉斯台
怕吾克	51	和靖县蒙族	蒙文私塾	入国民党	历充古子达、区长、政务委员、蒙文会主任委员、参议会副议长。	不清楚
道尔吉	40	和靖县蒙族	游牧业蒙文私塾	入国民党	历充副区长、区长、政务委员、参议员等职。	扎布素区
曹杜	35	和靖县蒙族	军官出身	入国民党	历充副区长、区长、蒙文会副主任委员、参议员等职。	斜米区本宅
克米其克	37	和靖县巴古提区蒙族	游牧业	未入党	历充村长、副区长、参议员等职	巴古提区
宫曲加甫（包格力）	38	和靖县堆牛区蒙族	蒙文私塾	入国民党	历充古子达、区长、蒙文分会委员、参议员等职。	哈拉木墩
吉日尕立台（茶汉）	42	和靖县巴古提区蒙族	蒙文私塾	未入党	历充副区长、区长、参议员等职	哈拉木墩
库万	50	和靖县维族	农人	入国民党	历充街长、保长、和靖县维文会干事等职	县本街
当的尔	41	和靖县蒙族	喇嘛		汗王府会计	八克沁库连
肉孜	47	和靖县维族	商业	入国民党	历充区长、维文会主任委员、政务委员、参议员等职	八棵树地方

1939年4月，新疆省政府撤销和硕特盟长公署，设和硕设治局，县府设在汤文吉克（又译写成塔温觉肯，今博湖县境内）。1940年9月又移至乌什塔拉（今和硕县乌什塔拉回族民族乡）地方，3旗改为3区，即：左区、中区、右区（又称和硕滩、乌什塔拉、塔哈其等3个区），固孜达为区长。各苏木为乡，乡名用原苏木名称，藏根为乡长。盟长等官职全部取消，王公爵位仍然保留，并增加其薪俸。② 首任局长巴拉吉，3年后陶里泰接任，之后格恩

① 和靖县参议会政治类第四档第90号、自民国36年4月10日－37年4月22日，和静县档案馆存。

② 1939年2月7日《焉耆行署为报南部落及和硕特部改县、局事致省政府的呈》、1939年3月18日《财政厅等为南部落及和硕特部改县、居事致省政府的呈》见新疆维吾尔自治区档案局等单位编《近代新疆蒙古历史档案》第85－87页。

党德尔接任，以上均为和硕特部蒙古。

1944 年，新疆省推行新县制，实行保甲制。和硕设治局设 1 乡 1 镇 11 保。2 年后，和硕设治局升格为五等县，县下辖单位与设治局时相同。首任县长为格恩党德尔。1948 年，胡海滨被选举为县长。

以下是民国一份和硕县正副县长简历表：①

和硕县政府县长简历表（民国 36－37 年）

职别	县长	姓名	胡海滨	永久通讯处	焉耆
籍贯	焉耆	年龄	32 岁	现在通讯处	和硕
族别	汉族	性别	男		
学历	在省立蒙哈师范学校毕业				
经历	焉耆教训班主任，教育局长专署科长，设治局副局长，被当选斯职。				

和硕县政府副县长简历表（民国 36－37 年）

职别	副县长	姓名	道尔基	永久通讯处	和硕
籍贯	焉耆	年龄	30 岁	现在通讯处	和硕
族别	蒙族	性别	男		
学历	中亚大学毕业　省立警官学校毕业				
经历	和硕县警察局副局长，当选副县长，现供斯职。				

应该注意的是，虽然盟旗制取消了，不少王公仍然在省府及地区县乡级政府担任要职。在乡一级也如此，“在国民党统治时期，虽实行保甲制度，但蒙族仍以固孜达（旗长——引用者）即变为乡长，站根（佐领——引用者）变名为保长，名义上的保甲制度在游牧内部，实际上仍然是原来的族别类苏目（同苏木——引用者）的编制。”② 据民国档案载：

在盛匪世才时期，县以下的政权组织形式为区村制度。县以下分若干个区。每区设区长一人，副区长一人，每区下面按照各地实际情形，分设三个或四个村，每村有村长一人，以下不再分组，和硕设治局时，其组织亦同，在游牧区域内，因蒙族人不习惯区村的编制组织，故仍沿

① 政治类四档、第 48 号，民国 36 年 11 月－37 年 7 月，和硕县档案馆存。

② 和硕特游牧部落的组成和关系：和硕县档案、5－1 [卷]，和硕县档案馆存。

用原来蒙古旧制度，即每旗的固孜达管理政事的官职名称为区长，每苏目的站根，即等于村长，在国民党反动派势力侵入新疆以后，曾令各县重新调查户口，改变了区村制度为保甲制度，和硕设治局在陶里太当局长时，就重新调查了户口，编整了保甲制度。①

1946年9月13日，新疆省主席张治中发布公函，令满楚克扎布汗王的福晋乌静彬代理和靖县县长（在此之前为县党部书记长），② 接着乌静彬为恢复盟长公署一事上书蒋介石，蒋介石指示由新疆地方处理。③ 此时，正值三区革命风起云涌，珠勒都斯草原已成为三区革命的根据地，国民党当局出于政治需要，为稳定和靖一带的政治局势，1947年7月，由省政府呈报国民党中央政府破格批准，恢复了南路土尔扈特王府和盟长公署，盟长公署设在满汗王府，与和靖县治并存。汗王满楚克扎布出任盟长，乌静彬任副盟长。10月26日，恭本德吉特承袭汗位并兼任盟长。④

恭本德吉特原名满吉，1931年12月7日生于和靖满汗王府，后来盛世才给他取名满国强，上小学时老师又给他改名为满光强，即汗位时又取名为恭本德吉特，为满楚克扎布汗王之子，南路土尔扈特第十三代卓哩克图汗王，也就最末一个汗王。恭本德吉特的童年充满了不幸，他6岁那年秋天，父亲满楚克扎布被督办盛世才以莫须有的“阴谋暴动案”的罪名逮捕入狱，他也受到了“牵连”。满楚克扎布被捕半年后，盛世才为掩人耳目，骗取蒙古人的信赖和拥护，公开宣称送满楚克扎布汗王去国外学习军事了。1944年9月汗王满楚克扎布被释放时已精神失常，失去利用的价值，只有让其子恭本德吉特接替父亲承袭汗王爵位。经南京国民党政府批准，1947年10月26日，在和靖满王府举行了授玺仪式，参加祝贺的有南路各旗的大小头目及和硕特部的王公，焉耆专员左曙萍等国民党军政要员也参加了。年近16岁的恭本德吉特成为南路旧土尔扈特部的第13代汗王。由于恭汗王年少，实际权力都掌握在母亲乌静彬手里，小汗王只是傀儡。恭本德吉特本人也说：“所谓新满王不过虚有其名并无实际权力。那时国民党新疆省的要人们会商结果，决定派我

---

① 和硕县档案、5－1［卷］，和硕县档案馆存。

② 1946年9月13日《省政府就委乌静彬代理和靖县县长的训令、公函、派令》，新疆维吾尔自治区档案局等单位编《近代新疆蒙古历史档案》第125页。

③ 自治区档案馆A2－6－34。

④ 1948年11月4日《恭本待吉特为报承袭职爵事致省政府等的代电》见新疆维吾尔自治区档案局等单位编《近代新疆蒙古历史档案》，第133页。

母亲协助我工作，主要任务是想笼络蒙古族倾向国民党，抵抗三区革命军，保卫焉耆。”①

1948 年 4 月乌静彬当选国大代表参加在南京召开的国民代表大会。又是焉耆专署代理副专员，活跃在政坛上。盟长公署恢复后，乌静彬召集了几次会议，讨论并部署首先办的几件大事，如兴办教育、建立卫生院、清查户口、增编骑兵团等。乌静彬渐渐把实权转移到盟长公署，县治虽然存在，却成为名存实亡的政府。

1948 年 3 月 11 日，和硕特部也恢复了盟长公署，达瓦为盟长、拉德那伯的、格恩当都尔为副盟长，胡海滨为秘书长。盟下设营务、民政、财政等处。

第二节　和静、和硕两县人民政权的建立

一、和静县人民政权的建立

1949 年新疆和平解放后，中国人民解放军步兵二军六师进驻焉耆、库尔勒地区，即着手组建中共焉耆地区工作委员会及各级人民政府。就在九·二五和平起义前夕，恭本德吉特通过小母西谋珍收到新疆省主席包尔汉的信，信的大意是共产党领导的中国人民解放军就要来新疆了，他们会尊重和保护汗王的，要做好准备迎接人民解放军的到来。其母乌静彬及西谋珍都主张起义。恭汗王在驻和靖的国民党团长昌生祥的协助下，保卫王爷府，他们保管好国家文物（汗王府的珍贵物品），一道维护当地的社会秩序，等待解放军的到来，一同起义。②

1950 年 2 月，二军六师组织工作队进驻和静县接管旧政府，同年 4 月，召开第一届各族各界人民代表大会，摧毁旧政权，建立和静县人民政府，并抽调大批干部深入农村牧区开展减租反霸、土地改革，帮助各族人民翻身解放。第一任县长为西谋珍，蒙古名鲍布克，1923 年 5 月生于和静县，其父亲西力克原是盟长公署土斯拉克齐（即协理），她原是满楚克扎布汗王的二夫人。三区革命时期，正在上中学的她同情三区革命，加入了新疆的进步组织“先锋社。”1949 年新疆和平起义时期，她受新疆省政府主席包尔汉的委托，

---

① 政协巴音郭楞蒙古自治州文史委编《巴音郭楞文史资料》第 1 辑（内刊），第 70 页。
② 政协巴音郭楞蒙古自治州文史委编《巴音郭楞文史资料》第 1 辑（内刊），第 75 页。

对驻和静的国民党部队起义做了工作，对促进和静解放作出了贡献，因此作为民族进步上层人士进入新政府领导层。西谋珍在人民政权的建立、镇压反革命，土改等工作中坚持站在党和人民一边，利用自己的影响在上层人士、宗教人士及群众中宣传执行党的政策，做了大量的工作。西谋珍 1950 年任新疆省民族事务委员会委员、西北妇联执行委员等职。

1950 年 6 月 24 日鲍尔汗主席致电焉耆行政专员高树人，同意将尤鲁都斯县与和靖县合并。① 同年 8 月 20 日，尤鲁都斯县与和靖正式合并，召开了交接会议。在珠勒都斯草原成立了巴音布鲁克区。巴音布鲁克，蒙古语，意为："丰富的泉水。" 至 1950 年底，和静县建有 8 个区和 21 个乡。

（附）和靖县人民政府现有干部花名册（1950 年 9 月 18 日）②

姓名	职别	备（考）
西谋珍	县长	
强支的（强孜德）	副县长	尤鲁都斯县长（指原任）
昌德文	政务秘书	
恰克德	事务秘书	
包吐	文书	尤鲁都斯县秘书
买哈苏提	文书	尤鲁都斯县民政科员
蒋杰	翻译	迪化学习
才仁	翻译	尤鲁都斯县财政科长
徐学仁	民政科长	
恰克达	财务科长	
周殿臣	建设科长	
斗俊拥	教育科长	
吐尔逊	畜牧科长	

二、和硕县人民政府的建立

1949 年 10 月，原和硕县政府由焉耆区专员公署接管，和硕县政府机构不

① 焉耆专员公署，13 卷，1950 年，巴州档案馆存。

② 和靖县人民政府，卷号 3、全宗号 36，和静县档案馆。在此注明，副科长及科员没有列入。

变，由胡海滨留任县长，道尔基任副县长。1950 年 4 月，和硕县第一届第一次各族各界人民代表会议召开，会议决定废除保甲制度，建立和硕县人民政府，县政府领导人未变。县界也重新划定，原和硕特部 10 个苏木人基本划在和硕县境内，这位和硕特蒙古的发展奠定了良好的基础，史载：

“今非昔比，十苏目（同木，引用者）土地，东自塔哈奇（距乌什塔拉六十里）起，西与和靖县属四十里城接址，凡一百四十里，距乌什塔拉达二百里，北自和硕特山起，南至泡浪苏目，与焉耆县相接，广大平原，均为九千蒙民三百年来聚居之处，虽牧民以游牧生活，关系无大村镇之建设，但牧于斯，耕于斯，生于斯，死于斯，此次县界重定，以发展蒙民生计为前提计，县治自应建之于蒙民聚居之中心地点，以便生聚教训，徐图发展。”①

三、人民政府建立的意义

人民解放军进驻和静及和硕，帮助建立人民政权，土尔扈特蒙古人民同其他各族人民一道摆脱了民族压迫和歧视，开始了翻身解放、当家做主、友好团结、和平幸福的新生活。

和静、和硕各级人民政权建立后，党和人民政府十分重视畜牧业的发展，采取许多休养生息的措施，大力宣传民主平等，民族团结和宗教信仰自由的政策，解除牧区人民的思想顾虑，同时通过召开牧区各界人民代表大会，废除部落头人、封建王公、千户长、百户长统治的封建制度，盟旗制度彻底消除。通过充分的民主协商，逐步建立了以贫困牧民为主的吸收少数上层人士参加的牧区各级人民政府。

---

① 焉耆专员公署，91 卷，1953 年，巴州档案馆存。

第十章

巴音郭楞蒙古自治州的建立

第一节　巴音郭楞蒙古自治区的筹备

一、筹备委员会的成立

新中国成立之初的1950年4月，原新疆省焉耆区行政督察专员公署由新疆省人民政府接管，改称焉耆区专员公署。辖和静、和硕、焉耆、轮台等8个县。而这里曾是新疆蒙古族的主要聚居区之一，蒙古族又以土尔扈特蒙古为主，其次为和硕特蒙古。据1951年统计，焉耆专署有蒙古族有22505人，占焉耆地区总人口的15.9%。①

巴音郭楞蒙古自治州成立前后经历了4年时间，分别从焉耆区专员公署到巴音郭楞蒙古自治区、再到巴音郭楞蒙古自治州，其间主要因素是，新中国刚刚建立不仅，很多工作还处在调整、摸索阶段，加之当时整个巴音郭楞地区地理环境、人口分布、民族结构、基层政权建立基础各有差异，在这样的地区建立完整、统一的一级人民政府需要时间和准备，从建立时间上、组织机构、运作方式看都是符合当时实际的。

1953年6月，新疆省人民政府委员会，省各族各界人民代表大会依据《中华人民共和国民族区域自治纲要》讨论，通过《新疆省民族区域自治实施计划》，在这个实施计划中，鉴于土尔扈特与和硕特蒙古族在焉耆地区生活由来已久，是该地的主体民族，历史地位和人口比例都十分重要，因而决定成立专署级的蒙古自治区。② 并且下达了“慎重推进，积极准备，由下而上，

---

① 焉耆专员公署档案《焉耆各类人口统计表》，号22、全宗号10，巴州档案馆存。

② 焉耆专员公署，10号全宗，91号卷，1954年，巴州档案馆存。

由小到大”的方针。根据这一精神，焉耆专署积极进行成立前的各项准备工作。

1954年3月6日－9日焉耆专署召开了筹备工作会议。会议由高树人、王振文、郭进享分别作了成立筹委会的意义、推进自治区工作方针与计划、会议总结等发言讲话。会议决定由巴音克西克（西路土尔扈特部落人、公安处长、中共党员）任主任委员，王振文（地委副书记）、西谋珍（蒙古族，曾任满楚克扎布二夫人，和静县县长、民族上层人士）、尼亚孜（维吾尔族，专署秘书室主任、中共党员）、巴玉麟（蒙古族，和硕县县长、民族上层人士）任副主任委员。常委会委员11人。除主任、副主任为当然常委以外，还有宫明活佛（宗教首领）、鄂鲁新（中学校长）、高树人（副专员）、道尔吉（专署建设科长）、杨文海（焉耆回族自治区主席）、呼国英（统战部部长）。委员有35名，其中蒙古族17名、维吾尔族7名、汉族6名、回族4名、藏族1名，办公室主任由西谋珍兼任，副主任由尼亚孜（兼）、道尔吉担任，下设秘书人事组、宣传调查组、总务组，抽调11名干部专门办公。①

1954年3月9日，新疆省人民政府焉耆区专员公署专门制定出台了《关于推建相当于专区级蒙古自治区计划》，文中指出，为了配合专区级蒙古自治区成立，于去年11月（指1953年11月）在和硕县乌什塔拉建立了相当于区级的回族自治区（后改为乡）、焉耆建立相当于县级的回族自治区（后改为自治县）。本月15日完成推建工作，在此基础上，积极准备筹建本区蒙古自治区的工作。1954年3月20日成立了焉耆专区“蒙古自治区筹备委员会”，对筹备工作分了3个步骤。

第一步：计划用30至40天时间，做好广泛政策宣传，解决好民族之间纠纷，进一步加强民族团结。着重做好民族区域自治的宣传，让群众了解为什么要进行民族区域自治及其意义。

第二步：用10至15天时间，各县召开一届二次县人民代表大会，选出出席自治区首届人民代表大会代表，组织代表收集提案，准备大会有关事宜。

第三步：用20至25时间，召开首届人民代表大会，选举自治区政府主席、副主席和委员及出席省人代会的代表，组织代表传达决议等。

3月19日焉耆地委还向焉耆、和静、和硕三县的县委发出了关于推进专区蒙古族自治区的指示，号召所有干部深入农牧区，向各族农民民大力开展民族区域自治政府的宣传工作。各级县委召开各种形式、不同层次的大小会

① 焉耆专员公署档案，号91、全宗号10，1954年，巴州档案馆存。

议和座谈走访活动，用党的民族政策武装广大群众，提高各族干部群众对民族区域自治、民族团结重要性和必要性的认识，激发了土尔扈特、和硕特蒙古族及各族人民当家做主的积极性。

1954 年，焉耆地委根据《中华人民共和国民族区域自治实施纲要》精神，从焉耆县、和静县、和硕县的民族、地理、历史及经济特点出发，经过认真分析研究，提出成立巴音郭楞蒙古自治区的方案，报请国务院批准。

二、自治政府名称的确立

1954 年 2 月焉耆地委就“专署级蒙族自治政府筹备工作”召开联席会议，就自治政府名称等事项进行了讨论。大家一致认为，自治政府不要用现名（指焉耆和喀喇萨尔），因为“喀喇萨尔”在蒙语内有“混淆”之意，蒙古自治区应该取蒙古语名称。经过讨论，最终认为蒙古语“巴音郭鲁,”（“富饶的河”之意）比较妥当。因为“开都河”横贯三县（和靖、和硕、焉耆），广大农牧民和城镇居民均靠这条河生产和生活，因此取“巴音高鲁”最合适。会后，焉耆地委将大家的意见上报了新疆分局。①

成立前 2 个月，为自治区成立工作的顺利进行，从组织上做好了保障。除此之外，在巴音郭楞蒙古自治区全称上，还进行了再次斟酌。因为此前全称为巴音高鲁蒙古自治区，经巴音郭楞蒙古自治区筹备委员会第五次常委扩大会研究，“高鲁”二字在蒙文文法上不通，因此，将高鲁改为郭楞，② 后来，焉耆地委根据所属三县（焉耆、和静、和硕）的民族、地理、历史和经济等特点，召开了三县蒙古族各界人士会议，提出成立蒙古族自治区的方案，立即得到与会者的热烈拥护，在自治区的名称上也统一了思想，至此，巴音郭楞蒙古自治区的名称才得以正式确立下来。

---

① 焉耆专员公署档案，号 91、全宗号 10，1954 年，巴州档案馆存。
② 焉耆专员公署档案，号 18、全宗号 11，1954 年，巴州档案馆存。

第二节　首届人民代表大会与民族区域自治的实施

一、巴音郭楞蒙古自治区筹备委员会的成立

1954 年 5 月中旬，地委召开会议，决定了巴音郭楞蒙古自治区人民代表大会的人选。其中委员会的蒙古委员有：

和静县 6 人：尼满（县长）、桑格吉（区合作社经理）、宫明活佛、尼满达娃（牧民模范）、阿瓦斯（村农会主任）、达娃（劳模）。

和硕县 5 人：茶汉（民主人士）、巴玉麟（县长）、克日甫洛文（宗教人士）、巴里吉（县妇联主任）、巴德满（牧民模范）。①

5 月 15 日，巴音郭楞蒙古自治区筹备委员会发出通知，重新分配了代表名额，代表仍为 125 名。其中焉耆回族自治区（1954 年 3 月成立、1955 年改为自治县）为 45 人，回族 14 人，蒙古族 8 人，维吾尔族 18 人，汉族 3 人，俄罗斯和哈萨克族各 1 人。另外，聘请代表 3 人；和静县正式代表 46 人，其中蒙古族 37 人，维吾尔族 6 人，汉、回、满族各 1 人；和硕县正式代表 31 人，蒙族 18 人，回族、维吾尔族各 6 人，聘请代表 2 人。焉耆军分区 3 人。

筹备委员会参加县里选举分配的名单为：

焉耆回族自治区：高树人（专员、汉族）、王振文（地委书记、汉族）、尼亚孜・艾买尔（专员秘书、主任、维族）、鄂陆新（焉耆中学校长，蒙族）；和靖县为西谋珍和强自德（均系筹备委员、蒙族）；和硕县为巴音克其克（公安处长、蒙族）和道尔加拉（专员建设科科长，蒙族）。②

1954 年 6 月，根据焉耆及库尔勒两地具体情况，撤销了焉耆专员公署，由巴音郭楞蒙古自治区（辖焉耆回族自治县、和靖县、和硕县）替代，区府设在焉耆；成立库尔勒专署（辖库尔勒、轮台县、尉犁县、若羌县、且末县）。（1960 年 12 月，库尔勒专署并入巴音郭楞蒙古自治州，州府迁库尔勒。）

---

① 谷雨：《巴音郭楞蒙古自治州筹建经过》，政协巴州文史委编《巴州文史资料》第 8 辑，第 6 页。

② 焉耆专员公署档案，号 12、全宗号 18，巴州档案馆存。

二、巴音郭楞蒙古自治区首届人民代表大会

1954 年 6 月 13 至 23 日，焉耆、和静、和硕三县各族各族人民满怀激情迎来了自古以来最令人欢欣鼓舞的大喜日子——巴音郭楞蒙古自治区首届人民代表会议在焉耆镇隆重召开，会议代表 139 名，实到人数 132 名，其中蒙古族代表 65 名，占实到人数的 49.24%。维吾尔族代表 31 名，占实到人数的 23.48%；回族代表 23 名，占实到人数 17.4%；汉族代表 8 名，占实到人数的 6.06%；满、藏、俄罗斯、哈萨克、乌孜别克等民族的代表各 1 名，占实到人数的 3.79%。其中妇女代表有 18 名。

会议听取并通过了焉耆地委副书记王振文作的《关于自治区人民政府组织条例（草案）的报告》；专署副专员高树人作的《关于焉耆专署四年来工作总结的报告》；地委副书记郭进享作的《关于总路线的任务》的报告；自治区人民政府主席巴音克希克关于《今后一定时期工作方针任务的报告》。会议经过充分酝酿，民主选举了巴音郭楞蒙古自治区人民政府领导成员和委员 25 人，主席 1 人，副主席 5 人，以及出席省人民代表大会的代表。会议通过以“巴音郭楞蒙古自治区”为本自治区名称的决议，会议选举产生了自治区人民委员会主席、副主席和委员的人选，年仅 31 岁的蒙古族干部巴音克西克被选为自治区第一任政府主席。巴音克西克 1945 年 8 月参加三区革命，任蒙古骑兵团政治干部，后任三区革命政府精河县公安局副局长。1950 年调任焉耆专区公安处处长。1952 年 9 月加入中国共产党。（之后又任 1954 年 6 月至 1964 年 1 月任巴音郭楞蒙古自治区州党委常委、书记处书记、州党委副书记、州长等职）。

副主席有梅合买提·司马益（维吾尔族）、西谋珍、任仰山、巴玉麟等 4 人。25 名委员中，蒙古族有 12 名，除上述 3 名正副主席外，其余 9 名即：洪固鲁（教员）、金萍（女、学生）、道尔吉（职员）、巴岱（学生）、宫明·姜巴曲日木（宗教人士）、茶汉（女，牧民）、尼满（教员）、桑吉（农民）、鄂鲁新（军人）。委员和主席中有劳动人民、宗教界人士及民族上层人士，并有妇女副主席 1 名，充分体现了民族平等和民族团结的精神。

会后，即 6 月 28 日焉耆专员公署就巴音郭楞蒙古自治成立一事上报新疆省人民政府，报告即：

“1954 年 6 月 24 日巴音郭楞蒙古自治区正式成立，当选主席巴音克

希克，第一副主席梅合买提，第二副主席西谋珍，第三副主席巴玉麟，第四副主席任仰山，在本年七月一日正式到职视事，请备查。”①

三、庆祝巴音郭楞蒙古自治区的成立

1954 年 6 月 24 日这一天是巴音郭楞蒙古自治区成立的日子，是一个具有重大意义值得纪念的日子。各族人民在自己选出的政府领导下，走向了社会主义的金色大道。

1954 年 7 月 1 日，在举国上下庆祝中国共产党成立 33 周年之际，巴音郭楞各族人民云集首府焉耆县城，载歌载舞，举行了盛大的庆祝大会，欢庆巴音郭楞蒙古自治区的成立。会上正式宣布了巴音郭楞蒙古自治区人民委员会的成立。土尔扈特、和硕特蒙古百年来梦寐以求的当家做主的愿望终于实现了。庆祝活动期间，还举行了“那达慕”大会，表演了赛马、摔跤、射箭等蒙古族传统项目及文艺演出。民族区域自治的实现，使他们备受鼓舞，更加深了他们对祖国，对中国共产党的热爱。更增强了走社会主义道路，创建美好家园的信心，更激发了他们主人翁的激情。

巴音郭楞蒙古自治区的成立得到了各级党政机关的关怀和祝贺，政务院、民族事务委员会和内蒙古自治区发来了贺电，中共中央新疆分局和新疆省人民政府派出了以新疆省人民政府副主席高锦纯为首的庆贺团，参加了庆祝大会。

四、民族区域自治实施的意义

1955 年 6 月，自治区第一届人民代表会议第二会议根据宪法规定，将“巴音郭楞蒙古自治区”改称“巴音郭楞蒙古自治州”，政府主席、副主席也改称州长、副州长。

巴音郭楞蒙古自治州成立前后，在为实现少数民族政治地位平等，充分保障少数民族参与地方事务的管理和自主管理本民族内部事务的政治权利方面做了大量富有成效的工作。切实保障自治机关的组成人员中少数民族的地位，充分体现少数民族享有当家做主的政治权利。在以后巴音郭楞蒙古自治州历届人民代表大会的代表和常务委员会组成人员中，历届人民委员会、人

① 焉耆专员公署档案，号 11、全宗号 18，巴州档案馆存。

民政府的领导人员中，少数民族所占的比例都高于少数民族占总人口的比例。

实行民族区域自治，是中国共产党坚持把马克思主义的基本原理同中国的具体实际相结合，解决中国民族问题的基本政策。巴音郭楞蒙古自治州的成立是中国共产党的民族政策的伟大胜利，是实现土尔扈特蒙古民族解放的重大成果。

附巴音郭楞蒙古族自治州历任州长名录：

巴音克西克（蒙古族，1954. 6 – 1963. 10）

浩·巴岱（蒙古族，1963. 10 – 1967. 1）

马秉需（蒙古族，1969. 4 – 1973. 1）

浩·巴岱（蒙古族，1973. 1 – 1978. 3）

党金（蒙古族，1979. 4 – 1993. 4）

赛尔杰（蒙古族，1993. 4 – 1998. 3）

巴代（蒙古族，1998. 4 – 2007. 10）

史建勇（蒙古族，2007. 10 至今）

第十一章

巴音郭楞蒙古族教育

第一节 早期教育状况

一、家庭教育

蒙古族尊重知识，他们将有知识、德高望重的人都尊称为老师，有一句蒙古族谚语："骏马在驹时就有征兆，成才者从小就有教养。"就是这一观念的具体体现。近代虽然有个别蒙古上层人士提倡办学，因没有政府支持，势单力孤，所办学校寥寥无几。在没有专设的学校之前，长辈们在生产劳动和社会生活实践中教育和培养自己的子女。教育内容广泛，从家庭教育到适应社会的教育，从大自然现象的认识到牧业经营规律的掌握等等。其教育方法均体现在长辈们的言传身教中。从而培养出热爱劳动，履行礼仪文明的社会成员。此外把教育寓与娱乐活动和讲传说故事中，使每个幼小的心灵都受到文娱的哺育。特别是新疆蒙古人学唱英雄史诗《江格尔》，开拓了史诗的视野，丰富了自己的文化生活。《江格尔》中对正义和道德力量的歌颂，韵味无穷，使蒙古人都从中得到教诲和启迪。

二、寺院教育

新疆蒙古族的早期教育是以黄教寺院为教育场所的，寺院又是蒙古人祈福、祷告、寄托所谓"来时希望的场所"。黄教成为蒙古族接受教育的主要途径之一，寺庙就是其接受教育的场所。黄教喇嘛按不同的学位分等级，每位喇嘛读完所学的课程，经过严格的考试，逐级升级。僧俗喇嘛主要学习哲学、藏经、藏医、手工艺、历法等课程，喇嘛们还将这些课程译成托忒（新疆蒙古族使用的文字）蒙文，给弟子传授。因此喇嘛被视为有知识的人而备受尊重。20世纪末，曾在我国西部地区（主要是现新疆和中亚）俄国各领事馆供职10年的俄国人尼·鲍戈亚夫连斯基在工作期间收集了大量的西部地区政治、地理、文化教育的第一手资料，编写出版了《长城外的中国西部地区》一书，其中他写道新疆蒙古族的教育："卡尔梅克人（指土尔扈特）和察哈尔人的孩子在喇嘛的指导下受佛教的宗教教育。由于佛教徒中很多人当喇嘛（他们中得相当一部分人并不住在寺庙内），因此蒙古人中识字的人很多。蒙古语文的教育主要是宗教教育。"①

三、学校教育起步晚

新疆蒙古族的学校教育起步晚，始于清代中期。清代前期，新疆的蒙古族中只有少数封建王公子弟，在王府官邸塾师教学，读书识字，接受传统的封建文化教育。清朝末年，在清政府兴办学堂的鼓励下，新疆官府兴办了一些新式学堂，主要还是针对八旗营兵。鉴于"蒙民惑于宗教，风气闭塞，兴学堂实为要图。"② 1911年，察哈尔营领队大臣索托依在大营盘办了一所学房，由伊犁武备学堂毕业的兵丁担任教师，各苏木仍招收4名年轻官兵，全营共32人。③ 这是新疆蒙古主办的第一所学校。

旧土尔扈特南路盟和和硕特蒙古两大部落教育始于民国初。由于两地人口、地理和管理上的不同，在教育发展的各个历史阶段也呈现出各自不同的特点。但共同的特点是教育内容和形式很单一，教育程度和水平也很低下。这些教育方式，由于没有完备的师资力量和财力做保障，教育面和教育程度有限，因而发展十分缓慢。

第二节　民国时期教育

一、新疆蒙古族教育简况

东路土尔扈特亲王帕勒塔是清末第一个走出新疆，东渡扶桑的蒙古王公，

① ［俄］尼·鲍戈亚夫连斯基：《长城外的中国西部地区》，商务印书馆1980年版。
② 《清朝续文献通考》卷105，"学校"十二。
③ 伯·肖努、敖拉：《博乐蒙古族教育事业的沿革》，《博尔塔拉文史资料》第二辑。

1909 年他在日本留学 3 年回到了北京，很受清政府器重。不久他回到新疆，召集新疆各部蒙古王公，共商办学大计，在他的努力下，乌鲁木齐市建起了一所蒙文文学学堂，它在当时是新疆蒙古族最高的一所学府，可惜的是这所学校，由于经费等原因，没几年就夭折了。① 在他的倡导和努力下，新疆的蒙古族内一种兴教育、建学校之风开始兴起。伊犁、乌苏、塔城、焉耆等地的蒙古族也开始办学。焉耆知府张铣办了一所蒙古小学校，开学之初招了 20 余名蒙古子弟入学，不仅免除学费，而且饮食起居也由政府承担。②

清末，清政府虽然在新疆办了一些学堂，但由于清朝统治摇摇欲坠，社会动荡不安，学校管理不善，因此无论是官办还是王公所办学堂成效不显著。

杨增新统治时期（1912－1928 年），虽然提出了“兴办教育，启发民智”的口号，但在杨增新愚民政策下，这一时期新疆文化教育事业建树不大。著名的维吾尔族人士包尔汉在回忆当时新疆的教育状况时写道：“在杨增新时期新疆的教育只是一个点缀，各县虽然有一两所公立小学，学生人数是很少的，少数民族子弟很少有就学的机会”③。“民国初年”曾在新疆实地考察一年多的民国政府特派使谢彬在其《新疆游记》中简单而又概括了当时新疆蒙古族的文化教育状况，“识蒙文者，亦属凤毛麟角，贵族子弟多诵满文，各寺喇嘛，祈知藏字。”④ 1920 年杨增新创办了蒙哈学校，招收蒙哈上层分子子弟，主要教授蒙古语、哈萨克语、汉语、常识等课程。⑤ 金树仁执政时，蒙哈学校设在和田街附近。这所学校为蒙古族培养了早期的教育工作者。

金树仁执政之初，又提出了“开办教育，疏通民智”的主张，由于他统治时间较短，而且在他执政时期新疆社会局势又动乱不安，所以新疆的教育事业没有多大发展。1933 年盛世才统治新疆后，在苏联革命的影响下，盛世才提出了发展各民族固有的文化，特别是“四·一二政变”后，他开始重视少数民族的文化教育。受其“六大政策”的影响，新疆各民族文化促进会成立，到 1936 年止，全疆各区及许多县都有各族文化促进会的组织，蒙文会有 3 个县有分会。各民族文化促进会在当时的历史条件下客观上起到了发展民族文化教育的作用。

新疆蒙古族文化促进总会设在南路土尔扈特汗王满楚克扎布在迪化的王

---

① 《新疆图志》卷 38，学校 1。

② 同上。

③ 包尔汉：《新疆五十年》，文史资料出版社 1984 年版。

④ 谢彬：《新疆游记·阿勒泰道里及蒙古风俗》，（民国）上海中华书局。

⑤ 包尔汉：《新疆五十年》，文史资料出版社 1984 年版。

府内，总会首任委员长是旧土尔扈特南路盟代盟长西力克。总会成立后，为发展本民族的文化教育事业，各部落群众捐出牲畜等财产作为总会基金。南北疆蒙古族聚居区相继建立了一批公立学校，有的将私立改成公立，各基金会垫付学生的住宿、学费和教师的工资，因此不少牧民的孩子有了就学的机会。1935 年春，新疆蒙哈学校恢复，并在乌鲁木齐市西公园附近修建了新的校舍。学校扩建了，开始招收牧区的蒙古、哈萨克族子弟入学，当时牧区的蒙哈学生有 200 多人，蒙古族教师有 2 名，哈族教师 1 名，其余为汉族教师。不久，蒙哈学校又改为省立简易师范，设立有维吾尔、哈萨克、蒙古等族的民族班。① 蒙古族班为日后新疆各地建立的蒙古学校培养了一批教育工作者。

1935 年蒙古文化促进会会长西力克又招了 20 名蒙古女生，送往省立女子学校学习，而且教育厅规定这些学生均按蒙哈学校待遇，免学费并发放生活补助。省宪警学校还在 1935 年第二期招生时，给蒙古族学生分配了 45 名名额，此 45 个名额蒙文会平均分配给了每个部落。1936 年教育厅又在省立第三小学附设了蒙哈特别班，每班学生为 40 名。还专门制定了蒙哈特别班简章，简章从学生的入学年龄及待遇、课程等都作了较为详尽的规定。②

1938 年省教育厅在焉耆地区开办了简易师范学校，有汉回班、维族班、蒙古班，3 个班有学生 120 多名，学制 2 年。蒙古班的学生毕业后，大都被分配到和静、和硕、焉耆等 3 县的蒙古学校担任校长、教师，初步解决了上述地区识字缺乏的问题，有少部分从事行政。③ 除了省立蒙哈初中外，还成立有蒙哈小学校。

1940 年在迪化女中上学的汗王福晋乌静彬是蒙古族中少有的知识女性，她深受在该校担任教员的中共党员的影响，在迪化王府办了一所私立的蒙古族儿童夜校，她自任校长，有男女学生 200 人，学生白天在迪化各小学上课，晚上在夜校补习蒙文，后来因资金困难，学生中又流传伤寒等传染病，因而学校办了 4 年就停了，乌静彬还从这些学生中选出 5 名送往兰州、北京深造。④ 她曾就普及蒙古族小学教育，督促政府在蒙古族集聚区开办国民小学等

① 赵新亚：《回忆新疆蒙哈学校创建片断》，《新疆文史资料选辑》第二十辑。

② 1935 年 11 月 14 日《教育厅为省立女子学校新收蒙族女生待遇及开办费事致省政府的呈》，在新疆维吾尔自治区档案局等单位编《近代新疆蒙古族历史档案》，第 148 – 149 页。1935 年 11 月 21 日《蒙文会为选送蒙族学生入宪警学校学习事致省政府的呈》，第 149 – 150 页。1936 年 7 月 29 日《教育厅为省立第三小学辐射蒙哈特别班事致省政府的呈》（附简章），第 153 – 156 页。

③ 布娃：《旧土尔扈特南路盟的教育概况》，《巴音郭楞文史资料》第三辑。

④ 同上。

事项上呈省政府。①

中国共产党人来新疆从事革命活动，1941 年底，共产党在新疆的干部已达 150 余人，他们领导了这一时期新疆的教育工作，新疆的教育事业有了新的起色，由于共产党人执掌财政，教育经费增加了一些，因此学校的数目和学生的人数也增加了。各民族的课本也增加了，仅蒙文课本就有 12421 册。当时有学者在谈到新疆省的教育状况时说："新疆教育的发展史上，是不能忽略盛世才这一统治时期，新疆教育现在所有的一些成就，差不多都是这一时期的努力得来。"② 三区革命时期，新疆民族教育又向前迈进了一步。革命前期，由于动乱学校一度停办，1945 年 12 月三区革命政府成立后，各学校相继开学，还建立了新的学校。"三区对蒙古族、锡伯族及汉族人民的文化教育事业尤为关怀和重视，在 1948 - 1949 学年，伊犁专区共开办了 10 所蒙古族学校，31 个班，966 名学生。其中精河、博乐、温泉、尤鲁都斯（即今巴音布鲁克区）、伊宁（市等）五地建立了寄宿制蒙古族中心学校。"③ 其中蒙古中学有 1 所，即伊犁蒙古初级中学（现伊犁州 18 中学），虽然创办初规模比较小，学生只有 74 人，教职工 5 人，但这是蒙古族第一所中学。尤鲁都斯蒙古寄宿学校是尤鲁都斯（今巴音布鲁克区）革命政权建立后，成立的新疆蒙古族第一所牧区小学。三区政府在伊犁专业学校办了半年的民族短期教师培训班，以培养蒙古等民族的教师。还印制了蒙古、锡伯等文字的课本。除此之外，新疆省政府在当时为加强边疆教育，培养民族青年，在迪化国立天山师范学校增设了一个蒙古班。1948 年 7 月 7 日盛政府教育厅专门电函满汗王府，要求和靖县保送 50 名小学毕业生就读四年制国立天山师范，享受全公费待遇。④ 据有关资料查证，当时从天山师范毕业的蒙古青年都陆续回到家乡从事教育或者政府部门工作，成为推动蒙古文化教育的主力。

新疆蒙古族旧式教育形式和内容都十分单一，教育程度和水平也十分低下。民国初年，新疆的少数民族没有本民族的教科书。近代学校教育学生大多是名门贵族子弟，而且女孩子很少。蒙古族学生仅占适龄儿童的百分之几，文盲达到了蒙古族总人口的 80%，有些地区达到 90%。

---

① 1946 年 5 月 6 日《西北军政长官就乌静彬治蒙方略及该地蒙族现状致国民政府的呈》，在新疆维吾尔自治区档案局等单位编《近代新疆蒙古族历史档案》，第 387 - 388 页。

② 傅希若：《论新疆省的教育》，载《西北论坛》，1948 年第 5 期。

③ 新疆三区革命编纂委员会《新疆三区革命大事记》1949 年 6 月 22 日，1994 年新疆人民出版社。

④ 和靖县政府秘书宗卷、政治类、第 12 档、第 317 号，和静县档案馆存。

二、南路盟教育

同样在新中国前南路土尔扈特部教育也不发达，1940 年后逐渐发达起来。而且面临教材奇缺，学制混乱、经费短缺、教职员缺少且质量差以及学生生病得不到及时医治，导致生病退学等问题。①

1. 汗王旗小学

1936 年土尔扈特部汗王满楚克扎布率先在和静县创办了第一所汗王府小学，这是南路土尔扈特部落蒙古历史出现的第一个正规学校。在焉耆区行政公署的支持下，成为和静地区第一所公立小学，全名为焉耆区汗王旗公立初级小学校。这是一所男女混合的蒙古族小学校，实行寄宿制，校址设在和通苏木，学校一切开支均由王府支付。当学生共有 350 多名，校长为王充仁，教师是由迪化简师毕业的蒙古族学生布拜、唐学廉、布尔尕、巴图巴等 4 名学生担任，② 还有汉族教师苏炳茂等。两年后，和靖（现和静县）建县，汗王府小学改为县立民族小学；平均每年在校学生在 80 至 90 人，教师 8 人左右，办学费用由省政府财政拨款。1939 年 6 月，旧土尔扈特南路盟盟长公署撤销，和靖设县，公立小学改为初级小学校，校址设在和靖县东街，即现在和静镇东阿尔夏特路。学校已初具规模，学校有办公室、教室、图书室、学生宿舍共 40 间，学生 220 名，分为一至五年级 8 个班，其中汉族学生 4 名，回族学生 3 名，蒙古族学生 213 名，校长王充仁，教职工有 12 人。据 1941 年 11 月 19 日，据和靖县立小学班数人数统计表可知，该校共有 5 个年级 10 个班，267 名学生，全县各区乡在校生已达 355 人。③

2. 北哈拉毛墩小学，1939 年建立，在开都河的北岸哈拉毛墩，由政府拨款修建了一所小学，有 2 个班，有男、女学生 70 人左右。校长是加拉（简师毕业生）以后留苏生达什、教训班毕业生巴力切（巴玉林）等先后任校长，到了 1944 年秋只剩下学生 30 至 40 人，校长桑戈（简师毕业生），到 1948 年学校因经费困难而停办。

1952 年，由百林寺庙的宗教人士永登格林带头，由寺庙资助，解决学生

① 焉耆专员公署档案，91 号卷，《和静县蒙族教育情况调查》，1953 年巴州档案馆存。

② 《迪化简师毕业生分配表》，1939 年 7 月 12 日，载新疆维吾尔自治区档案局等编《近代新疆蒙古历史档案》，第 167 页。

③ 和靖县政府教育宗卷、一般类 12 档、第 284 号，和静县档案馆存。

伙食，又恢复了已停办的小学，教师由公家支付工资。

农牧民也捐出羊 200 只、马 3 匹和一些饲料等，部分资金增修校舍。当时该校校长是布娃（女），有各族学生 200 多人。

3. 南哈拉毛墩小学（巴古提区），1939 年由巴仑区巴克新寺庙和两苏木寺庙联合出钱，公家也拨了一部分款，修建了巴古提区小学。当时宗教人士当曾堪布担任管家（管理员），当时有学生 100 到 150 人，校长是沙日木（简师毕业生）。该校到 1948 年停办。1952 年 6 月恢复，有 4 个班，招了学生 162 名，其中蒙古族 67 名。

4. 扎布素区（八棵树）小学，1941 年由扎布素区在兰明毛墩乡附近修建了一所小学，校长为桑戈、阿拉等，有学生 30 多人，这所小学几年后就散了。1950 年，开明宗教人士甘杰大喇嘛主持又恢复了该校，起名为甘杰库热小学。教师的工资及学生的一切开支由寺庙资助。

5. 巴仑区小学，1941 年建在焉耆县七个星地方，有学生 120 人，校长是阿拉、金米提、傲日格新等。

6. 茶腾区小学，1941 年左右在焉耆县包尔海（今包尔海乡）建立，有学生 20 至 30 人，校长是留苏生巴德木，教师有阿拉、徐代等，该校只坚持两年就停学了。

7. 开热得区小学，于 1941 年建在焉耆县四十里城，有学生 30 到 50 人，道尔吉、桑格吉、桑戈等曾任校长。

8. 尤鲁都斯蒙古（巴音布鲁克区）小学，它是首所牧区小学，三区革命时期，尤鲁都斯县革命政府在当时人口相对密集的明拉特地区开设 1 所小学，称为尤鲁都斯县政府小学，由西联华任校长，才仁也任过校长。这是巴音布鲁克草原上第一所蒙古族公立学校，后又改为巩留第 25 蒙古族小学。学校经费由尤鲁都斯县政府按月拨发。1947 年学校迁回巴音布鲁克，学生毕业后，选送上伊犁中学。1946 年有 100 人，一年后增加了 20 名，分为 4 个班。

9. 王府私立蒙古小学，1940 年满楚克扎布汗王的福晋乌静彬在迪化还开办了一所王府私立蒙古小学，学生最多时达 150 - 200 名。经费来源主要靠汗王府资助，另一部分靠牧民捐助。该校至 1944 年，因王府经济困难，学生中发生流行病而被迫停办。当时，乌静彬从学生中选出 5 人送往兰州继续深造，将一名名叫奥日甫的学生保送到北京大学，将金萍、拜雅等学生送往兰州师范学校学习。①

在兰州学习学生名单如下：②

姓名	民族	性别	年龄	藉贯	年级
巴德欣	蒙古族	男	二十五	乌恩素珠盟	初中
石钧陶	蒙古族	男	二十四	同上	同上
拜雅	同上	女	二十三	同上	同上
金萍	同上	女	二十二	同上	同上
李吉	同上	男	二十五	同上	同上
道尔吉	同上	同上	二十一	同上	同上
西峰巨	同上	同上	二十二	同上	同上
尼满	同上	同上	二十二	同上	同上
木而都	同上	同上	二十一	同上	同上
才仁	同上	同上	十六	同上	高小

（附）和靖县立小学校蒙古族班数人数统计表③

1941 年 11 月 19 日

班级	低年级								中年级								高年级			
	一年一期		一年二期		二年一期		二年二期		三年一期		三年二期		四年一期		四年二期		五年一期		五年二期	
类别	男	女	男	女	男	女	男	女	男	女	男	女	男	女	男	女	男	女	男	女
数目	35		37	32					50				54	27			32			

三、中路和硕特部教育

据曾经在民国时期担任过和硕县县长的胡海滨先生说，“解放前，和硕县（包括设治局）的教育事业非常落后。蒙古族同胞大多数都从事畜牧业，居住

① 以上学校均参阅焉耆专员公署档案，91 号卷，《和静县蒙族教育情况调查》，1953 年巴州档案馆存。及布娃《旧土尔扈特南路盟的教育概况》一文，载政协和静县文史委编《和静县文史资料》第一辑，第 70 - 81 页。

② 和靖县政府档案、情报卷 77 号，和静县档案馆存。

③ 和靖县政府教育宗卷、一般类第 12 档、第 284 号、民国 30 年，和静县档案馆存。

分散，没有学校，识蒙文者寥寥无几，95%以上均系文盲。”① 由于经济落后，政府也无力多投入资金办学。如1949年6月13日，和硕特盟长达瓦等致函省教育厅，以“蒙族习惯逐水草而居，流动性大，关于学龄儿童非留宿学校供给衣食不克施教。近年来，因伊犁事变，蒙族经济大受影响，一般皆无能担任其子女是项学费。”等为由，请求教育厅划拨些经费，以补助贫寒生。此函得到了省主席鲍尔汉的重视，他给教育厅下令，划拨少许经费。②

现将塔哈其小学、和硕设治局立初级小学等蒙古族学校做一概述：

1. 塔哈其蒙古小学，1936年5月，和硕特部落的王爷阿拉布东贝代在塔哈其艾力司土布呼（王府所在地）创办了一所蒙语初级小学，又名塔哈其小学。当年招收学生40名，校长为马文焕。③

1937年，新疆省教育厅任命道尔加拉（留苏学生，塔哈其人）为塔哈其小学校长。是年，在校蒙古族学生110名。1939年，塔哈其小学有5个蒙古语教学班，在校学生130人。是年，塔哈其小学归和硕设治局管辖，故学校名称改为和硕设治局局立初级小学。1940年7月，道尔加拉校长被盛世才下令逮捕并入狱。茶汉（留苏学生，和靖县人）接任校长。

同年秋，因设计局在和硕另建了一所局立初级小学，其校名与塔哈其学校的校名相同，因此，局立塔哈其小学又更名为和硕设治局局立塔哈其小学。到新中国成立前夕，学校有3个班（其中高级班1个、初级班2个），在校学生95人，教员7人。其后在塔哈其小学担任校长的有布拜、唐学廉、巴玉麟、加拉（均为蒙古族）等。1947年后，塔哈其小学名存实亡。

2. 和硕设治局立初级小学　1937年7月15日由和硕特蒙古族文化促进会会立委员长陶里泰呈报设治局批准，在塔温觉根蒙安查汗附近修建了有5间教室、5间宿舍、2间教员办公室，以及礼堂、食堂等一所学校，8月30日省政府准予备案，当年招生30名。1940年1月有学生23名，均为男生，计划增添女生一个班。④ 校长为和硕蒙古族卡曼。

---

① 胡海滨、张广亮：《解放前和硕县教育概况》，载政协和硕县文史委《和硕县文史资料》第一辑，第89页。

② 《巴图赛特奇勒图中路盟为帮助贫困学生事致教育厅的代电》，1949年6月13日；《省政府就巴图赛特奇勒图中路盟长公署呈请补助蒙族学生事给教育厅的令》，1949年7月5日，载新疆维吾尔自治区档案局等编《近代新疆蒙古历史档案》，第235页、第238页。

③ 政协和硕县文史资料委员会编《和硕县文史资料》第一辑89页，1993年11月。

④ 《和硕特蒙族文化促进会分会会立一览表》，1940年1月，载新疆维吾尔自治区档案局等编《近代新疆蒙古历史档案》，第179页。

1943 年，该学校共开设了 5 个班，学生达到 137 人，其中男生 83 人，女生 1 个班 54 人。该学校就是现在的博湖县塔温觉根乡小学的前身。①

3. 1943 年春，于查汗扎楞（在今天的博湖县本布图乡）建起了这一地区的第一所学校，将世代以游牧为生的牧民子女终于进了学堂。当时有 50 余名蒙古族学生。学校只有一个校长和一个老师，校长是一位名叫克玛的蒙古族人，老师是汉族，他们的工资都由督台衙门付给，学校其他费用由查汗扎楞负责。督台衙门不提供工资时，查汗扎楞就自己出资维持着学校，并一直坚持到新中国成立。

四、赴苏留学生

盛世才从 1934 年至 1936 年底，共向中亚国立大学选送了 3 批学生，每年选送一批，每批 100 人，其中蒙古、哈萨克各占百分之十②。这三批留学生中和静、和硕两县共有 9 名蒙古族学生。

第一批 3 名：尼满，和静县巴音布鲁克茶腾区牧民；杜仙，和静县巴音布鲁克安见斜米乃尔区，牧民；巴生，和静县巴音布鲁克人，牧民（后在塔什干病故）。

第二批 3 名：道尔加拉，和硕县农民；茶汗，焉耆县七个星人，贫农；达什，新疆北疆人。

第三批 3 名：巴德木，和静县巴音布鲁克茶腾区牧民；尼曼，和静县斜米乃尔区，牧民；李杰，巴音布鲁克茶腾区人牧民。③

学生毕业以后，由政府分配到行政、学校及外交公安等部门，这些留学生为新疆的文化教育、经济建设事业起到了一定的积极作用。巴音郭楞的蒙古族留学生为家乡的蒙古族教育奠定了良好的基础。“他们是土尔扈特部与和硕特部落有史以来，第一批受过高等教育的现代知识分子，也是巴音郭楞蒙

① 胡海滨、张广亮：《解放前和硕县教育概况》，载政协和硕县文史委《和硕县文史资料》第一辑，第 89－92 页。

② 柴恒森：《盛世才选送留苏学生的前前后后》，《新疆文史资料选辑》第二十辑。留学生的统计数字，现有资料差距较大，如王寿成的《新时期的民族政策》一书中说，留学生有 339 人，其中汉族 86 名，蒙古族 23 名。周东郊：《新疆十年》说，留学生有 257 名，其中汉族 74 名，蒙古族 23 名。

③ 布娃：《旧土尔扈特南路盟的教育概况》，载政协和静县文史委编《和静县文史资料》第一辑，第 96 页。

古自治州教育史上第一批正式的教育工作者。"①

此外，有巴玉兰、纪秀贞两位焉耆蒙古女生及一名蒙古男生巴明亮于1946年11月中训团新疆分团第十期毕业后，又由省政府报送南京国立边疆学校深造。其中纪秀贞毕业后回到迪化又任省立蒙古族中心国民训导员。②

第三节 新中国成立初教育

新中国成立后，党和政府十分重视和发展各族人民的文化教育事业，新疆蒙古族各聚居地也相继办起了学校，至1952年，在短短的3年时间里，恢复和增设了54所学校，其中7所学校内设有初中班，学生增加到5000名以上，占全疆蒙古族人口的14%。③ 从而新疆蒙古族的教育事业进入了繁荣发展的新时期。

1. 和静县土尔扈特部教育发展

1950年，和静县立中心国民小学改为和静县第一小学，将原来的7个班改为5个，共有回、蒙、汉、维四个民族，其中蒙古族班1个，学生35人。由忠直任校长，调王崇伦等青年知识分子任教师，当时地方经济十分困难，学校恢复之初，由于各族群众受经济、环境的限制，返校率十分低，学校教师便带领学生挨门逐户的进行"劝学"，使许多失学的儿童重新回到学校读书。同时学校进行教学改革，取缔了旧课本和体罚学生等旧的管理制度，还创办了"婴鸣周刊"，举办各种形式的墙报、黑板报，丰富了学生的生活。

为一进步扩大教育面，让更多的牧民子弟能就近上学读书，1950年，和静县人民政府在开泽区兴办一所小学，将县中心小学的蒙古族学生全部转入此校，成立了和静县第二小学校，校长为张效恒。与此同时，通过社会力量支持，全县各乡小学也陆续建立起来。

1950年巴克西库热的巴拉登喇嘛、当德尔喇嘛等宗教人士办起了巴克西库热小学，一切开支由库热支付；1951年，乃们莫墩乡甘杰喇嘛办起乃门莫墩小学；1951年在巴仑台寺庙附近由宫明活佛主办一所小学，他将自己的二

---

① 和静县史志编纂委员会编《和静县志》卷25"教育，"第586页。

② 《张治中为报送巴玉兰等人如边疆学校就读事致陈希豪的函》，1946年12月4日，载新疆维吾尔自治区档案局等编《近代新疆蒙古历史档案》，第209-210页、第220页。

③ 巴塔：《三年来新疆蒙族文化教育的发展》，载《新疆日报》，1952年10月6日。

层楼房为校舍，还发动喇嘛捐物品，动员喇嘛将小满金送入学校，翌年有3个班，有学生141名多人。此外，他还办了喇嘛和妇女各一所识字班。① 1955年在北哈拉莫墩由百林寺庙永登格林主持重办学校，布娃任校长。群众自愿捐出羊只、马匹、木料等物资，用于修建多民族小学，有各族学生200多人；1954年，巴音郭楞蒙古自治州成立，在巴州三中开设了两个蒙文初中班，以后每年招收两个班。从五十年代起，和静县各区、乡、村先后都建立了寄宿小学，巴音布鲁克、巴仑台、南北哈拉莫墩、乃门莫墩、哈木胡提、乌拉斯台等小学开设了初中班。②

从1952年起，和静县中心小学的毕业生后即考入焉耆简易师范学校，以后每届毕业的学生都送到焉耆继续学业。

2. 和硕县中路和硕特部蒙古教育发展

新中国成立初，和硕县只有6所小学。其中县城1所，即清水河国民学校。1950年改称为和硕县第三小学，在校学生47名。1952年，根据国家教育部颁发的小学教学计划，进行教育改革，开设语文、算术、美工、地理、历史等课程，蒙古族小学课本使用内蒙古自治区编写的。乡村小学5所，其中蒙古族3所。新中国成立后，塔哈其小学蒙语教学增加到5个班，在校学生186名，巴力杰任校长。1951年成立本布图小学，设蒙语教学班3个，在校学生56名。马保振任校长，道尔加拉、李杰任教师。1952年成立查汗通古小学，设1个蒙古语教学班，在校学生65名。1954年成立宝浪苏木小学，设立4个蒙古语教学班，在校学生90名。③

---

① 焉耆专员公署档案，1953年、91号卷，巴州档案馆存。

② 和静县史志编纂委员会编《和静县志》卷25“教育，”第587页。

③ 政协和硕县文史委编《和硕文史资料》第3辑84页。

第十二章

巴音郭楞蒙古族的宗教信仰

第一节　黄教在土尔扈特、和硕特蒙古的传播

一、黄教在西蒙古的传播

蒙古族最早信仰的宗教是萨满教，卫拉特蒙古称其为“孛”。它是一种古朴的原始宗教。他的主要内容是对自然现象、鬼神灵魂和动物图腾的崇拜。据土尔扈特学者道·乃岱说，土尔扈特人把男萨满巫师称为“孛其”，女萨满巫师称为“巫都干”。萨满曾经在土尔扈特、和硕特蒙古中威望很高。现蒙古族的祭敖包习俗就是萨满教的遗迹。敖包是为祭祀大地、山水、而建成的石头堆。土尔扈特、和硕特蒙古东归后，至今仍然沿袭着祭敖包的习俗。

13 世纪前期，蒙古民族英雄成吉思汗在出征西藏的同时揭开了蒙藏关系史的序幕。嗣后，在元代蒙古贵族们的极力赞助下，佛教自西藏传入蒙古。道教、基督教、伊斯兰教等亦于此时期纷纷移植蒙古地区。其中藏传佛教因受蒙古贵族们的崇信而凌驾于其他宗教之上，然而主要是在上层统治者之间传播，蒙古族大众还是信奉萨满教。随着元朝统治的衰亡，1368 年元室北迁，蒙古地区遂形成了封建割据的局面。接着时间的推移及同西藏、中原的交通阻隔，许多外来宗教已经被蒙古人遗忘了，只有藏传佛教例外。

藏传佛教，又称喇嘛教，是中国佛教的一支。该教分成许多教派，影响较大的有蒙古贵族所推崇的宁玛派，俗称红教。该教发展到元朝末年，寺院戒律废弛，僧人追逐世俗财势，日趋腐败。15 世纪初，西藏的佛学大师宗喀巴鉴于红教中的腐败现象，创立了格鲁派喇嘛教，他主张僧侣严守戒律、僧人务须穿戴黄色僧衣僧帽，故格鲁派喇嘛教又称黄教。“在藏传佛教各派之

中，对西藏和蒙古人民影响最大，并且迄今仍有很大影响的是格鲁派，即黄教。”①

公元17世纪初，达赖喇嘛三世派察罕诺门汗（即东科尔曼珠什利呼图克图）到蒙古各部弘布黄教。1615年（万历四十三年）应卫拉特盟主、和硕特部首领拜巴噶斯的邀请，东科尔曼珠什利呼图克图到卫拉特传教。当即有准噶尔部哈喇忽喇等四部32位王公，各派一子当喇嘛。② 据专家考证：

> “这一批瓦剌贵族僧侣中，后来涌现了两位著名的传教者。一位是拜巴噶斯的养子南噶嘉措（一译那木海扎木苏），他是日后大名鼎鼎的咱雅班智达。此人在瓦剌和喀尔喀都很有影响，在清初的蒙藏关系以及瓦剌、西藏与清朝的关系中都起过重要作用。另外一位是土尔扈特墨尔根特伯纳济农之子阿比达，在日喀则扎什伦布寺从四世班禅为弟子，学成，为‘内（同乃，引用者）济托音’，意为慈祥者。后赴漠南蒙古东部各地传教，也是一位著名的高僧。”③

1640年9月，东西蒙古封建主在新疆塔城会盟，土尔扈特首领和鄂尔勒克率其子万里赴会。会议上制定了《卫拉特法典》，规定喇嘛黄教为蒙古各部共同信仰的宗教。使黄教在卫拉特蒙古人中以法律的形式被确立下来。17世纪30年代，和硕特部首领固实汗统一青海高原后，大力支持黄教势力，使黄教得以弘扬，史载：“此时，四卫拉特的圣地是西藏，神主是达赖喇嘛。”④

18世纪20－40年代，在策妄阿拉布坦及噶尔丹策零统治准噶尔汗国时期，为了进一步发展黄教，在其政治中心伊犁河流域修建了两座大寺庙，一座称为“固尔扎都纲”，“固尔扎”一词为卫拉特方言，即野公山羊，“都纲”为藏语，意为经堂。固尔扎都纲又称为“金顶寺”，据说因为寺顶金碧辉煌而得名，该寺地处今伊犁河北。另一座寺庙，名为“海努克都纲”，“海努克”即蒙古语“犏牛”之意。因为此寺顶色白似银，故又称为银顶寺。据说这两

---

① 新疆社会科学院宗教研究所编《新疆宗教》，第三章《佛教》，新疆人民出版社1989年版，第72页。

② 成崇德译注：《咱雅班第达》，第4页。载中国社会科学院中国边疆实地研究中心编《清代蒙古高僧传略》，全国图书馆文献缩微复制中心出版1990年版。

③ 《蒙古民族通史》编委会《蒙古民族通史》第三卷，第七章，第359页－360页。据《乃济托音传》记载，乃济托因生于1557年，逝于1653年12月4日。

④ 巴图尔·乌巴斯·图们：《四卫拉特史》，载《蒙古学情报与资料》，1990年第3期。

座寺庙规模宏伟，集喇嘛数千，在此两庙诵经，并设置集赛。① 集赛是准噶尔寺庙所属的鄂托克，由宰桑统领。这两座寺庙成了准噶尔地区黄教的中心。公元 18 世纪中叶，这两座寺庙都毁于战火之中。

据专家研究，由于西蒙古人居住西部偏远地带，因此信奉黄教比东蒙古晚，直到 18 世纪中期，其发展情况仍然与东部蒙古有所差异，这些差异主要表现在 2 个方面：一是黄教在牧民中所占比例比东部蒙古低，砖木结构的固定寺院比较少，二是呼毕勒罕（是藏语佛的化身或转生者的意思，引用者）制度没有得到充分发展。②

二、黄教在土尔扈特汗国的传播及清朝的宗教政策

土尔扈特、和硕特蒙古人在移牧至伊济勒河流域时期，将黄教庙宇及物品一同带去，他们虽身在异乡，但赴西藏熬茶礼佛朝觐对黄教笃信不移。1654 年夏，和硕特部的阿巴赖台吉邀请咱雅班第达来其营地特穆尔绰尔噶度夏，土尔扈特岱青汗也在那里，他们举行了那达慕，咱雅班第达为他们做了法事，在岱青汗的邀请下，他又赴伊济勒河做法事。他还将 170 种藏文的大乘经卷和基本法等经书译成托忒文。③ 咱雅班底达在黄教传播与土尔扈特汗国的过程中起了重要的作用。书库尔岱青执政时期，进藏熬茶礼佛，敬拜达赖喇嘛。黄教成了远在伊济勒河的土尔扈特部落和祖国联系的一条最紧密的纽带，也成为蒙古族精神生活中的重要组成部分和政权建设中的一支重要力量。当时，安建库热住持洛桑丹增高僧就是策动东归的决策者之一。1771 年，随着东归大军的归来，7 座大的毡房式寺庙也一同迁回。

土尔扈特、和硕特蒙古东归后，在清政府以黄教柔顺蒙古的既定策略下，对藏传佛教的僧侣，格外给予优待和保护，给札萨克旗的大喇嘛颁发印信，给苏木喇嘛批给扎符，对一般僧侣免除赋税，黄教得到了保护和奖励，各盟旗都相继建立了寺庙，清朝皇帝还以御赐寺名、匾额的形式鼓励蒙古地区兴建寺庙。土尔扈特、和硕特部活佛和大喇嘛等僧侣得到了优待和保护，因此他们享有特权，地位比较高。僧众一律免除了赋税、兵役和劳役，他们数目

---

① 《西陲总统事略》卷 12，《厄鲁特旧俗记闻》。

② 蔡家艺：《西藏黄教在厄鲁特部的传播和发展》，载《民族史论丛》，第 1 辑。

③ 成崇德译注：《咱雅班第达》，第 31 页、12 页 – 25 页。载中国社会科学院中国边疆史地研究中心编《清代蒙古高僧传略》。

庞大。据民国和静档案记载，南路土尔扈特部有寺庙 32 座，僧人 1002 名，占蒙古族总数十分之一。① 而据清末年间的《焉耆府乡土志》记载，南路不仅有黄教喇嘛 1100 余人，还有红教喇嘛 800 余人。②

黄教不仅渗透到蒙古族日常生活当中，是封建制度的精神支柱，而且是清政府和王公贵族统治人民的得力工具。黄教在蒙古社会中的影响愈加深化，更像洪水一样，"浸灌于内外蒙古与伊犁矣。"③

第二节　黄教寺庙的建立及其组织结构

一、南路土尔扈特寺庙

清廷号召民间广修庙宇，各盟旗都相继建立起自己的库热。从 19 世纪中期至民国前夕，南路土尔扈特与和硕特部所属 64 个苏木基本都建立起自己的寺庙，同时，还有各自的总庙，喇嘛人数最多时占到当时蒙古人口总数的十分之一。

渥巴锡修建庙宇时，清廷很重视，从内地派来 6 名工匠。1774 年 11 月 15 日（乾隆三十九年十月十二日），喀喇萨尔办事大臣达色上奏渥巴锡修建寺庙一事时，清廷还令达色负责其庙工匠的工钱和伙食。④ 由参赞大臣贡楚克扎布咨请理藩院汇题庙额。此年，敕赐"普福寺"。蒙古族称之为"巴润巴格新库伦"。这是土尔扈特历史上的第一座土木建筑的库热。该寺专供土尔扈特汗礼佛之用，后由数次修缮扩建。同治年间，庙宇毁于兵火。

据《和静县志》等资料载，1949 年止和静地区先后修建了却藏恩库热、巴克西恩库热、安建库热等 36 座寺庙，喇嘛僧侣超过千人。⑤ 这些寺有土木结构的，也有毡帐式的。毡帐式的随着牧民转场。⑥ 土木结构的均模仿西藏寺庙建筑形式，内供佛像，墙壁画佛教壁画，设立住持、内务管理等宗教人员。

---

① 《和静全县概况》1952 年县委永久 5 号卷，和静档案馆。

② （清）徐国桢：《焉耆府乡土志》，第 2 页。载《新疆乡土志纂 29 种》（一）（铅印本）。

③ 妙舟：《蒙藏佛教史》第 4 篇，上海佛学书局 1935 年。

④ 中国社会科学院民族研究所民族史研究室等编《满文土尔扈特档案译编》，第 236－237 页。

⑤ 和静县史志编纂委员会编《和静县志》卷 30，第 719 页。

⑥ 新疆社会科学院宗教研究所《新疆宗教研究资料》第 14 辑，第 26 页。1986 年 10 月铅印本。

现代南路土尔扈特部大的土木结构的寺庙有安建庙（库热）、黄庙等2座，其中黄庙最大。即：

1. 安建庙（又译写成昂嘉恩寺）

据说是一世安建喇嘛建立的，它是土尔扈特东归时带回的7座寺庙影响重大的寺，是巴伦台黄庙建造前土尔扈特部最大的庙。在今天的和静县巩乃斯河附近，还有安建库热的原址遗痕。安建库热建立起来后，一直用蒙古包作寺庙。19世纪初建立了一座土木结构的寺庙，后又毁于阿古柏战乱，安建库热只好再设在蒙古包内，民国时，多达26顶，僧人80多人。“文革”期间，该寺再次遭到破坏。① 如今，在我国宗教政策保护指导下，在阿尔先沟已建起一座砖混结构的安建库热。

2. 巴仑台黄庙

地处天山南麓——和静县巴仑台峡谷之中，是南路旧土尔扈特部落的总庙及巴州黄教活动的中心。也是新疆最大最具代表性的一个综合性喇嘛教寺庙群，素有“小布达拉宫”之称。蒙古族称之为夏日苏木。它坐落在现在的和静县城北部的巴伦台镇的老巴伦台山沟，因此人们习惯称它为“巴伦台黄庙”，其宗教法名为“夏日布达尔杰楞”。它是青海佑宁寺（郭莽寺）却藏昂的属寺。②

黄庙喇嘛在做佛事

① 新疆社会科学院宗教研究所《新疆宗教研究资料》第14辑，第33页。1986年10月铅印本。

② 蒲文成主编：《甘青藏传佛教寺院》，青海人民出版社1990年版，第75－78页。

据《和静县志》卷30《民主、宗教》载，黄庙于1887年（光绪13年）由汗王布彦绰克图主持修建，次年落成，光绪皇帝赐名永安寺。① 不知该书用的何资料，黄庙的建造时间我们未见史料记载，所见清代史料只是记载黄庙毁于1865年中亚浩罕汗国将领阿古伯入侵南疆的战火中，1903年布彦蒙库汗又重新修建了黄庙，并请光绪帝赐名，光绪帝又赐原庙名“佑安寺”。② 新修建的黄庙迄今已有百余年的历史。黄庙之所以选址在巴伦台山沟内，因为这一带是一块风水宝地，满汗王的夏宫设在此，不仅环境清幽，而且交通便利，距和静县城只有50公里。

巴伦台黄庙是南路土尔扈特最大的一个综合性的黄教寺庙，它具备严密的寺院组织和严格的学经制度，并由1个大寺庙和13个小寺庙组成。黄庙是主庙，位于寺庙群的中心，其他13个庙则错落有致地分置于黄庙的四周，即：

（1）却拉庙：是喇嘛们辩论佛经的场所，建于1889年。

（2）哲都巴庙：它是密宗学院，建于1889年。

（3）曼巴庙：医学院，建于1889年。

（4）却进庙：是护法神庙，建于1916年。

（5）能那庙：建于1916年。

（6）格根拉卜楞庙：是宫明活佛的私庙，建于1914年。

（7）乔克斯木都纲：也是护法神庙，建于1940年。

（8）诺颜库热：是土尔扈特汗王庙，建于1889年。

此外还有克烈特、察腾、巴仑、扎布素尔、沙比纳尔等5个苏木所属的5个小庙。据张大军《新疆风暴七十年》载，在黄庙所在地，1913年2月还建了一座庙，清廷赐名“普庆寺”。③ 普庆寺不知是以上8座庙的那座？

据有关记载，在黄庙常住的僧人300－400人，最多时达千余人。丹麦探险家亨尼·哈士纶在其书中记载，估计喇嘛的数目有1500人。森勤活佛摄政后已将人数压缩了三分之二还多。④ 此外哈士伦还看到一本《土尔扈特源流》，还看到了康熙皇帝给土尔扈特的敕书等很多有趣的手稿。由此可见。当年的黄庙又是土尔扈人的文化宝库。现存的庙宇，仅仅是原建筑十分之一的面貌。

---

① 和静县史志编纂委员会编《和静县志》卷30，第721页。

② 《伊犁将军马广奏稿》，亦称《马广奏议》，抄本（奏折汇集），光绪三十年四月初七日。

③ 张大军：《新疆风暴七十年》第4章，第740页。

④ 亨宁·哈士伦：《蒙古的人和神》，新疆人民出版社，第272页。

二、中路和硕特部的寺庙

1773 年，和硕特部驻牧珠勒都斯草原和焉耆盆地以及博斯腾湖一带后，牧民依然按照传统习惯在蒙古包式的庙宇中进行法事活动。19 世纪末，开始修建固定的庙宇，至 1949 年，有 6 座喇嘛庙，166 名僧人。① 加上毡帐式共有 11 座庙。据说，和硕特部的寺庙也派僧侣到巴伦台黄庙深造。

1. 巴克沁庙

此庙原是宝浪苏木、扎布苏尔苏木的佛事场所，故全称为宝浪苏木布日亨巴克沁苏木，坐落于博湖县城西南。原是和硕特部 4 大庙宇之一。19 世纪末，由中路和硕特部落的东鲁普旺扎楞和姜巴特格其克盖木丕勒倡导，仿青海省塔尔寺格局修建。1880 年（清光绪六年）落成。因当时当过喇嘛的姜巴特格其克盖木丕勒做过土尔扈特部寺庙的勘布和森勤活佛的老师，后按蒙语老师的发音称宝浪苏木为巴克沁苏木。此庙高 15 米，分上下两层，四角雕楼，内有耳房，大殿铜佛是从清海与拉萨运来的。②

"文革"时遭到破坏，1986 年得以恢复和维修，有洛文等喇嘛 19 人。③现为和硕、博湖两县蒙古族信教群众主要朝拜庙宇。

2. 甘珠尔庙

原属中路和硕特部落中旗，又名奥求仁库热。修建具体时间不详，从有关资料上查知，大概建于民国 22 - 24 年之间。在当年和硕特 11 座寺庙中，甘珠尔库热还没有排列在大寺之列，由伊克呼尔来（译音同库热）统属。④

据该寺现在的主持宗古鲁甫（职务是洛文）介绍，该寺庙于 1959 年前全部合并至巴克希恩苏木，1966 年"文化大革命"中，寺庙经书被焚，财产被挪用或抢劫，宗教活动全部停止。该寺庙旧址在跃进公社三大队，即今天的博湖县塔温觉根乡一带。十一届三中全会后，党的民族宗教政策进一步落实，寺庙从原博湖县迁至今天的和硕县包尔图牧场一分场，寺中有僧人 15 名。

---

① 案卷号 23，1953 年，巴州档案馆存。

② 和硕县史志编纂委员会编《和硕县志》卷 34，第 758 页。

③ 博湖县史志编纂委员会编《博湖县志》，第 413 - 414 页，第十八编，第二章。

④ 和硕县地方志编纂委员会《和硕县志》卷 34，"民族宗教·宗教。"第 758 页。

和硕特部甘珠尔寺的主持宗古鲁甫（中）、西藏活佛（右）、党金州长（左）

3. 伊克庙

又名达赖喇嘛库热，1935 年建，庙址在博湖县塔温觉肯乡。是俞金和包尔额克两苏木的庙。修建于 1935 年，毁于“文革”。

4. 扎核塔西罕庙

位于和硕县扎核塔稀罕山区，属于左旗巴图特苏木和谢米尔苏木。1945 年建。至今仍保存较完整。

此外还有玛乃拉库热、宗喀巴库热、道克西太库热、扎核塔西罕库热等 3 座民国个人建的黄庙。①

总之，从清中晚期至民国初期，巴音郭楞蒙古自治州的藏传佛教，在当时清政府的大力倡导下，在民众的普遍信奉下，得到了空前的发展和壮大。

三、组织结构

新疆地区大的黄教寺院虽不及青藏地区规模宏大，但也组织严密，分工较细，寺院的每一项事务都有专人负责。清朝通过实行扶植与抑制相结合的两手政策，使新疆地区喇嘛教的教权掌握在自己手里，从而置喇嘛于自己的监控之下。各部总庙，可以拥有严格等级的教阶制度，做其法事。在新疆区域内，喇嘛等级的划分、名词的称谓，是因地区不同而有所差别的。

---

① 和硕县地方志编纂委员会《和硕县志》卷 34，“民族宗教 · 宗教。”第 758 – 759 页。

活佛为最高宗教首领，在每所库热（庙）中，由大喇嘛堪布、洛文主持庙务。喇嘛僧侣们进寺庙后，学习生活都比较稳定。以学经文为主，兼做其他工作。他们要接受宗教宣传的修养；学习宗教技术训练，比如医学、占卜、雕刻、铸造神像、刻版、印刷经书等，同时还做好寺庙各项日常工作。入寺庙做喇嘛的基础条件并不一致。有些入寺前对佛学就有一定的基础，有些却目不识丁。以往，很多牧民进寺庙做了小满金，才学会认字。

一般黄庙喇嘛等级职位有如下 10 种：

大喇嘛，治理总庙之一切事务，即总庙之总头目。藏语称“梯瓦（同体布）喇嘛”或“洛（或格）文喇嘛”。

堪布，大寺庙的最高主持者，任期 5 年。

格斯贵，管理总庙中的教法。

得木齐，主管每日念经和各种法会的戒律秩序，得木齐还分为 3 个等级次。

贡孜特，是领头念经喇嘛，有正、副之分。

嘎布吉，释典的难读、难懂或深奥之处，由嘎布吉喇嘛担任做释义和阐述。

尼尔瓦（湿尔巴），主管寺庙的财务和收支庶务。

古尼尔，负责点佛灯、燃佛香、打扫卫生等工作。

格隆（盖林），为一般念经喇嘛。

格斯勒（盖次里），为受过 3 种（一说为百余种）戒律的喇嘛。

此外，没有职衔的低级喇嘛为满金（曼吉），是学僧。其主要任务是为寺庙服砍柴、挑水、打扫等种种劳役，其次是学习念经。根据满金出家时的长短和学习经典的成绩，逐级晋升。

安建庙的等级制位有：堪布 1 人，洛文 1 人，格斯贵、公孜特、古尼尔（又称姆得哈其）、尼尔瓦。

巴伦台黄庙等级职位有：诺门汗呼毕勒罕 1 名，即宫明活佛，托音堪布 1 名、托音绰尔济 2 名、托音绰尔济大喇嘛 1 名（相顾）主持庙务及宗教活动；绰尔济喇嘛 4 名：洛文、格斯贵、公孜特（又译写成公木子克）、尼尔瓦（又译写成尼尔布）等，以上都是有职衔、职任喇嘛，其下有贡尼尔、格隆、满金等普通喇嘛。①

① 妙丹：《蒙藏佛教史》，上海佛学书局 1935 年，第 155 页。《和静全县概况》，1952 年县委永久 5 号卷，和静档案馆。

据巴伦台黄庙原洛文喇嘛等提供,① 黄庙组织机构分为3大部分：

1）乔依理（因是藏语，汉译有不同音译。该词又译成且勒）部，是最高学府，研究佛学、哲学、天文、数学等课程。

2）居都甫（又译写成迦特泼部），研究法术、符咒等。

3）门巴（又译写成芒布）部，研究医学。

（附）和靖县各族头目及绅士喇嘛等姓名表②

职业	姓名	住址	备考
大喇嘛	铁木尕提	巴克新库连	有声望
康布喇嘛	宫吉甫	黄庙	同
	巴拉登	同	同
	屯木尕提	胡产库连	同
	桑格吉	曲布曾库连	同
老翁	马井	巴克新库连	
	马忠	总库连	
	干登	同	
	鲁曾	同	
	旦皮立	同	
	秦在	旦日肯库连	
	英英	干见［库连］	
	缺木其克	艾则那［库连］	
	西里甫	两苏木［库连］	
	盖文	喇嘛［库连］	
	列克井	盖干［库连］	
	巴拉登	开来［库连］	
	推不动	巴音苏木［库连］	
	巴拉芝	巴伦巴克新库连	
	老登	艾则那库连	
	宗古鲁	巴克新库连	
戒五库喇嘛宫其先	总神房		
达木主	他日林	两苏木库连	
	宫吉甫	月明库连	
	杨登	巴伦库连	

① 新疆社会科学院宗教研究所《新疆宗教研究资料》第9辑，第22页。另参阅苏北海《南路蒙族中之喇嘛庙概况》，第907页。

② 《和靖县政府调查宗教男女人口统计表》、政治类第3档78号、民国36年12月－民国37年11月，和静县档案馆存。

续表

职业	姓名	住址	备考
	克日甫	旦日肯［库连］	
	吕旦甫	安见［库连］	
格林	江格其甫	月明［库连］	
	了列	堆牛［库连］	
	老登	［堆牛库连］	
	下格吉	茶腾［库连］	
	以曲	茶腾［库连］	
	乔格林	堆牛［库连］	
	桑格吉	［堆牛库连］	
	那木吉立	［对牛库连］	
主任干事	帕吾生	蒙文会	有声望
	武如珍	汗文会	有声望
	肉孜	维文会	
会长	高德厚	工商会	
	白哈提	工商会	
阿洪	马占元	本街	有声望
	阿不都克里	本街	同上
保长	宫曲加布	巴古提区	有声望
	遭杜	斜米尔区	有声望
	道而吉	扎布素区	同上
街长	杨福	本街	
	石金友	本街	
	库万	本街	
村长	大木卡	斜米尔区	
	加布	［斜米尔区］	
	吴素尔	［斜米尔区］	
	普尔拜	［斜米尔区］	
	爱爱	［斜米尔区］	
村长	克奴	巴古提区	
	阿木各拉	［巴古提区］	
	当曾	［巴古提区］	
	吴爱	［巴古提区］	
	西力甫	［巴古提区］	
	干丁	［巴古提区］	

第三节　黄教大喇嘛及活佛转世系统

黄教实行活佛转世制度，解决寺庙的领导接班人的问题。后来分为大活佛、中活佛、小活佛的等级。在藏传佛教中，最大首领是达赖喇嘛和班禅额尔德尼。活佛是蒙古族等教徒的精神统治者，在牧民中有很高威信。清政府为土尔扈特部大喇嘛颁发了印信，建立了活佛转世系统。由于土尔扈特、和硕特蒙部的黄教是由上而下推行开来的，王公贵族出身的大喇嘛掌握教权，目的在于利用黄教从精神上对牧民进行统治，不愿放弃世俗的享受，固土尔扈特、和硕特两部的部分喇嘛照样娶妻生子，这是与西藏地区不同的。只是到1817年（嘉庆22年），清政府不顾蒙部僧俗人众的反对，通过理藩院颁布法令，严禁喇嘛娶妻，自此以后，实行活佛转世制度解决宗教首领的继承问题。在南路土尔扈特部黄教中，有2个活佛转世系统，一个大喇嘛转世系统。

一、宫明活佛

即黄庙的主持，其一世冬古得鲁普·嘉木措，他是土尔扈特东归前派往西藏学习的喇嘛之一，由于他刻苦学习，且又聪慧，后来在拉萨的宫明寺当堪布，取得了宫明·嘉木措的法号。一世宫明在西藏负有盛名，是四大经师之一，据说是乾隆帝将他派往珠勒都斯的。① 宫明由“灵童”转世至今共10世。其中九世宫明在现代新疆佛教界颇具影响。

九世宫明活佛

九世宫明活佛姜巴曲日木（又译写成江巴曲日木、加布曲日木）于1932年10月5日生于新疆乌苏县，

① 新疆社会科学院宗教研究所《新疆宗教研究资料》第9辑，第43页。

1935 年转世为巴伦台黄庙九世活佛，从此在巴伦台黄庙学习经文。1987 年 3 月 28 日在北京参加全国政协会议期间，因突发心脏病圆寂，享年 55 岁。

1992 年 9 月经自治区党委及有关部门批准，九世宫明活佛的转世灵童寻访工作开始进行。1994 年 6 月 3 日，经报请自治区党委、人民政府审批同意，正式批准和静县巴音布鲁克区三乡的一牧民两岁的儿子阿拉西为九世宫明活佛的转世灵童。十世宫明法号为洛桑土登丹碧久美。

世袭表如下：

宫明一世：冬古得鲁普·嘉木措。

宫明二世：尕勒森迁里希日甫却吉坚赞。

宫明三世：鲁增迁里丹增。

宫明四世：尕勒层迁里加里层。

宫明五世：鲁宗排日里丹增。

宫明六世：尕翁尼玛。

宫明七世：鲁宗西日甫·丹增斤力江苏木。

宫明八世：丹增尼玛。

宫明九世：江巴曲日木。

宫明十世：洛桑土登·丹拜久美。

因十世宫明·洛桑土登·丹拜巴久美，3 岁坐床后，就在甘肃省甘南藏族自治州夏河县拉卜楞寺等地深造。因此 1999 年 6 月始黄庙的主持为旦皮力堪布。

巴轮台黄庙主持旦皮力堪布

二、森勤活佛

一世森勤活佛原为西藏重孜寺的活佛，为该寺庙主持，四世生钦活佛圆寂后，1890 年，按照寻找转世灵童的宗教规定和程序，通过占卜、寻访等仪式，选定了新疆土尔扈特部布彦绰克图汗的四子为五世生钦活佛。五世生钦活佛曾因汗王早逝，侄子满楚克扎布年幼，无法继承汗位，因此摄理汗位，主持盟政，是一位很集宗教与政治于一身的人物。1932 年去世后，转世灵童又回到西藏。

世袭表如下：

一世：森勤格勒日阿布杰

二世：森勤洛桑班觉

三世：森勤丹增班觉

四世：森勤洛桑班丹全毕力

五世：森勤多布东才仁全毕力

六世：森勤洛桑紧赞

七世：森勤当把热布加①

三、安建大喇嘛

据说必须是获得梯瓦称号的大喇嘛才能主持安建库热。20 世纪 80 年代据安建寺的主持洛翁鲁日布说一世安建喇嘛曾在西藏哲蚌寺学经，学成后回到伊济勒河传教，建立寺院。② 安建大喇嘛在伊济勒河时已传 6 代，目前已世袭至 19 世，据 19 世安建喇嘛提供，除十九世是灵童转世外，其余各世均由土尔扈特部最有学问的老喇嘛担任。③ 世系表如下：

一世：罗布桑达尔加。

二世：罗布桑葛鲁克。

三世：罗布楚里腾。

四世：罗布桑根敦。

---

① 此世系表由六世森勤洛桑坚赞活佛提供。

② 新疆社会科学院宗教研究所《新疆宗教研究资料》第 14 辑，第 25 页、32 页。1986 年 10 月铅印本。

③ 新疆社会科学院宗教研究所《新疆宗教研究资料》第 9 辑，第 26 页。

五世：罗布桑丹波尔。

六世：罗布桑达姆拉。

七世：罗布桑罗卜藏丹津。

八世：罗布桑西里甫。

九世：罗布桑杜甫。

十世：罗布桑宗格日甫。

十一世：罗布桑加木祥。

十二世：罗布桑勒克西。

十三世：罗布桑撒姆登。

十四世：罗布桑道不登。

十五世：罗布桑姆布勒特。

十六世：罗布桑桑铁木格特。

十七世：罗布桑丹得尔。

十八世：罗布桑才布克。

十九世：罗布桑阿鲁克。①

道·乃岱先生认为安建喇嘛转世应该是6世，他是根据《佛教流传在土尔扈特蒙古地区的起源及一切平安的辩明经书》一书得出的结论。罗布桑·道布登是安排写此经书的安建喇嘛的转世，逝世于1899年。转世如下：

一世：罗布桑·格勒克

二世：罗布桑·根敦

三世：罗布桑·罗卜藏丹增

四世：罗布桑·道布登

五世：罗布桑·丹碧尼玛

六世：罗布桑·土比墩丹毕尼玛。（地方党政有关部门目前还没有办理六世罗布桑·土比墩土比墩丹毕尼玛的转世认可手续。）②

---

① 和静县史志编纂委员会编《和静县志》卷30，第722页－723页。据新疆社会科学院宗教研究所《新疆宗教研究资料》第14辑，第44页载罗布桑阿鲁克已于1984年去世，再未转世。

② 道·乃岱提供。

第四节　黄教的影响及其主要宗教活动

一、黄教对土尔扈特、和硕特部的影响

虽然清朝政府规定，凡蒙古人家若有3个儿子，必须有2个去当喇嘛，如果有2个儿子，必须有1个去当喇嘛。但是，由于被免除兵役、赋税的喇嘛们在社会上的威信很高，虽不事生产，但生活仍能丰衣足食，所以蒙古人也为之趋之若鹜，往往有倾家荡产也要送子弟当喇嘛为荣者。经过培养训练的专职喇嘛们，对蒙古人的影响甚深，祈福禳灾、婚嫁喜事、生老病死等事宜，无不由喇嘛们诵经算卦决定。

直到20世纪50年代初，南部落的“蒙族人民全部信仰着佛教，又名喇嘛。据统计全县（指和静，引用者）包括着满经（同金，引用者）以上喇嘛等宗教人士有1097个，遍及到全县每个地区，由历史造成宗教的权势尚有一定程度的存在，有着很大的威信。”① 可能是至于以上的原因吧，比如至今土尔扈特蒙古的宗教信仰比察哈尔蒙古浓厚。从民国档案中可知：“和靖蒙族是旧土尔胡托（英雄称号）南部落，……思想上宗教信仰很深，共修设32个大库仑（喇嘛召）活佛、喇嘛、堪布（教经的人）罗温盖扈托（管经律）公木子克盖林、盖尺小满经1002人，占蒙民总数十分之一，他们都是蒙民中的精明强干男子，不娶老婆，不事生产，从晨至晚念珠诵藏经，成为蒙族经济穷困，种族衰减，思想愚昧的主要桎梏。”②

二、土尔扈特、和硕特部的宗教活动

喇嘛们的佛事活动都很频繁，最重要的佛事活动是庙会。有特定的时间和内容。主要宗教活动有：

1. 祈愿大法会。藏语称“摩乐木”，蒙语称“月惹拉”，从农历正月初3开始到16结束，总14天。在佛事活动中，最为隆重的莫过于“庙会”，香火极为鼎盛。冬季的庙会在正月15日，蒙古族称为“麦德尔”，是宗教节日。

---

① 和静县档案馆藏《和靖县区域自治调查材料》，1953年，案卷号80，全宗号36。

② 《和静全县概况》1952年，县委永久5号卷，和静县档案馆存。

这一天，总庙所属分庙（即各苏木，小庙）的喇嘛都聚集于总庙，与总庙喇嘛一同念《甘珠尔经》、《丹珠尔经》。黄庙热闹非凡，庙里要进行晒佛、诵经、散发圣水圣食、僧人们还要进行辩经论道。黄庙四周香火缭绕，寺庙前挂起麦德尔佛像，喇嘛僧侣头戴黄帽，身披佛衣，庄重肃穆，诵经之声，不绝于耳。信教群众也从四面八方赶来烧香朝拜，磕头许愿，祈祷来年风调雨顺，全家平安。据史载麦德尔时巴伦台黄庙："全县蒙古族群众全到该庙烧香、叩头、送礼，每年到达5000人左右，大小喇嘛念经3天，作为纪念。"①现在，随着时代的变迁和社会的发展，"麦德尔"又是蒙古族人民娱乐的传统节日了。

信徒在寺庙拜佛

2.4月法会。藏语称"德钦松宗"为纪念释迦牟尼佛诞生、成佛、涅槃3大行迹纪念日，从农历的4月初8开始到15日结束，总共8天。而和硕特甘珠尔庙喇嘛说，他们从14晚饭后，不吃饭、不喝水，只念经，至16日早晨才开斋。

3.6月祈愿法会，藏语称"曲科尔德钦"，意为"法轮节"为纪念佛祖释迦牟尼在印度鹿野苑初转法轮的法会，也是弥勒佛出世的纪念日，从农历的6月初4开始到初8日结束，总5天。

4.9月祈愿法会，藏语称"拉浣德钦"，据说佛祖释迦牟尼佛诞生后7天，他的母亲摩耶夫人便逝世在兜率天。传说佛成道后，曾有一年到兜率天安居，为他母亲祈祷3个月，然后由天上从3道宝阶先来人间度众生。这天

① 和靖县委统战部《和靖县宗教摸底工作——典型调查报告》案卷号13，1950年，巴州档案馆存。

称为“天降节”藏传佛教各寺也要举行纪念仪式。从农历的9月22日开始到24日结束，总3天。据喇嘛说这一天财运要从四面八方来到，信教的牧民早早赶来，等待喇嘛们诵经祈福，接受寺庙散发的水果、点心等圣食。

5. 燃灯节，藏语为“安却”，蒙语称“祖鲁”，1419年藏历10月25日，格鲁派（黄教）创始人宗喀巴大师圆寂。格鲁派寺院为纪念大师而将此日定为“五供节”，又称燃灯节，农历的10月25日到27结束，总3天。这也成为蒙古族民间的一个重要节日。

6. 年终祈祷法会。藏语为“扎紫尔”，蒙语为“胡庆呼日拉”，从农历的12月25日开始到29日结束，总5天。

7. 熬茶，新疆的蒙古人虽然有自己的宗教活动中心，也就是他们顶礼膜拜的身心依托之所。尽管如此，他们还尤为重视对宗教圣地的朝拜，这是他们生活中的一件大事情和大“福气”。在这样的一件大事情和大福气的驱使下，虽路途艰险遥远，他们曾渐渐形成去西藏拉萨、青海塔尔寺（格鲁派创始人宗喀巴的诞生地）朝觐、熬茶的风潮。去西藏向寺庙布施，俗称“入藏熬茶”。比如在新疆民国档案中记载有1888年7月11日，南部落盟长、汗王布彦朝克图为赴藏熬茶事给吐鲁番厅的呈文，吐鲁番厅经伊犁镇迪道批准后同意布彦朝克图汗王一行朝觐，从呈文中可以看出，布汗王所率的朝觐队伍是比较庞大的，有其福晋等亲友及大小官员等随从103名，乘骑马52匹、骆驼190峰、蒙古包10顶、帐房10架及武器等。① 诸多信徒不远万里，想一睹圣地拉萨布达拉宫、拉卜楞寺、塔尔寺之蔚为壮观，目的就是以期夙愿得偿，能获得神佛保佑，消灾除难。

---

① 1888年7月11日《镇迪道就布彦朝克图欲赴藏熬茶事给吐鲁番厅的札》，见新疆维吾尔自治区档案局等单位编《近代新疆蒙古历史档案》，第294页。

第十三章

巴音郭楞蒙古族文化

第一节　传统民歌

一、新疆蒙古族民歌概述

蒙古民歌是蒙古族民间文学艺术和民间音乐的重要组成部分。有丰富多彩的内容和形式。过去，蒙古民歌的整理出版和研究中，主要采取按歌词内容分类、按分布地域分类、按历史年代分类等方法，间接或也不系统地运用民间传统分类所固有的术语以及兼顾节拍、旋律特点分类。新疆蒙古族的民歌内容非常丰富，演唱时，有着多种规格和截然不同的严格要求，即歌唱人视不同对象、场合、时间，演唱不同内容的歌曲。内容多为崇敬父母长辈的歌曲，给兄弟、姐妹和亲友演唱的歌曲以及歌唱爱情、山川、草木、畜群、牧场的歌曲。民歌特别是在民族历史方面也有不可忽视的意义。体现了蒙古族人民对理想和未来的美好憧憬，体现了劳动者强烈的思想。许多民歌，特别是英雄史诗，均是本民族在当时英勇斗争的历史的忠实写照。长调唱法在风格、装饰音等方面都各有不同。在体裁上可分为长调民歌和短调民歌两大类。长调民歌历史悠久，自古流传至今，其气息悠长的曲调悠扬而流畅，奏自由而感情深沉。老年长辈大多是唱长调民歌的。短调民歌大多风趣幽默，节奏明快，曲调活泼，故又称诙谐歌曲。

二、南路土尔扈特、中路和硕特民歌

与其他部落的民歌一样，南路土尔扈特、中路和硕特蒙古族民歌也深深

根植于本民族的文化土壤。内容涉及政治、经济、文化、生活、历史、人物等各个方面。其民歌大多运用比、兴手法。丹麦人哈士伦就认为土尔扈特蒙古民歌："歌词总是高昂而振奋，赋予幻想的形式，但当他们歌唱他们的牲畜和倾吐生活中洋溢的欢快时，游牧民族是最为动人的。像冰岛人一样，他们歌唱马匹和一一描述骑马时所见的一切奇妙的事物。"因此他在当地录制了60首土尔扈特音乐样板。①

歌曲所要表达的对象及内容，主要有以下10大类：

1. 亲情歌　主要分三类，即；长辈歌，平辈歌，晚辈歌。

视不同的辈分唱不同的歌曲。长辈歌是指晚辈唱给长辈的歌。一般指父母、叔叔、大伯、舅舅这些嫡亲长辈，主要表达对长辈的敬爱、思念、感激，曲调多以长调为主，以深情、悠缓的曲调和深厚、浓烈的词句表达情感；平辈歌指歌唱哥嫂兄弟姐妹之间深情厚谊的歌曲。这类民歌形式多样，有长调也有短调，曲调更活泼，表达形式也更多样。内容以感谢兄长爱惜弟妹、姐妹之间互相惦记、哥哥姐姐弟弟妹妹间相互关心、赞美等为主；晚辈歌是父母长辈对晚辈的关怀、教育、勉励的歌曲。歌曲大多较为深沉，长调和短调都有。《高高的赛里木山顶》就是典型的唱给长者的歌，歌词即：

住进10个特里木的毡房里，
我们愿你永远欢乐。
不忘您老人的恩典，
我们前来向你祝贺。

2. 爱情歌　巴音郭楞的蒙古民歌中，情歌占了很大的比重。曲调上以短调居多，因为短调适合激情表达，长调倾向诉说和抒发。有些歌曲反映了男女青年方对封建礼教约束，追求自由恋爱的内容。如《和你在一起》就反映了男女青年方对封建礼教束缚，争取自由恋爱的精神。歌词即：

春雨就要来临，
骑上骏马快离去吧。
虽有无情的法律，
但我永远和你在一起。

---

① ［丹麦］亨宁·哈士纶：《蒙古的人和神》，徐孝祥译，第211－213页。

3. 友情歌　巴州蒙古民歌中，有什么友情就有什么样的姿态表现。朋友相聚的欢愉、拜见师长的谦恭、友情背叛的辛辣……都会随着歌声流淌出来。如《咱俩握握手》就是这类歌：

博斯腾湖的天气实在太冷了呀，
脱给你棉衣快快穿上吧，
我愿和你交个好朋友啊，
来吧，咱俩握握手。

4. 故乡歌　主要以歌颂故乡、思念故乡为主。不论长调短调，听上去都极其雄浑、厚重，还带着一些忧伤。比较有典型的有《珠勒都斯》：

珠勒都斯这个地方，
是夏季放牧的地方。
分别时何必要心伤，
明年还会再相见。

5. 历史歌　蒙古族反映历史风貌的民歌就是一部鲜活的史实教材，一首首慷慨激昂的叙事诗。如《广阔的伊吉里河川》、《土尔扈特故乡》唱的不仅是歌，还反映了历史的痕迹。前一首歌就是土尔扈特、和硕特部东归的史迹写照，歌词如下：

广阔的伊吉里河川，
我迎着急流勇往直前，
待到那吉祥的日子，我要把老人家拜见……

6. 劳动歌　从专家们的研究得知，目前有宫调式和徵调式之分，以徵调式为多见。音乐结构短小精悍。因反映各种内在感情的叙述需要，故节拍较慢，抒情与劳动动作的力度与节奏非常和谐。特别是劝奶歌、劝羊歌、还有劝驼歌、劝牛歌等。蒙古族作为游牧民族，离不开牲畜，所以有歌唱马匹的歌曲，如“金蹄子的栗色马”、“黑走马”等歌曲。转场歌反映了蒙古族游牧生活，歌中唱道：

驮着家转场，
目送邻居去远方。
站在村边眺望，
心中无限惆怅。

7. 婚嫁歌　婚嫁歌在巴音郭楞地区蒙古民歌中占有极其重要的地位。在冗长复杂的土尔扈特婚礼中，歌声伴随始终。而且多以长调为主，辅以短调散板，用于婚礼中的智力对答。如《黑绒般的骏马》唱道：

黑绒般的骏马呀，
在谁的马群里抓膘。
爱说爱笑的人儿啊，
你远嫁在那个部落。

8. 做人歌　蒙古族是一个豁达、开朗和深情的民族。面对生活中的种种不如意，他们不是抱怨、指责、把错误推卸给别人，而是面对现实，积极寻找一切可以说服自己快乐起来的办法。长辈常常教育晚辈要尊老爱幼，爱憎分明，如《金色杭盖山的野鸡》就属这类，即：

搭起美丽的毡房，
要选最好的木料。
分辨事情的好坏，
要有聪慧的头脑。

9. 宗教歌　音乐结构简单、平稳、有板，都以长调形式出现，极少用短调表达。语句以比、兴见长。小节重复和节拍重复频繁，具有典雅、古朴之特点。如《十五的月亮》、《佛珠歌》、《土尔扈特哈那胡拉根思》等都表达民众笃信佛祖会保佑天下太平的虔诚心态。《十五的月亮》歌词如下：

十五的月亮啊，
柔美明灿灿。
愿观音菩萨保佑，
实现我们美好的心愿。

10. 蹦布尔江　蹦布尔江是西蒙古民歌中一种特有的表现形式。曲调简洁明快，易学易唱，最初诞生于小孩子的游戏中。据说，孩子们做丢手绢游戏时，一边跑，一边唱有节奏的象声词蹦蹦呛、蹦蹦呛，因而得名。因为曲式活泼，易于学唱，很快地大人小孩们都喜欢上了它的节奏。再后来，人们欢聚时，发现蹦布尔江音乐朴实活泼，热情奔放，舞蹈节奏性强，特别适合边歌边舞，于是，在跳萨吾尔登时，便有了蹦布尔江的加入。如比较典型的词曲有：

门前的黄狗真厉害呀蹦布尔江，
丢块干饼哄哄它呀蹦布尔江。
乘它啃饼的空子呀蹦布尔江，
我赶快跑进你的家蹦布尔江。

第二节　萨吾尔登乐舞及器乐

一、萨吾尔登乐舞

西蒙古人热情好客、能歌善舞，无论是家宴，或是婚礼、春节东喜庆日子，都要载歌载舞，热闹一番。南路土尔扈特、和硕特蒙古族民间舞蹈有着独特的艺术魅力和浓郁的民族风格。他们是在反映本民族游牧劳动的基础上产生的，主要致力于反映本民族的生产劳动和生活起居。最具代表性的舞蹈为萨吾尔登。萨吾尔登的含义，据土尔扈特舞蹈家，新疆歌舞团原舞蹈演员尼·布泰研究，认为："萨吾尔登是'萨吾那'的意思，是卫拉特方言，意思是弹动，其词来源于马在大跑的时候，头上下弹动。"一首歌唱骏马的西蒙古民歌中就唱道这样一段："您有弹动着马头跑来的灰马，您有日夜思念着的亲朋好友。"

萨吾尔登的舞蹈主要表现人们在劳动生产和日常生活中的动作、情感以及动物、自然景象等。在模拟生活的同时，伴随音乐做到形神兼备，富于表达。特别是在"托布秀儿"乐器的伴奏下，随着不同的节奏，变换舞姿。萨吾尔登分男、女独舞，混合舞等，是巴州众多蒙古舞蹈中极具代表性的一种。因其将歌、曲、舞三位一体完美结合而独树一帜，引人注目。

姑娘萨吾尔登

托布秀尔弹唱艺人

“萨吾尔登”舞蹈是千百年来广大牧民在生产生活中总结提炼出来的，并在代代相传中不断发扬光大，是蒙古族舞蹈中的一支精品。因其主要表现为手臂、上身动作活跃，尤其是手、锁骨、肩膀的动作比较自由，下身动作少，双腿始终保持弯曲，成半蹲状态，对舞蹈场地要求不高，并且便于互相学习和交流。因而“萨吾尔登”舞蹈是一种在蒙古包或与此相似的小面积中发源和跳动的舞蹈。

从中可以看到卫拉特蒙古人的歌曲很早就有了大发展。也证明精通弹琴、胡尔的人特别多。这也进一步说明弹托布秀尔、胡尔是卫拉特蒙古的牧民创作的乐曲。历史记载，13 世纪的众多蒙古人聚在一起拍手娱乐的同时踏地跳舞的事。

《蒙古行记》中记载着户主开始喝酒时，一个佣人（哈）一声就奏乐，人们跟着旋律起舞，不分贫富，男男女女都在大汗面前跳舞。其实，卫拉特蒙古人，尤其是蒙古族聚会时，一直保留着唱起“萨吾尔登”之曲，不分男女老少一起跳的习惯。歌曲唱道：

像浪打着河岸一样，
苗条的少女在尽情地跳舞。
弹起萨吾尔登乐曲，
美丽的姑娘在尽情地跳舞。

蒙古族在唱歌跳舞时，通常跟着节奏拍手拍脚，快活地配合，以增加热火朝天的气氛，同时，也弥补有时无乐器伴奏的缺陷。拍出节奏，会调动歌者和舞者的情绪，从而把盛会推上高潮，这是古代蒙古民族文化的传统习俗。因为，原始社会所有的生活——狩猎、舞蹈文化等，都由手脚的动作来指挥，调整节奏，统一步伐。由此可以推断，萨吾尔登是西蒙古人，特别是土尔扈特、和所特蒙古族喜爱的一种古老的艺术形式。它的动作韵律和力度，明显地体现了蒙古民族彪悍、豪放和坚忍不拔的性格。

而对于萨吾尔登舞蹈的种类，众说纷纭，莫衷一是。有专家认为有与 12 种曲目相应的 12 个同名的萨吾尔登舞。①

巴州蒙古人中流传的“萨吾尔登”舞蹈究竟有多少种？有人说，“萨吾尔登”舞蹈有 40 种。还有人说有上百种，甚至有人认为它是千变万化的，不是用数字可以表述的。近些年来，巴州歌舞团音乐编导尼满才仁利用业余时间，进行调查，搜集到了 30 多种“萨吾尔登”舞。初步归结为 12 个类别，而每一种类别中又包括很多小分支。卫拉特著名的史诗《江格尔》中多处可看到有关“萨吾尔登”舞的记载。如：圣主江格尔可汗举行盛大的酒宴 80 天，摆设丰盛的酒席 70 天的时候，针对他的酒宴主持人明岩有这样一段描写：江格尔故土的 12 名曲辕将 12 支歌子伴奏/引吭高歌辕翩翩起舞袁双双对对辕磨肩蹭袖袁叉腰抖肩噎噎。这个描写正是野萨吾尔登野舞蹈的动作，而且恰恰吻

① 《卫拉特蒙古简史编写组》《卫拉特蒙古简史》第 5 遍，第 379 页。

合与野萨吾尔登野舞蹈撑腰尧灵活用肩膀，尧上身动作自由尧脚步动作少的特点。《江格尔》中还写有这样一个描写：圣主江格尔可汗的身边/纷纷涌入/你唱我合歌声悠扬，拉起四胡/统一舞步……

从中可以看到卫拉特蒙古人的歌曲很早就有了大发展。也证明精通弹琴、胡尔的人特别多。这也进一步说明弹托布秀尔、胡尔乐曲是卫拉特蒙古的牧民创作的。历史记载，13 世纪的众多蒙古人聚在一起拍手娱乐的同时踏地跳舞的事。

《蒙古行记》中记载着户主开始喝酒时，一个佣人（哈）一声就奏乐，人们跟着旋律起舞，不分贫富，男男女女都在大汗面前跳舞。其实，卫拉特蒙古人，尤其是蒙古族聚会时，一直保留着唱起“萨吾尔登”之曲，不分男女老少一起跳的习惯。

蒙古族在唱歌跳舞时，通常跟着节奏拍手拍脚，快活地配合，以增加热火朝天的气氛，同时，也弥补有时无乐器伴奏的缺陷。拍出节奏，会调动歌者和舞者的情绪，从而把盛会推上高潮，这是古代蒙古民族文化的传统习俗。因为，原始社会所有的生活——狩猎、舞蹈文化等，都由手脚的动作来指挥，调整节奏，统一步伐。由此可以推断，萨吾尔登是卫拉特蒙古，特别是蒙古族喜爱的一种古老的艺术形式。

而对于萨吾尔登舞蹈的种类，始终有很多争议。任何民族的艺术在代代相传中，都是传承和发展的过程。随着社会变迁、朝代更迭、异族文化渗透、民众意识和认识的变化，有些东西被减弱或增强是必然的。但是，在不同的生产劳动、不同的生活规律中，地方性方言的称呼不管怎样变化，但不会失去自身特定的含意和特点。舞蹈也是如此。

巴音郭楞蒙古自治州蒙古人中流传的“萨吾尔登”舞蹈究竟有多少种？民间观点很多。特别是近年来，国家加大了对非物质文化遗产的保护力度，人们对于“萨吾尔登”这一古老的民间文化遗产，像发现新大陆一样好奇。一时间，对萨吾尔登的种类众说纷纭。有人说，“萨吾尔登”舞蹈有 40 种。还有人说有上百种，甚至有人认为它是千变万化的，不是用数字可以表述的。任何事物都有自身的规律可循，只要做有心人，潜心于其中，必然有所收获。多年来，巴音郭楞蒙古自治州歌舞团音乐编导尼满才仁老师，利用业余时间，多次深入到萨吾尔登舞蹈较为盛行的乡村，进行调查，搜集到了 30 多种“萨吾尔登”舞。通过长期与民间艺人交流，对大量资料从内容、旋律、特征、共性与个性等方面进行分析后，初步归结为 12 个类别，而每一种类别中又包括很多小分支，并且就萨吾尔登舞蹈的 12 种说法进行了研究和探讨。这 12

个类别分别是：

1. 爱来德比里格萨吾尔登，“爱来”是一种叫鹞鹰的鸟，“德比里格”是展翅的意思。这种萨吾尔登是模仿鸟儿飞驰的动作。

2. 交热哈尔萨吾尔登，即“黑走马萨吾尔登”。舞姿是模仿马的动作，其乐舞就是歌颂自己的坐骑——黑走马的。

3. 托步肯萨吾尔登，“托步肯”是稳重的意思，即慢布萨吾尔登。

4. 呼尔登萨吾尔登，“呼尔登”是快之意，意为快步萨吾尔登

5. 哈努村萨吾尔登，“哈努村”意为“袖子”，此乐舞又称为霍尔曼萨吾尔登，“霍尔曼”即袍边之意，其舞曲就是赞美穿着美丽袍子的姑娘。

6. 乌孙乃多里干萨吾尔登，“乌孙乃多里干”是水浪的意思。是一种模仿自然现象的舞曲。

7. 索伦萨吾尔登，“索伦”指达斡尔族，此舞姿可能受了达斡尔族舞蹈的影响。

8. 锡伯德里邓萨吾尔登，“锡伯”指锡伯族，“德里邓”是口风耳之意，意为“像锡伯人住的那种似口风耳的小房子。”就是说这种舞步适合小的场地。

9. 乌邓萨吾尔登，“乌邓”即房门，就是在蒙古包里跳的意思。

10. 杜尔冬萨吾尔登即“绸巾萨吾尔登，”是男女双人舞。

11. 敖热里特噶萨吾尔登，“敖热里特噶”即“缠绕”之意，跳该萨吾尔登时，手上下环绕，左右摆动。

12. 乌如克特可萨吾尔登，“乌如克”是灰褐色的意思，“特可”是山羊的意思。

从内容上讲，几乎每一个萨吾尔登乐舞都有一个故事。过去，新疆的喇嘛教寺院里曾有跳神舞，一般在寺院内的特定场地上表演。这种跳神舞，宗教迷信色彩甚浓，其气氛紧张，动作疯狂，情绪恐怖。

二、托布秀尔器乐

土尔扈特、和硕特蒙古古典音乐、民间乐器与其他蒙古部有很多相似和相同之处。但由于地域差异，又有着浓郁的地方特色。距清代志书《西域图志》记载，西蒙古的乐器主要有：二弦曰图布舒尔（同托布秀尔，引用者）、筝曰雅托噶、胡琴曰伊齐尔呼尔、提琴曰披帕呼尔、口琴曰特木尔呼

尔等等。①

土尔扈特、和硕特部早在西迁伏尔加河流域之前，托布秀尔（图布舒尔的音译）已是他们欢庆娱乐的必备乐器。托布秀尔属我国北方古代游牧民族中所流传的木质短颈拨弦乐器的后裔。但在形制和演奏方法方面，又有着鲜明的个性和特点。

托布秀尔弹拨乐器的琴身用樟木、榆木或沙枣木挖槽而成，上蒙木面板，面板中部掏有一个圆形共鸣孔或三个品字形共鸣小孔。琴杆上细下粗，无品位。杆首有两个琴轸分置两侧。杆身和琴身可以雕刻或涂绘各种精美的图案。琴弦用秋季宰杀的山羊细肠制成。整个琴长度约为70厘米~80厘米不等，造型美观，携带简便，音色优美浑厚，特别适合于蒙古牧民的游牧生活，因此深受牧民喜爱。

在全疆各个地区、各个部落蒙古族牧民中流传得十分广泛。托布秀儿产生的确切年代目前已无从考证。关于它的由来，在土尔扈特民间有着这样一个传说：很久以前，一个放牧的土尔扈特青年为找一根合适的搅动酸奶的木棍，到森林中去寻找。恰在这时，他听到树上传来一种奇怪的声音。寻声望去，发现树身上一个大洞口恰好挂着几缕马尾，被风吹得呜呜直响而且非常有节奏。回家后，他砍树削木，掏音箱，挂上马尾弦，轻轻一拨，发出了清脆的声音。就这样，第一把托布秀儿诞生了。故事虽不能证实托布秀儿产生的确切年代，但却再次说明，任何民族的民间乐器都来源于生活，出自劳动者之手。② 托布秀尔的演奏技法与舞蹈伴奏的功能紧密相关。它主要用于伴奏萨吾尔登，还为民歌及《江格尔》说唱伴奏。从托布秀儿乐曲来看，曲调都比较简单。

三、其它音乐

土尔扈特、和硕特蒙古人在音乐上也不断学习和借鉴其他蒙古部落的优秀文化艺术成果。他们对马头琴、四胡、古筝、笛子、二胡都十分喜欢。此外，史诗《江格尔》中多次提到的阿盖的91根琴弦的银胡、82个琴码的金

---

① 《西域图志》卷之40，见钟兴麒等校注《西域图志校注》，新疆人民出版社2002年版，第521－522页。

② 纳·巴生：《新疆卫拉特蒙古族古典音乐简介》，巴州政协文史资料委员会编《巴州文史资料》第9辑，第207页。

琴、和着金琴的旋律奏起马头琴。① 说明史诗《江格尔》与传统的弹拨乐器相互间的作用与密切关系。总之，任何一种文学艺术形式都不是独立存在的，它必须建立在生活之上，同时又在借鉴、吸收、融合的基础上形成自己独特的风格。土尔扈特、和硕特蒙古音乐、歌舞也不例外。

第三节　语言文字和民间文学

一、语言文字

蒙古族分布地域广阔，各地相距遥远。自元朝灭亡后，其曾趋于统一的方言土语经历几百年的沧海桑田，又分裂开来，逐渐形成多种方言。我国蒙古语有内蒙古（中部）、卫拉特（西部）和巴尔虎布里亚特（东部）3 种方言。尽管如此，蒙古族各地语言的一致性很强，方言之间的差别并不悬殊，大同小异。

新疆的蒙古族使用托忒文。托忒文是在回鹘式蒙文的基础上建造的，创建人是和硕特部的著名高僧咱雅班迪达。托忒文与回鹘式蒙文不同的是元音字母有所增加，4 个圆唇音各有自己的字母，区分的清楚，而且长元音有专门的符号表达，辅音字母根据卫拉特方言的语言系统有所增加。因此托忒文能够比较清楚的表达卫拉特方言的语音，文字更接近口语。故卫拉特人把这种文字成为托忒文，以为明了、清楚的文字。

长期与哈萨克族、维吾尔族、汉族等各族人民频繁的交往中新疆蒙古人不仅在自己的语言中吸收了这些民族的词汇，而且有不少人兼通这些民族的语言。

二、民间文学

1. 英雄史诗　蒙古族英雄史诗很多，而诞生并流传于卫拉特蒙古的《江格尔》最为宏伟。这部史诗以蒙古族原始公社和奴隶制交接期的社会生活为背景，生动地叙述了北方天堂——阿鲁宝木巴地方以江格尔为首的 12 名雄狮般的英雄以及 60012 名勇士，不断同侵犯和掠夺他们家园的敌人进行英勇斗

① 色·道尔吉译《江格尔》，人民文学出版社 1983 年版，第 225 页。

争的故事。该史诗热情歌颂了他们反抗外来侵犯的正义事业和不屈不挠的英雄主义精神。史诗中融合穿插了古代民歌、祝词、赞词、格言、谚语等民间文学形式，具有雄浑气势和音乐格调。而且在《江格尔》中，远古卫拉特人的文化生活、武器、建筑艺术等内容得到了较好的反映。它是一部纯真的民族史诗。

作者之一吐娜（右一）与《江格尔》传承人（中）交流

据有关统计资料，在新疆，《江格尔》的当代说唱艺人“江格尔齐”（即江格尔演唱家）有 106 名。① 各个部落都有自己的江格尔齐。在巴音郭楞地区也如此。所以说《江格尔》也是土尔扈特古典音乐的重要组成部分。在草原上无论是王公贵族还是贫民都喜欢听《江格尔》的演唱，尤其是在婚礼、祭敖包等大型的喜庆和祭祀活动中，《江格尔》的演唱是必不可少的。说唱《江格尔》不仅仅是蒙古人的一种文化娱乐活动，更主要的是主人公江格尔的英雄事迹能够鼓舞人的士气，是重要的精神食粮，因此“江格尔齐”在新疆蒙古人种很受尊敬。

此外，还有《格萨尔传》。它是一部蒙古族著名的长篇英雄史诗，最早脱胎于藏族史诗《格萨尔王传》，大约在 16 世纪前后传入蒙古地区，后又传入西蒙古，成为土尔扈特、和所特等蒙古部落一部独立的书面文学作品。数百年来，这部歌颂格萨尔除暴安良英雄业绩的巨著，虽然历经封建统治者的禁毁，却依然以多种手抄本形式在民间广为流传，甚至被牧民们奉为消灾除祸的经典而传诸后代。

---

① 《江格尔》（三），内蒙古古籍整理办公室、新疆民间文艺家协会编，内蒙古科学技术出版社 1996 年版。

英雄江格尔

《祖乐阿拉达尔汗传》，是西蒙古仅次于《江格尔》和《格萨尔》的英雄史诗，约有 17 万字，3500 余行。其内容反映的是祖乐阿尔达罕英雄三代人与来犯之敌——凶恶的蟒古斯进行英勇搏斗，最终获胜的神话故事。

2. 民间故事　巴音郭楞土尔扈特、和硕特地区流传的蒙古民间故事，主要分 7 种，一是英雄人物的传说。如《玛孜恩巴特》《尕勒登巴》这些在卫拉特蒙古历史上有名的人物，常常被神化、英雄化。二是与历史事件有关联的故事。如《色忒尔加夫》反映了土尔扈特部在伏尔加河时与准噶尔部联姻的故事。《乌依图麦尔根泰姆纳》是文成公主嫁松赞干布故事的变体。三是地名的传说。如《博格达山的传说》、《阿尔仙温泉》等，都是与当地地理风貌有关的。四是智慧类故事，反映人们在生产生活中机智应对各种难题的故事，如《聪明媳妇》《小阿拉克奇》等。五是神话传说，主要以扬善除恶，因果报应等伦理道德为主。如《阿英达与巴英达》、《医生曼吉与卜卦漫记》。六是寓言故事。最有代表性是广为流传的《喳喳鸟的故事》、《山羊和绵羊的故事》。这些故事都是随着时代和事件的发生发展，通过人民群众口口相传，不断演绎，又呈现出与现代生活紧密相关的内容和情节。

3. 谚语格言

西蒙古的民间文学中还有大量的谚语格言，土尔扈特、和硕特部也如此。其范围是颇为广泛的，从做人处世的伦理道德到自然界和社会政治方面，无所不包。其言简意赅，教导言行，富于形象，含蓄隽永，耐人寻味，历来深受人民群众的喜爱，成为人们行动的座右铭。例如："父兄好能使晚辈找称心如意的情侣，晚辈好能使父兄昂首挺胸做人。"显然，这里所谓的"找到称心如意的情侣，使父兄昂首挺胸做人"的重要条件，就是要看父兄的恩情，晚辈的美好品德。蒙古族极为重视敬老爱幼的美好品质，正确处理父母、兄弟以及子女之间的关系，看做在社会上同他人交往的重要准则。又如："骏马为主人出力，好汉为家乡出力。"我们从这则格言可以看出蒙古族是极为推崇人的有所作为的，而且把人的作为纳入到或提高到为家乡、为社会有所作为的原则高度，这亦包含着人生价值的审美观念。

第十四章

巴音郭楞蒙古族生活习俗

新疆土尔扈特、和硕特蒙古人的生活习俗与我国其他蒙古部落既有许多相似或相通之处，又有属于自己的文化传统。由于土尔扈特、和硕特东归后，清政府将其分别安置在不同的地方。因同维吾尔、哈萨克、汉等民族杂居200余年，随着历史的变迁，民族风俗习惯却有不同程度的改变。牧区土尔扈特、和硕特蒙古仍保留着普遍认可和遵循的一些传统生活习俗和风俗习惯。

第一节　衣食住俗

一、居住习俗

土尔扈特、和硕特人自古以来过的都是逐水草而居的游牧生活。在过去的年代里，他们的居所大多以毡房为主，即人们俗称的蒙古包。“包”是满通古斯语，意为家。而西蒙古人不这么称呼，他们将由天窗、包顶、围架、门等4大部分构成的全架型的，称之为“拜热格尔；”还有是一种极其简陋的，只有包顶和天窗的伞状构造的毡制帐篷，称为“角鲁木格尔”，它是贫穷牧民或者转场时为携带方便使用的一种简易帐篷。而相对于山区的牧民来说，处于定居或半定居的牧民，以及汗王、各部落首领们和僧俗封建主居住条件更为稳定和优越。他们冬季大多居住在以土木结构为主的房子里，也有少量砖瓦结构的。

拜热格尔（搭建的房子），它是蒙古人在千百年的游牧生活中实践出来的一种科学、方便、可移动的房屋。因其圆形结构，在风雪中受阻力最小。不积雪，下雨时不积水。门方而小，紧接地面，寒气不易侵入。蒙古包的顶端有一个直径60厘米－90厘米的圆天窗。天窗上有活动的毡盖。白天打开，刮风下雨、下雪时或晚上盖上。

转场时搭建蒙古包

传统的蒙古包

西蒙古搭建毡房也讲究风水。门一定要向着东南，即太阳升起的方向。蒙古包内的陈设视家庭经济状况而定。条件一般的牧民一家共住一座毡房。睡觉的地方铺牛羊皮或地毡，晚上再铺上被褥。条件好的人家，拥有几个包，大人和孩子可以分开睡觉。房内的摆设也较讲究。右边摆放被褥衣箱及日常用品，左边安放橱柜、奶桶、水桶等厨房用具，中央是炉灶，如果足够宽敞，条件好的人家会再摆一张或两张床。

冬天扎包时，一般选择山湾或洼地。这样，一是牲畜饮水方便，二是可以躲避风雪侵袭。夏天扎包时，一般选择地势较高且平坦的地方，可以通风、防雨水冲击。春秋季节选址，以水草丰茂、易于采光和转场为主。

二、服饰习俗

1. 袍子　年轻男女的衣着式样款式很相似，都是长袍，卫拉特方言统称为“拉布锡克”。右开襟，不开衩，袖长而窄。高领，袖口、领子、袍边都包边，但不绣图案，都系腰带。北方诸游牧民族的长袍虽然有相似之处，但蒙古族的长袍却有自己的独特的款式风格，这就是右衽式长袍。

逐水草而迁徙的北方游牧民族，其衣着打扮都不能脱离当时社会的生产生活和风俗习惯。但是，在有关历史文献中，把蒙古民族所穿长袍的基本款式写成“右衽”，这是13世纪以后的款式，也可称之为蒙古民族服饰史上的一大创造。不过在元代出土文物中，偶尔也能发现左衽长袍。这种古老款式，在土尔扈特蒙古人的儿童与妇女身上一直流传至今、现代。

少女的服饰

土尔扈特、和硕特老人服饰以简洁、宽松、保暖为主。家居服一般以棉布为主。已婚女性服装比较宽大，没有腰身，以蓝色、咖啡色、紫红色或深色碎花为主。男性服装除儿时略有不同，其他年龄段上的款式基本没有太大变化。风格上与其他蒙古族很接近，以蓝色、紫红、咖啡色为主，要求袍子宽大，平袖宽口，用约三四米长的整条黄、绿绸作腰带，重大节日或出门做客时，多穿绸缎或袖口领口有绣花或包边的长袍。

土尔扈特、和硕特女子婚后穿着的袍子很多，但非常讲究，带有礼服性质只有一种——阿木太德布勒（蒙语意为古装）。它们是土尔扈特服饰的形象代言人，袍上的各种饰物都有专门的作用和名称。从头到脚几乎完美。

因此，已婚妇女的服饰与其他地区的服饰相比，显得简便而雅致。他们穿这种华丽的袍服是不用系腰带的。蒙语叫布苏郭，既没有腰带之意。因为女人婚后生育，形体大多会丰满。

中年男人们的装束更注重功能性。这同部落历史、自然环境和原始狩猎、游牧、征战等生产生活有着密切联系。土尔扈特男子长袍的款式特点为领口一道扣袢儿、大襟两道扣袢儿、腋下一道扣袢儿，共计四道扣袢儿。肥大的袍子，除骑马放牧中能护膝防寒以外，夜晚还能当被盖。细而长的袖筒，在骑马持缰时冬防寒，夏防蚊虫。

土尔扈特、和硕特人冬季放牧和野外活动时都穿皮棉衣。一般采用毛厚的狼皮、雄性绵羊皮等制作而成。

《卫拉特蒙古法典》里还反映着服饰的等级，有上等、中等和低等服饰。

土尔扈特蒙古人有这样一句话：可以没有牛羊，但不能没有灵魂和服装。辗转颠沛的迁徙生涯不仅铸就了蒙古族坚韧、勇敢的民族个性，也丰富了他们的民间文化。土尔扈特、和硕特服饰中，女子的服装远比男人讲究得多，形式变化也丰富得多。青年服饰分已婚和未婚两种，这里重点说的是未婚少男少女的装束。

现代蒙古民族服饰，虽然出现了改革创新的局面，但在款式风格、服饰种类等方面，仍保持着蒙古民族服饰固有的传统风格和地区特色。

2. 帽子、靴子、腰带　妇女戴的普遍的一种称为脱尔次克的圆顶小帽，帽上有绣花和珠宝装饰。有钱人家用宝石、金银铂片装饰，普通人家用丝线绣上各种美丽图案。帽顶上要有红色的丝穗装饰飘带。姑娘戴时，穗带长至脖子下面，而媳妇要长及腰部。

辫袋是用来装辫子，保持干净卫生，上面的绣花端庄又典雅；腰部的小绳扣，还有肩胛下美丽的小扣子——不单单是让服装漂亮起来，还是挂香包、手绢、针线的好去处。土尔扈特姑娘梳独辫式头发，已婚妇女梳左右两条辫子，将它装在发套即可。帽子现今能挖掘到的有 7 类，即：男人帽、哈敦（官太太）帽、妇女帽、姑娘帽、新娘帽、小孩帽、喇嘛帽。这些帽子中，最尊贵的当数男人帽！男人帽女人不可以随便丢弃，因为这都是对男人极不尊重甚至是污辱男人的行为。男人的帽子自古以来，蒙古民族视冠饰为极尊贵之物，有大忌人触著称，认为人之首是智慧之源，应当至高无上。土尔扈特男子戴的托尔次克帽。正面有别具风格的钱形图案，帽顶有红色顶结。冬季戴的托尔次克帽子左右有相称的大帽耳，前后有相称的小帽耳，帽耳上钉水獭皮或貂皮。夏季托尔次克无帽耳、冬夏季托尔次克帽均有系带。

平素牧区妇女一般不戴这种很正式的帽子，多用红绿等色的长绸把头缠上或者戴自己绣制的方巾。

3. 靴子　土尔扈特、和硕特人十分钟爱靴子，他们称之为郭森。靴子主要分皮靴和毡靴两种。皮靴做工精细，靴帮靴面等处都有精美的图案。毡靴多用羊毛制成，穿起来柔软、轻便。毡靴又叫查日尕，是牧区男女冬天普遍穿用的一种鞋。皮靴多用牛皮、马皮或鹿皮制成，结实耐用，防水抗寒性能好。其式样大体分靴尖上卷、半卷和平底不卷三种，分别适宜在沙漠、干旱草原和湿润草原上行走。

靴子分为大人、小孩子和幼儿几种类型。以保暖、出行方便、美观为主。因在伏尔加河流域生活过近一个半世纪，也受到俄国时期服饰的影响。

4. 腰带 是穿蒙古袍子时必备的物品。所束的宽厚的腰带，无论骑马、步行，既稳当又防寒，且能保护内脏不受颠簸。腰带有布料和绸缎两种质地，颜色和袍子相协调。男子系腰带要在后腰两侧垂有一尺长的打结穗子。袍子上扎腰带，为的是骑乘时，保持腰椎骨稳定垂直，同时冬季可以保暖，夏日可以防蚊。

妇女一般不系腰带，只有出门、骑马时才系腰带。但进蒙古包时必须解下腰带，把它挂在蒙古包西侧围绳上，以表示对老人的尊敬。而未婚女子穿袍子一定要系腰带。

有一首土尔扈特民歌，赞美服饰的，歌词大意为：

深黑色的托尔次克像地球一样圆又圆，
绕着它的托克鲁斯（指长丝穗）
在头顶上飘闪。

大领襟的蒙古袍，
是祖先们的衣衫。
远亲近亲相互往来，
是祖先们的习惯。

明青缎子的腰带，
随着衣襟飘闪，
赐予万物美好的祝愿，
是蒙古人的习惯。

三、奶制品

1. 奶食品　西蒙古人自古以来是以游牧为生，主要生活来源是畜产品。其中的奶制品是土尔扈特人饮食中不可缺少的食品。奶制品是以牛、马、羊、骆驼等五畜的奶炼制成的。有奶酪、奶皮、酸奶、奶乳、酥油、奶豆腐、奶酒等，每种奶制品都有不同的做法、不同的味道和丰富的营养价值。

卫拉特方言称其“查干伊德”，即“白食”之意。奶汁，不仅是土尔扈特人生活中的一道主要饮品，而且制成的食品，也成为主食的一部分，因而又分食品和饮料两大类，这是牧民们千百年来对生活的一种创造和总结。

在所有奶制品中，酥油、奶皮子为牛奶中的精华，具有独特的纯香味，营养丰富，最为贵重。用其蘸馍或者加点奶茶、炒米，是招待贵宾的佳品。酸奶豆腐（称为阿豆莫克）、奶酪（称为浩尔莫克）是奶制品中最多最普通的食品。

2. 奶饮品　奶茶是蒙古人最喜好饮的饮料，称其为乌苏台查，一日三餐离不了，特别是早餐就称为喝茶。做法一般是先将砖茶捣碎，放入烧开的开水茶壶或锅中熬煮一会，然后加入新鲜的牛奶或山羊奶。用时通常加少许盐。奶茶分黄油茶和奶皮子茶等种类。

酸奶称为艾日格，是用羊、牛的鲜奶发酵制成。酸奶有两种，一种是用小麦和大米发芽，磨成面晒干后倒入鲜奶中，保持一定温度，发酵为酸奶；另一种是把鲜奶烧开后，待温后，倒入一些的酸奶曲，发酵为酸奶。

奶酒称为萨林艾日赫。首先，将新鲜的牛奶进行发酵后，放入锅内蒸馏后即酿成透明醇香的奶酒。这是蒙古人在长期的游牧生活中做酒的一种传统酿造术。奶酒有两种做法，一是木管酿制，另一种是木桶酿制。一般情况下，用木管酿的酒比木桶酿的酒浓烈。这种饮料酒精度不高，有驱寒、活血、舒筋、补肾、消食、健胃等效用。

马奶子称为其格，马奶子虽营养丰富，但人不能直接饮用，需要进行发酵后才能饮用，所以又称马奶酒。饮后不仅营养价值高，而且具有清肺、润肺、软化血管等药用价值。

包次是土尔扈特、和硕特人喜爱的一种饮品，相当于南方人的米酒。做包次有两种，一种用奶做，另一种是用粮食做。粮食做比较复杂，一般是在过年前后才做。用小麦、大米或玉米、小米等放进自制的木桶中捣碎后发酵而成。

四、肉食

1. 羊肉是土尔扈特、和硕特人最普遍，也是最喜爱的食品。羊肉的吃法有十几种，常见的有顿手抓肉、羊背子等。手抓肉的做法是：将全羊切成若干块，白水下锅，除了盐不加其他佐料，煮沸片刻后就起锅。肉香味美，鲜嫩异常。前一天吃剩的肉，第二天早晨喝茶时，泡在茶内吃，别有一番风味！此外，炒着吃。

2. 牛肉一般也是煮手抓肉。西蒙古人讲究冬季宰杀牛，牧民们将不能越冬的牲畜和准备淘汰的牲畜，经过育肥后宰杀，一部分埋进雪堆中储藏，作为冬食。牛肉还用来做包子、饺子吃。巴音布鲁克牧区的牧民冬季几乎家家都宰杀一头牦牛，吃到来年的开春。其他如鹿、兔、野羊等，都是土尔扈特、和硕特人喜爱的肉食。

3. 风干肉，称之为“包儿楚”，是牧民储备食物的一种方法。每年夏、初秋季节制作。因为这个季节天气比较暖气，肉不好储存，就把宰杀的羊肉割成长条，抹上盐，晾晒在专门搭设的支架上，风干后储存起来。又是牧民转场或走远路时很好的干粮。

4. 马肉　土尔扈特、和硕特人一般不吃马肉。但在高寒牧区的冬季，也有宰马食肉的。鸡、猪等牲畜，牧区一般不养，多在农区或半农半牧区饲养和食用。

节日食品

虽然人们的生活水平提高了，餐桌上食物极为丰盛，但在牧区，人们仍习惯于以奶食肉食为主。

五、面食

新疆蒙古人的主食主要是面条、米饭、那仁、饺子、包子、烤饼、油饼等。

1. 面食有汤面、揪面、拉面、炒面等等。而蒙古汤面与其他民族有所不同。面要擀得硬、薄，要用羊肉汤下面。面熟后切一些熟羊肉丁洒在上面，放点盐，不放其他任何佐料，原汁原味。

受汉族及维吾尔族饮食影响，米饭已成为农区和城市土尔扈特、和硕特人主食，牧民也十分喜爱。吃法大致相同，有白米饭、抓饭等。

2. 馅饼是一种风味面食，牧区的人们喜欢用牛羊肉，加上新鲜的野菜，配以盐做成馅，加面皮制成馅饼，用油煎熟。烤饼是将面发酵制成，如同回族的“锅盔”。是农牧区土尔扈特、和硕特人家中常做的食品，也是必备食物，他们成为哈布特哈包尔莰克。

3. 油饼、油果也是土尔扈特、和硕特人喜爱的食品之一。油饼是用发酵好的面擀成小饼，上面开几个小口，用清油、动物油炸制而成，称为才里别克。过年和祭祀活动中，还把面做成马、鹿、羊、骆驼、松树等样子炸制，摆在5个油饼上面，敬献佛祖，祈求一年风调雨顺、六畜兴旺。油果子是把面擀成指头大小不同形状的小块，放入油中炸制而成，称为查木胡克。配以奶茶味道很不错。多作为早点或待客小食品。

4. 炒面，西蒙古人称之为塔勒恒，是将青稞和麦子炒熟后磨成的面粉。伴以奶茶和黄油吃。炒米，即用黄油炒小米。

第二节　礼仪、诞生礼、婚丧嫁娶礼

一、礼仪习俗

1. 行长辈礼、问候礼　热情好客、尊重长辈是蒙古人历来遵循的传统美德。特别是对父母，一向十分敬重。宴席上唱歌敬酒要从年老者开始。在家里和部落里遇到难事，要向老人请教。孩子见到父母时要行礼问好。向父母问候时，儿子要左膝挨地，两手伸开问：“父亲您好”、“母亲您好”。女儿要左膝挨地，两手放在左膝上问候。向叔、舅等长辈及有声望的人问候时也如此。而长辈们接受晚辈问候后，一般要回问：家中大人孩子都好吗？牛羊都好吗？冬天过得好？春天过得好吗？

看到长辈或有声望的人来，要戴帽子出门迎接、问候，并把客人的马鞭接过，马拴好。女人不能坐在上首，不能随便把男人的帽子抓来扔去，出门时，女人不能抢在男人前面，拜佛行礼时要先男后女等。

亲戚、朋友、客人等见面时都要热情问好。就是见到邻里也要相互打招呼说：哪里去呢？在干什么呢等。见人不主动打招呼是不懂礼貌的表现。

告别时，要让年长的人先出门，主人要亲自送到门外话别："请走好"、"再见"等。如果留宿客人，主人要热情招待，把客人的物品、车马安置好，不能丢失或损坏。早晨走时要提前把客人的车马物品备好，并送客人上路。

2. 待人接物　骑马拜访别人家，快到门前要勒马减速，从蒙古包的左边过来，绕到右边离房子不太远的地方再下马。如果直接骑马冲到门口或从右边过来，会被视为不懂礼貌、给人家带来不吉利，或者是来寻衅闹事的，不会受到欢迎。

来客如手里有鞭子，下马时一定要放到马鞍下。或进房时要放在房门右边的毡下。一般情况下，马鞭、猎枪等是不能带进屋。进蒙古包时，要从门的左边进。到了包里一般是男坐右，女坐左，小孩坐在左前或右前。

蒙古人给人敬茶、敬酒或送物时，都是用右手或双手，身体略前倾。对方也要伸右手或双手接，用左手接送是不礼貌的。家里来客时，是不能问人家：你吃饭没有？吃不吃饭？只要有客人上门，就要热情奉上奶茶、摆上奶食、烤饼、糖果等，并且准备好主食请客人用。土尔扈特有句谚语："没有问人要不要吃的，只有请人吃。"

不管客人有无饮茶的习惯，土尔扈特人都要敬上一碗热茶。否则，就会受到人们的讥笑，被人认为不懂礼节："既无茶，也无脸。"

3. 待客程序

蒙古族是个热情好客的民族。家里来客人，主人要出门迎接。若是远道而来的老人或长辈，一定要早早迎上去，左手接客人的马，右手把马绑好后，请客人进屋、上座、问候、敬茶、敬烟。要烧新茶，放油饼、油果、奶制品等食物，一定要盛满。喝茶后，给客人倒酒、煮肉或做饭吃。为了让客人不感到寂寞，请几位朋友或邻居作陪。

如果是贵客光临一定要宰羊，给客人献羊头和尾。等客人吃得差不多时，主人根据客人的年龄大小、辈分前后等顺序，分别献不同的歌并敬酒。献歌时气氛十分热闹。要先把宰杀的整羊分割。肢解时，将肋骨一一分开。肉摆上桌后，客人要先动刀，首先将右后腿的整个前面一段献于佛前，然后食用。

男子互敬鼻烟壶

4. 做人要求　和硕特谚语中说：“脾气好的人家客人多，水草多的湖里鱼儿多。”自己有好品行，能跟人和睦相处，自然会赢得别人的尊敬和帮助。

土尔扈特、和硕特人把关心帮助他人当做自己义不容辞的责任，不管是亲戚还是朋友，都一样对待。平时谁家若有事，无论好事坏事，大家知道了都要主动去帮忙处理。有人生病了，要帮忙去找医生。谁家遭了灾，更要主动去帮助看牲畜，收庄稼。

他们家庭观念很强。两个人组成一个家之后，生活上相互照顾，遇事商量。比较注重子女的文化教育。旧时没有学校，会将孩子送到庙中跟着喇嘛学认字。他们常说，“一生钱财，不如一时的知识。”

5. 敬酒礼仪　酒与西蒙古人生活密不可分。快乐时以酒助兴，孤单时以酒做伴，欢聚时对酒当歌，悲伤时借酒浇愁，劳累时浅饮解乏，悠闲时小酌怡然。蒙古族之所以给人以能喝善喝好喝的印象，更多原因是来自于他们豪放的性格和艰苦的生活环境。因为生活在高寒地区，长期在野外游牧，需要用酒来取暖，以酒解乏提神。

西蒙古人虽然在日常祭祀、节日、喜事等活动中，会以酒助兴，但并不提倡甚至制止贪杯过饮。他们认为，过量饮酒不但会损害自己的身体，而且会影响他人安宁。也有不少土尔扈特、和硕特人不饮酒，并且是反对嗜酒的。与其他民族一样，酒文化在他们民俗文化中占有重要地位，并且具有独特韵味。

敬酒时还有一种尝酒的习俗，即客人接过酒抿一下后，会捧给座中长者或尊者，让其尝，尝酒者再抿一下给客人。客人回敬座中长者或地位比自己高的，表示尊者在先。

敬奶酒习俗

敬酒是要献歌，献歌时，一律以年龄大小排列，或者先唱给客人中年龄大的，再唱给职务比较高的人。对每个不同身份、辈分、职务的人，分别要唱不同的歌。

6. 献哈达　此礼是蒙古族牧民迎送客人和日常交往中使用的礼节。土尔扈特、和硕特人也不例外。献哈达时，将哈达对折，折口向着宾客。张开双手捧着哈达，腰略躬，吟唱吉祥赞歌，渲染敬重的气氛。客人微向前躬身，献哈达者将哈达挂于客人颈上。宾客双手合掌于胸前，向献哈达者表示谢意。

二、诞生礼

几百年来，以游牧为主的蒙古族人是经受了大自然无数考验，并且得到大自然的恩赐才生存下来的。蒙古人崇拜大自然的一切产物，热爱和保护着大自然，注意研究和发现大自然的细节和规律——这与蒙古人的传宗接代观念紧密相连，他们希望得到大自然的保护。土尔扈特、和硕特部也是如此。

1. 出生　土尔扈特、和硕特蒙古人盼望子孙的心情十分迫切，注重对子女的教育。家中人丁兴旺，五畜丰盈是老人们最开心的事。长辈们对新媳妇什么时候怀孕、什么时候生子十分关心。对媳妇是否怀孕很敏感，也很重视，一般不直接问媳妇，也不提醒晚辈们是否该要孩子，而是默默地从饮食习惯、日常行动上观察。有经验的婆婆会从日常生活的细节方面发现媳妇是否有身孕。一旦发现媳妇怀孕，马上制订妥善的关爱措施。对媳妇的饮食、行动、家务劳动等会做出相应的安排。从怀孕到孩子出生、说话，都有一套严格完整的照料计划，土尔扈特人称怀孕妇女叫“达布呼儿”，意为成双的。还有称“霍鲁宏德”，就是腿脚笨重，或是“他希儿”，也是双份的意思。若有人询问时，家人回答都是“阿其亚太”，即身体重了之意；“巴依儿太”意为有喜了。

2. 婴儿洗礼　土尔扈特、和硕特人对婴儿洗礼十分重视，认为这是人生中的第一次洗礼，也是对人尊重的仪式。从这一天起，婴儿就有了自己名字，成为家庭中的一个正式成员。

孩子洗礼的时间是以脐带脱落为准。当新生儿脐带脱落，产妇能下地活动时，孩子就可以洗礼了。家中要选一个吉祥的日子，请来喇嘛和左邻右舍、亲戚朋友，给婴儿洗礼，并征求喇嘛的意见后，给孩子起名字。

剪发礼习俗

洗礼时，婴儿的接生婆、舅母、女性中的长辈、邻居中年轻媳妇及小孩，都要带上礼物，如茶、酒、糖、小被子、衣服等来祝贺。

3. 剪胎发　土尔扈特、和硕特人认为，头发是从娘胎中带出来的，是高尚之物，不能随便剃掉。孩子一出生，胎发就一直蓄着。一般要等到3周岁，举行剪发礼才可以剃掉，牧民称之为“剪头发”。他们认为3岁是人生的重要发展阶段，此时孩子会说完整的话，开始有记忆，懂得辨认这个世界上基本的东西。

过去，牧民们认为，幼儿的胎发留得越长，寿命就越长，有的人家要等孩子长到5岁甚至7岁才剪胎发。

剪胎发仪式一般是在舅舅家举行，也有在自己家或者爷爷奶奶、外公外婆家进行的。一是比较隆重，仪式前，孩子的父亲要请喇嘛选择吉祥日，亲友也来祝贺，如同过节。

剪胎发这种礼俗，在土尔扈特、和硕特人中，从古至今，代代相传。虽然各部落间有自己的说法，但程序和祝词大致相同。

4. 上马背　在牧区，牧民家里如果生了男孩子，父亲就开始给他物色小马驹。孩子长到5-7岁时，要举行一个上马背的仪式，蒙古人讲究单数，一般是5岁或7岁。

上马背是蒙古人成长过程中，又迈上的一个新阶段。从骑上马背这一天起，他就有了属于自己的坐骑，可以与成人们一起驰骋于草原，辗转于冬夏，可以说是小牧人了。

上马背仪式也较讲究。父母请来亲朋好友，把孩子打扮一新，并将他的坐骑配上全新马具。在马鬃马尾上系鲜艳的毛线或者绸带，孩子上马后，牵着马教其骑马的要领。

三、婚俗

新疆蒙古族的婚俗是一部体现社会、经济、文化、音乐、风俗、饮食等方面的活档案。新疆地域广阔，蒙古族群众分居在天山南北的5个不同地方。200多年来，各部落或多或少都受到当地民族文化的影响，在婚俗上虽然大体相似，但又具有各自的特点。蒙古族平民是实行一夫一妻制。土尔扈特、和硕特贵族则可娶二房。自古实行氏族外婚制，严禁氏族内部通婚，更不允许娶本部落姑娘。婚姻由父母做主。父母把子女的婚姻看做是“一生中只遇见一次”的大事，十分慎重和讲究。土尔扈特与和硕特两部贵族之间互相通婚。

南路土尔扈特、和硕特婚俗从提亲定亲到娶亲婚礼，前后持续2到3年，还有孩子出生后，就定下婚的。

1. 提亲　提亲有两个程序：第一步叫定意向。土尔扈特、和硕特人认为有好母必有好女，有其父必有其子。所以，结亲不但要了解姑娘，还要了解其父母的做人行事。当得知某家的家教良好，女孩品貌端正，聪慧贤良，是理想的人选后，由男方父亲带一枚铜钱和一粒则提（即中药肉寇）亲自拜见女方父母。如果女方父母接受了这两样东西，就表示对这门亲事基本同意。

不收就表示不同意。被拒绝的男方仍然可作为近邻好友来往。这便是提亲，也叫定意向；第二步是问名。就是汉族旧式婚姻中的批八字。先问清女孩的生辰八字。土尔扈特、和硕特人信仰吉凶。要找懂星相术的喇嘛占卜男女命相是否相合或相克，或去寺庙请喇嘛念经来确定。如果属相相合，就托一媒婆去说亲。此间有一至两年的时间等待回音。媒人会时不时地以看看牲畜好不好为由，去女方打探消息，直至得到准信。

2. 定亲

土尔扈特、和硕特人称为哈达绢绫，就是送哈达之意。在间隔 1 到 2 年时间后，男方家准备好必要的物品，去跟女方家正式提出亲事。可以由叔叔、舅舅等长辈出面，女人不去。定亲的物品很有讲究，必须有哈达，还要用白布包上糖果、干果（葡萄干、红枣、桃子、杏子、麦子等不少于 5 种以上），珠宝玛瑙、银元、茶叶、打火石、羊髀石、子弹、树胶、皮条、一小碗大米或小米，全包在一起。还要带一个羊胸叉和 3 瓶酒（过去用皮酒壶）、5 个油饼。

定亲时的男方给女方家送的礼品

在土尔扈特、和硕特人婚俗的各个程序中，都用民歌对答。彼此要表达的心意、确定的事项、对这门亲事的意见等，都用歌传递，而且是用长调歌——一切情绪都在悠长的歌声中体现。

当女方接受了定亲哈达和一切物品后，两家的亲事就算正式确定下来。接下来便是商讨有关婚事中的其他事宜。

3. 送大礼　送大礼的目的是商讨彩礼及下一步完婚的问题，是彩礼未确定之前双方亲家的一次会晤。男方家认为到了可以谈论婚事的时候了，就准备大约同定亲时较相同的礼物到女方家。一般是二女三男，均是年龄较大、在家族中有一定地位、有表达能力的中年人。在这个仪式上，最关键的事情是确定彩礼的数目、要求，以及下一个环节需要商讨的细节问题。

4. 走亲家　这个过程中，男方的父母根据自己的生活条件，每年四季带上礼物去拜见问候亲家。这主要是在节日或夏季牲畜长膘时期，要带上奶食品去会拜，每次会拜时都要献上美好的祝词。

5. 送彩礼　西蒙古婚俗中，送彩礼是一件大事。事实上，男方父母从孩子提亲开始，就已经开始了彩礼的准备工作。彩礼的多少，一视女方的要求，二视男方的家境。彩礼的数量和种类，在《卫拉特法典》中对不同等级的家族彩礼及嫁妆曾有明确规定。一般人家送彩礼，大多给女方姑娘做四季服饰的衣料、做被褥的面里，还有马匹、牲畜等。送彩礼的日子也是先选吉日。届时，女方家亲戚朋友、四邻八舍都来参加。

收彩礼后，待出嫁的姑娘就开始留额前刘海。因为，做新娘那天要分辫子、梳传统发式，所以要做相应的准备。

6. 定日子　蒙古人选日子的礼仪是从远古至今传下来的习俗。按照这一传统，婚礼日期得请活佛、喇嘛选定。他们则根据两个孩子的生辰日月，确定举行婚礼的良辰吉日。土尔扈特、和硕特人忌讳在阴历九月办婚事，因为是火月。这个月要祭火神。另外，女孩在 18 岁这一年是不能出嫁的，而 17 或者 19 岁都可以。

7. 搭建毡房　婚礼前男方首先要给未来的新人制作新毡房。这是婚姻中的一件大事。土尔扈特、和硕特人要举行祝颂毡房奠基、毡房用品的仪式。

新毡房一般搭建在父母及家族的附近。搭建时，亲戚朋友和周围的邻居们都要主动去帮忙，每家都要带一点制作毡房的材料，如毛绳、毛毡、围绳等。整个制作中，一切都由男方操办。搭建完毕，长辈要祝词新毡房，然后大家祝贺。

7. 为出嫁姑娘饯行　婚前几天，娘家近亲们要轮流宴请待出嫁姑娘，还要送礼物给新娘，表示为其饯行。姑娘出嫁的头一天晚上，父母要为她举行出嫁饯行的宴会，俗称姑娘宴。女方的亲戚们都来送别姑娘。用歌祝福将要出嫁的姑娘，倾吐离别之情。姑娘的母亲向众人展示新娘的嫁妆。蒙古族很重视姑娘的嫁妆。嫁妆一般是首饰、服装，也有牲畜。

8. 赠腰带、藏马镫是土尔扈特、和硕特婚俗中最热闹的一个环节。婚礼举行前一天，新女婿来到岳丈家，女方父母要送他一套新衣服和一条腰带，并给他系在腰上。意思是成家立业了，要学会勒紧腰带过日子。

9. 迎娶和送嫁是土尔扈特、和硕特蒙古婚俗中的高潮。迎娶日子也就是婚礼的日子，是由喇嘛选定的吉日。迎娶时，新郎不去接新娘，有指定的伴郎去接。娶亲的队伍由 15－19 人组成，在婚礼主持人带领下迎接新娘。女方家亲戚和乡亲们已准备好婚礼事宜，等待着迎亲队伍的到来。

迎亲队伍来到女方家。除相互问好敬茶、敬食品外。还有一些仪式。姑娘出门时，父母及亲友们依恋难舍。小伙子强行把新娘从姑娘群中“抢”出来！此时热闹一番。这是远古抢婚习俗的痕迹。

新娘到了婆家，先坐进新床（没床，则在毡房一角）的帷帐后。挂帷帐也是土尔扈特、和硕特婚俗中特有的一种。当天，男方家要举行在马上抢羊头、羊皮以及唱歌、跳舞等娱乐活动。

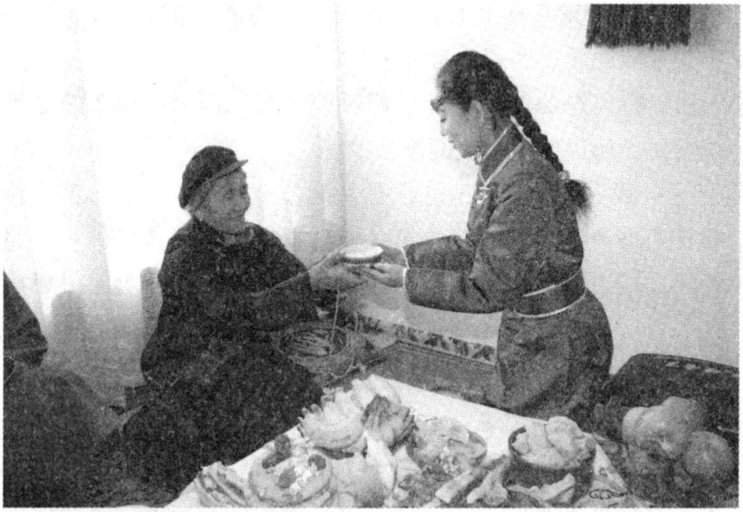

新婚媳妇给公婆献奶茶

娶回新娘的头一天早晨，新娘第一件事要去给公婆磕头。媳妇从此以后，将遵循不直接呼公婆的名字、不能随便进出房子等礼仪。

磕头仪式结束，新娘仍由娘家送亲的嫂子陪同回新房休息。第二天，送亲的人回去后，新郎新娘才合床。

10. 揭帷帐　新娘接到家后，头 3 天坐在帷幕内不露面。3 天后，姑娘的母亲带着娘家亲戚若干人，来到女婿家举行揭帷幕仪式。届时，要给新婚夫妇祝词。

四、丧葬礼仪

土尔扈、和硕特人有着对人生、对生死、对物质那种随遇而安、顺应自然的超然心态。特别是他们对待生死的态度与做法，完全是遵循着大自然的生存法则。这都是缘于他们虔诚的信仰。

在众多民族的葬礼中，土尔扈特、和硕特人的葬礼最为简单。不设灵床，没有供品，不穿孝服，不大声哭泣。唯一最重要的是邀请活佛、喇嘛念经超度。葬法以火葬、天葬、土葬3种为主。

1. 火葬　过去一般是高僧喇嘛圆寂后所采取的一种安葬方式。由于宗教信仰，高僧喇嘛去世时，都是双手合实，保持坐姿。全身抹酥油，用黄布裹身。选择高处平坦的地方，将干柴摆成方形，尸体置于柴上。方向选正，倒上酥油，点着柴火。如果是活佛，就要专门为他建塔灵安放骨灰，或者埋到敖包的下面。而普通人火葬，骨灰选个地方撒了或埋掉。

2. 土葬　有两种，一种用棺材下葬，另一种不用棺材。贵族、官员、喇嘛用棺材下葬，棺材为长方形，跟尸体大小一致，全部用胶粘，不能用铁钉等含金属成分的材料。入棺前，棺底放盐，铺白布，男右侧卧，女左侧卧。均白布裹身，挖洞下葬。平民葬时，用白布或白毡裹好，挖洞放进去，上用盖木板掩埋，不能高出地面。

3. 天葬　人去世后，喇嘛根据死者的死亡时间、属相，确定送葬时间、地点、停放时头朝什么方向，然后给死者脱衣擦身，用白布裹好。除了身体，什么也不带走，他们遵循黄教的生死轮回说。在死者的四方分别插上印有六字真经的经幡，以祈祷和祝愿他早日升天。

天葬是土尔扈特、和硕特人最常用的丧葬方式，直到20世纪80年代在保留着。主要是祈求早日升天，早日投胎。他们认为，人活在世上做了很多不该做的事，而飞鸟是天上派来的使者。去世后，把自己的肉体献天使，来化解一生所做的罪孽，以求得上天宽恕。喇嘛是将他们灵魂送上路的人。

天葬的尸体如果被动过，或被乌鸦老鹰等啄食了，说明逝者是有福之人，灵魂已升天。如果没动，说明他阳世有债没还，或者还有他留恋的东西，要请喇嘛来查看原因，并继续念经，直到尸体被啄动。

4. 过7天、49天忌日　人去世后第七天，家里要请喇嘛念经。念经是为了让活人和死人分开——活者不再思念，逝者不再牵挂。还要把邻居和亲戚请来喝茶。

此时，死者生前想见的人和没能去送葬的女人们，可以到安葬的地方去烧香，敬祭品，祭奠。家里人要给死者准备一套衣服，被子及一些贵重东西等，献给喇嘛。家境较好的，还把死者财产中的大畜献给庙里。贵重物品拿出来，由喇嘛做主，变卖现金发给穷人做善事。7天过完就是过49天。过49

天前要去庙里再向喇嘛请示有关事宜。喇嘛诵经后，家里还要献一定的贡品。

蒙古人历来能够正视死亡。他们认为，这是人生必然之事！人去世后不喧哗，不能大声哭叫。因为，哭声会惊着死者的灵魂。49 天忌日内，家中不大声喧哗，子女不刮胡子，女儿、媳妇不洗头，不从屋里向外拿东西，不杀牲。确实要宰牲，可以从别人家羊群借宰。不去喜庆场合等等。过完 49 天，葬礼就全部结束。

第三节　节日习俗

一、祭火神节

祭火蒙古语称“嘎勒塔克呼”，每年农历 12 月 23 日为这一节日，相当于汉族所谓的“过小年”。祭火仪式反映了人们对待火的功利性态度，把火视为光明、幸福和吉祥的象征。招福仪式和祭火仪式都以祭火拜火为内容，都殷勤地祭献火神，祈求保佑，其仪式程序也完全相同。区别只是名称而已，而且祭火仪式各户自己过，并由家长主持，不一定有喇嘛参加。

二、敖包节

往昔，蒙古人举办敖包节的规模不等。有一个或两个苏木的敖包，也有 8 个苏木共同主办的大型敖包节，新疆蒙古人称为“敖包塔克勒根”。节日一般在时间一般在农历 6 月初 4。届时，牧民都集聚在敖包前。首先祭敖包，喇嘛在敖包前焚香诵经，以羊背子、奶食品、油炸果、酹酒设祭，每人还从敖包附近捡起石头放在敖包上。然后，由喇嘛领着众人以顺时针的方向绕敖包 3 圈后，参加者不分老少都要向敖包跪拜磕头、祈求老天降福于人间，恩赐人们平安无事，带来吉利幸福，祈求风调雨顺，使大地水草丰盛，五畜兴旺。祭祀仪式完毕，就开始进行赛马、摔跤、射箭等蒙古族“好汉三艺”。蒙古人又称为“那达慕。”并对比赛中获得一、二、三等名次者给予一定奖励，即第一名得 1 匹马驹，第二名得 1 头牛犊，第三名得 1 只绵羊。接着大家宰羊煮肉，大办酒宴，载歌载舞，场面壮观，气氛隆重热烈。

敖包节，本身反映了牧民们对美好生活的渴望和追求，这是游牧民真实生活经历的一种文化形式。它使牧民便于交往交流，调节生活节奏，使枯燥的生活变得丰富、有趣。

三、祖乐节

“祖乐”是“酥油灯”、“佛灯”之意，因此又称为点灯节。每年农历 10 月 25 日为祭祖乐日，卫拉特方言称“祖乐塔克奈”。祖乐节是一种小型的宗教节日，主要为纪念黄教的创始人宗喀巴逝世日。所以人们认为，这一天过后每个人增加 1 岁，所以这一天晚上个人根据自己的年龄点燃若干个酥油灯，由老人带领下以顺时针方向绕祖乐三圈，然后给祖乐磕头，祈求宗喀巴佛爷赐予人们长命百寿、五畜平安。仪式结束后，人们设宴欢度节日。祖乐不仅放在住房内，甚至马房、羊圈里和整个院子内也有祖乐照耀，彻夜不熄，以此象征世界永远光明。

四、春节

新疆蒙古族称春节为“查干”。“查干”这个词在蒙古族中不只作白色解，也当白节（即春节）讲。因为，蒙古人崇尚白色，认为白色吉祥，象征纯洁无瑕，因此，把农历一年的第一个月（正月）称作“查干萨日”，即白月、吉祥之月，以示注重辞旧迎新。所以，“查干”是蒙古族最大、最隆重的节日之一。他们很重视“古其”（大年三十），除夕这一天，家家户户都敞开神龛，擦去佛像上的灰尘后，用一颗羊头、羊尾巴和一盘油饼、糖果等物品上供。摆好供品，佛像前点燃酥油灯，接着全家人由老到小依次向佛像磕头跪拜。到了晚上家内互拜，然后全家人一起吃年饭——羊肉和饺子。长辈们饮酒、吃肉、娱乐直到次日晨，整夜不眠，蒙古人称这为“必图拉呼”（守岁）。

初一清晨，第一件事是敬天地，男女老幼皆着新装，在院门口摆好供桌，上面放一颗羊头和各种供物，焚香点烛。由长者致辞旧迎新祝词后全家人由老到小依次向天地和供桌跪拜，然后长者将供桌上的那颗羊头的下颌和上颌掰开，以示辞旧迎新。之后家人互相问候、祝福，期间晚辈们给长辈拜年，土尔扈特、和硕特人在给长辈拜年时，要伸出右手拍袖子问候，然后敬酒，长辈接过酒后对晚辈祝福，送手帕、毛巾、零钱和糖果等礼物。初一始人们三五成群，带上酒和礼物，逐家向亲友拜年，直到白月结束。

五、麦德尔节

麦德尔即弥勒佛，这个节日最初是祭弥勒佛，后来逐渐演变为节日。这是一个重要的宗教节日，节期在正月十五日。这一天，各喇嘛庙最为热闹，农牧民不分男女老幼都前去参加。大喇嘛头顶法帽，坐台念经，寺庙内香烟缭绕，号鼓齐鸣。寺庙内都挂出弥勒佛的像，众多的喇嘛坐在一起诵经，举行盛大的“婵木”经会活动。信奉喇嘛教的群众都来敬献供品，烧香叩拜，等待大喇嘛摩顶，祈求佛保佑在新的一年里牲畜繁衍，人丁兴旺，无灾无难。摩顶完毕，大喇嘛将缠红布的木棍抛向人群，被击中者以为吉祥，非常高兴。

六、那达慕大会

欢腾的那达慕大会

“那达慕”大会，意为“娱乐”、“游戏”的盛会，它源于旧时祭礼与庆典相结合的祭敖包庆典活动。当代它已成为蒙古族人民一年一度的草原盛会，是最隆重的节日。在草原最好的季节——每年 7 月举行，为期 3 天。大会以赛马、摔跤、射箭等蒙古族男子三项技艺为主要内容。

第十五章

巴音郭楞蒙古历史人物传略

（东归时及巴州成立时期的人物）

第一节　清代时期

一、渥巴锡

公元1771年，为了摆脱沙皇俄国残暴统治和民族压迫，年仅18岁的渥巴锡汗王领导土尔扈特、和硕特蒙古人民举行了震惊中外的反抗沙俄政府的武装起义，率部东归，投身伟大祖国的怀抱。

渥巴锡，出身克烈部的王室家族，是敦多布喇什汗第四子，1744年生于伊济勒河流域，虽然是第四子，按照西蒙古的传统，是长子继承制，但他聪敏过人，因此自幼受其父王的精心培育，勇敢刚强，富有强烈的民族自尊心。据史载："他心地善良，待人友好，虽然性格软弱，但胸怀坦荡，为人正直。"① 他于1758年4月28日就任副汗，当时仅14岁，据说还举行了盛大的就任典礼。② 1761年1月21日敦多布喇什汗逝世，作为副汗的他自然继承了父业，承袭土尔扈特汗位。当时年仅17岁、才结婚的汗王面临着沙俄政府加紧奴役，控制下所造成的整个部落的动荡不安与民族危机的局面。

---

① ［瑞典］斯文赫定：《土尔扈特人的逃亡》（节译自斯文赫定：《热河——皇帝城》），赵世玲译，载《西北史地》，1982年第1期。

② ［英］贝克曼：《土尔扈特自俄返华记》，载《中俄关系问题》，1983年第1期。

民族英雄渥巴锡雕像（和静县城）

远在土尔扈特及和硕特部徙牧伏尔加河流域之初，沙俄就处心积虑地妄图控制和奴役他们，遭到蒙古族人民的强烈反抗。到18世纪60年代，在渥巴锡执政时期，沙俄再次利用汗位交替的动荡局面，实行空前的高压政策，企图从政治、经济和宗教等方面完全控制整个部落。作为汗国首脑的渥巴锡与他们进行了针锋相对的斗争。史载：

> "当渥巴锡1765年去阿斯特拉罕访问时，向阿斯特拉罕长官抱怨说，靠近萨拉托夫、沿伊尔吉斯河的许多俄国新建村落的居民夺去了他们的牲畜，甚至他们的人，而他们自从来到俄国就和平地在这些地区放牧，如果再来更多的殖民者，卡尔梅客人将受到压迫，而牲畜的史料也将不足。"①

首先沙俄政府，通过改组王公议会（扎尔固）以限制汗权，继而又强迫蒙古族改奉东正教，接着对土尔扈特汗国进行休止的征兵。所有这些不仅激怒了渥巴锡，同时也激起其民众的强烈不满和反抗。渥巴锡清醒地认识到，可供土尔扈特汗国选择的道路只有两条，要么屈服，永作沙俄的奴隶；要么

① ［英］贝克曼《土尔扈特自俄返华记》，载《中俄关系问题》1983年第一期。

反抗，争取民族的独立自主。年轻的汗王知道，他们先辈始终保持着与清政府的亲密联系。从他曾祖父阿玉奇汗至他父亲在位时，他们不断派人回国，或奉表入贡，或探亲访友，或卖马购物，或熬茶礼佛，而清政府也屡派使团探望他们。他的祖辈曾几次想重返祖国故土，只因路遥山远，未能成行。如今，面对沙俄日益加重的民族压迫与欺凌特别是当他接到沙俄政府让他交出一个儿子和300个贵族子弟作为人质的命令时，新仇旧恨一起涌上心头，使他再也无法忍受沙俄政府的“征兵求质之烦”终于作出了东返祖邦的历史性抉择。

在定居裕勒都斯之初，由于部落中互相偷盗事件常常发生，甚至严重到：“打伤数人，掠去什物”的程度。① 在清朝官员阿思哈的开导下，渥巴锡为保持本部内部安定，维护地方秩序，于1774（乾隆三十九年元月）颁行防盗法纪六条（该书前面已载入，在此不赘述）。通过实施防盗法纪，部落中的偷盗事件有效地得到了控制，同时维持了部落内部安定和地方秩序稳定。

渥巴锡于1775年1月9日（清乾隆三十九年十二月初八）因病逝世，终年33岁。其遗体按照土尔扈特传统习俗，由喇嘛指点，在渥巴锡驻地70里外进行了天葬（又称野葬）。② 乾隆得知后，立即派乾清门侍卫鄂兰前往渥巴锡牧地祭奠，4月4日，鄂兰一行驰骋千里抵达渥巴锡驻地，慰问致祭后，并用蒙语向渥巴锡之妻宣读谕旨：

> “渥巴锡自归顺以来，一切甚为归顺，惊悉伊病故之噩耗，殊为恻怜，今按律例，汗之字号，让策琳纳木札勒承袭，尔自应感戴。大皇帝之恩，将二子一视同仁，不得存怀二心，不得劳累策琳纳木札勒，务必用心抚养，而亲生之子长大之后，大皇帝追念渥巴锡，亦有加恩之处等语。”③

至此，渥巴锡之子策琳纳木札勒袭汗位。

纵观其短促而光辉的一生，前期完成了摆脱沙俄的民族压迫、率部回归祖国的伟大壮举，后期则是在当时历史条件许可的情况下，顺利地使自己的部众在故土开始新的游牧生活。

---

① 中国社会科学院民族研究所民族史研究室等编《满文土尔扈特档案译编》，第231页。
② 中国社会科学院民族研究所民族史研究室等编《满文土尔扈特档案译编》，第241页。
③ 中国社会科学院民族研究所民族史研究室等编《满文土尔扈特档案译编》，第242页。

渥巴锡对祖国热爱和忠贞，他多次向乾隆皇帝进献物品，以示他的忠诚。回归的当年秋，在承德避暑山庄，他向乾隆帝献上了腰刀，以表诚意，乾隆帝则作诗《七宝刀》吟咏。① 1774 年夏，当喀喇沙尔办事大臣阿思哈奉召回京时，他又请阿思哈向乾隆帝转呈匙叉匕首等西餐具，代为请安。乾隆帝再次赋诗。

回归故土后，清政府在“众封以分其势”的方针下，将渥巴锡属众分割成几块，削弱其汗权。面对强大的清帝国渥巴锡不得不妥协，在新的形势和环境下只好忍辱负重，配合清政府妥善安置部众。并尽力维护部落内的社会秩序、发展生产。但是在清朝这个封建专制的国家，无论是渥巴锡汗或是土尔扈特、和硕特人民要享受充分的权利，以得到民族的繁荣发展是不可能的。只有在中国共产党的领导的反帝反封建的民族民主革命取得胜利，各族人民当家做主以后，多民族的大家庭才有牢不可破的凝聚力，才能走向繁荣昌盛。

渥巴锡不仅是土尔扈特部的杰出领袖，而且是一个伟大的爱国主义者和民族英雄，他的名字将永远存入中华民族英雄的典籍之中，值得人们永远缅怀和赞颂！

二、根敦诺尔布

根敦诺尔布（？ –1771. 8）是和硕特部哈尼诺彦洪果尔的次子昆都伦乌巴什的第三子多尔济的后裔。根敦诺尔布在东归的和硕特部中爵位最高，人口最多，其次雅兰丕勒爵位高。和硕特部有名的台吉根敦诺尔布完成东师的历史使命之后，1771 年 9 月 16 日（乾隆三十六年八月二十日）前驻新疆额琳哈毕尔噶、古尔班、济尔噶朗等地，后病故。② 恭格是根敦诺尔布的亲弟，当年根敦诺尔布之子特讷克年幼，因根敦诺尔布的土谢图贝勒爵位，由其弟恭格承袭。③ 土谢图贝勒爵位是巴图色特启勒图和硕特最高爵位。清廷又拟赏根敦诺尔布之子特讷克一等台吉。

和硕特台吉根敦诺尔布在伏尔加河时，原有村谷为 1000 余户，5000 余口，回归渡过伊犁河者，计有 762 户，3158 口。④ 东归和硕特部全部人口的

① 《御制诗文十全集》卷 9，载《丛书集成 · 初编》。
② 中国社会科学院民族研究所民族史研究室等编《满文土尔扈特档案译编》，第 119 页。
③ 中国社会科学院民族研究所民族史研究室等编《满文土尔扈特档案译编》，第 138 页。
④ 中国社会科学院民族研究所民族史研究室等编《满文土尔扈特档案译编》，第 137 页。

一半以上都是根敦诺尔布的村俗。

根敦诺尔布是和硕特部东归的倡导者和策划者之一。在《满文土尔扈特档案译编》中记载"于是渥巴锡，策伯克多尔济、巴木巴尔、根敦诺尔布、雅兰丕勒等，同心商定脱出之。"① 由此可见，和硕特台吉根敦诺尔布在土尔扈特、和硕特蒙古东归起义中的作用之大，他是当之无愧的爱国主义英雄。

三、恭格

恭格（ –1773）是和硕特部昆都仑乌巴什之子多尔济后裔。跟随他兄根敦诺尔布率和硕特部东归。由于台吉根敦诺尔布病故，其子年芳 2 岁，因此 1771 年 10 月 18 日（乾隆三十六年九月十二日），乾隆帝下令恭格袭其土谢图贝勒爵位。② 治理札萨克。从此之后，东归和硕特部中恭格爵位最高。恭格为解决部落生机困难，将乾隆帝在承德赏赐的银两分给属下村落，让其购买牲畜，得到了乾隆帝的嘉奖。③ 1773 年（乾隆三十八年月）恭格病故，其子德勒克乌巴什承袋父爵。④ 1775 年 9 月 20 日（乾隆四十年八月二十六日），又授封为巴图色特启勒盟盟长。

四、雅兰丕勒

雅兰丕勒（ –1771）为和硕特部首领拜巴噶斯弟，昆都仑乌巴什四世孙，恭格族叔父，又是渥巴锡的岳父及渥巴锡忠实支持者。在东返祖邦的准备阶段，力助渥巴锡对和硕特部告密者札木场的斗争。雅兰丕勒协助根敦诺尔布率和硕特部完成回归大业。

雅兰丕勒是东归武装起义的领导者和策划者之一，是爱国主义英雄。他在伊济勒河时，原有村谷为 300 余户，1000 余口，东归已渡伊犁河者，计有 244 户，1161 口。⑤ 诏封为阿眭尔聆贵贝子。雅兰丕勒授封不久，于 1771 年 11 月 7 日（乾隆三十六年十月初一日），恳求皇帝要脱离红尘，皈依佛门，随章嘉呼图克图作喇嘛，被获准，并加封他为札萨克喇嘛，贝子爵位由其长

① 中国社会科学院民族研究所民族史研究室等编《满文土尔扈特档案译编》，第 111 页。
② 中国社会科学院民族研究所民族史研究室等编《满文土尔扈特档案译编》，第 13 页。
③ 中国社会科学院民族研究所民族史研究室等编《满文土尔扈特档案译编》，第 195 页。
④ 张穆:《蒙古游牧记》卷 14，第 19 页。
⑤ 中国社会科学院民族研究所民族史研究室等编《满文土尔扈特档案译编》，第 138 页。

子布彦楚克承袭。① 雅兰丕勒削发为增再未返回游牧地，所部由布彦楚克治理。1775 年授布彦楚克为盟长，赐扎萨克印，辖中路旗务。② 伊犁将军舒赫德还传谕其子班巴尔等，可在一年或隔一年来看望其父亲一次。1785 年（乾隆五十年）逝世，其子鄂齐尔袭贝子爵位。

五、策登多尔济

策登多尔济，为南路土尔扈特汗那木扎勒多尔济之子，1806 年生，2 岁时袭汗位，因其年幼，由策伯克扎布临守札萨克及盟长印。1826 年 5 月，策登多尔济 20 岁，接管汗札萨克及盟长印，办理游牧事务。时值和卓后裔张格尔在浩罕统治者煽动和支持下在南疆发动叛乱。

9 月初策登多尔济汗接到伊犁将军会集阿克苏，进军张格尔的命令后，立即筹备马匹军器组成千人队伍，由贝子巴勒丹喇什带领，随同喀喇沙尔办事大臣巴哈布作为先头部队急赴阿克苏前线。在浑巴什河战役中，土尔扈特、和硕特骑兵一道冲锋陷阵解除外围，在战斗中发挥了重要作用，受到清廷的奖励。③

在收复西四城的战斗中，汗策登多尔济亲率土尔扈特、和硕特兵千名打得十分英勇，战功显赫，受到清延嘉奖，策登多尔济赏戴双眼花翎，其弟陈多尔济赏戴花翎。④ 兵丁又赏银千两（每人 1 两）。⑤

1830 年（道光十年）秋，浩罕扶持张格尔之兄玉素甫和卓再次进入南疆作乱。10 月策登多尔济奉伊犁将军之令，挑选精壮土尔扈特 1000 名兵与和硕特兵 200 名，于 11 月中旬行抵阿克苏，担任防堵截玉素甫和卓的任务。后来又参加了解除叶尔羌、英吉沙尔、喀什噶尔等城之围的战斗。翌年 1 月 3 日，贝子巴勒丹喇什在军营病故，清廷用提升爵位一级以示优恤。策登多尔济亦患重病，清朝政府根据此情，着令策登多尔济所率蒙部官兵，各归游牧。1831 年 4 月 17 日（道光十一年三月戊午），策登多尔济病逝，时年 25 岁，道光帝特遣喀喇沙尔办事大臣额勒锦持茶酒奠祭，并赏银 800 两治丧，⑥ 遗缺由

---

① 中国社会科学院民族研究所民族史研究室等编《满文土尔扈特档案译编》，第 172 页。

② 张穆：《蒙古游牧记》卷 14，第 19 - 22 页。

③ 新疆社会科学院历史研究所编《〈清实录〉新疆资料辑录》宣宗朝卷，第 251 页、第 259 页。

④ 《钦定平定陕西甘肃新疆回匪方略》卷 67。

⑤ 新疆社会科学院历史研究所编《〈清实录〉新疆资料辑录》宣宗朝卷，第 339 页。

⑥ 新疆社会科学院历史研究所编《〈清实录〉新疆资料辑录》宣宗朝卷，第 680 页。

其子那木扎勒珠尔默特策林承袭。

六、喇什丕勒

喇什丕勒（ -1845），蒙古族，是南路旧土尔扈特汗那木扎勒多尔济的哈屯（即汗后，满语为福晋）。自1792年（乾隆五十七年）起，她先后与3代汗一起，对外配合清军抵御外来侵略，对内协调盟内各旗的游牧事务，有很高的决策权力。她是南路旧土尔扈特的杰出女性。

由于张格尔匪徒攻陷南疆西四城，向阿克苏逼近时，哈屯喇什丕勒曾带领两子（汗策登多尔济、台吉楞成多尔济）组织300峰骆驼、500匹马、羊500只等军需物资支援清军。因此1828年7月16日（道光八年六月癸酉），清延奖赏她大缎4匹，以示表彰其功绩。①

喀喇沙尔（今焉耆）地扼古丝绸之路中道的咽喉。1838年3月（道光十八年二月），为加强防务，喀喇沙尔办事大臣常恒整修喀喇沙尔城垣及水渠时，监护土尔扈特盟长印务的喇什丕勒，慷慨捐助资金，指令图鲁蒙库和巴彦吉尔噶勒两个得力台吉，率领从四旗挑选的精壮蒙民，投入筑城浚渠工作。城渠竣工后，清廷奖励喇什丕勒诰封如福晋例，其孙汗那木扎勒珠尔默特策林也赏戴三眼花翎。②

哈屯喇什丕勒为维护祖国统一，协调民族间的关系，事事竭忠尽力，顾全大局。1841年8月（道光二十一年六月），护理土尔扈特盟长印务的福晋喇什丕勒，得知托克逊地区开发伊拉里克垦区缺水，就主动请求把大、小阿勒浑峡谷之水，全部支援伊拉里克垦区。清廷考虑到“该蒙古等以水草为生计，游牧蕃孳，相安日久，若引用水源，究恐妨其生计，”没有允准。对喇什丕勒的可贵行为，道光帝嘉奖她可戴用汗爵顶戴，③ 成为土尔扈特唯一的女性汗王。

1845年6月13日（道光二十五年五月己巳），哈屯喇什丕勒病故，清廷赏银1000两，为她治丧。④ 这样高的规格，除渥巴锡以外，是从未有过的。

① 新疆社会科学院历史研究所编《〈清实录〉新疆资料辑录》宣宗朝卷，第413-414页。
② 新疆社会科学院历史研究所编《〈清实录〉新疆资料辑录》宣宗朝卷，第882页。
③ 新疆社会科学院历史研究所编《〈清实录〉新疆资料辑录》宣宗朝卷，第927页。
④ 新疆社会科学院历史研究所编《〈清实录〉新疆资料辑录》宣宗朝卷，第972页。

七、布彦乌勒哲依图（喇特那巴扎尔）

又名喇特那巴扎尔，为玛哈巴扎尔独子，1857（咸丰七年）年8月，喀什噶尔办事领队大臣奉命带领土尔扈特、和硕特官兵千余名驰抵阿克苏，以平定倭里罕和卓的叛乱，土尔扈特官兵在收复叶尔羌等南疆城镇的战斗中英勇作战，又得到了奖赏。其中汗布彦乌勒哲依图组织官兵并派遣贝勒出征，咸丰皇帝赏其双眼花翎，并赏绸缎，其余土尔扈特官兵也均得到了绸缎、袍子、牲畜、面粉等赏品。①

1865年夏（同治四年），中亚的浩罕汗国军官阿古柏入侵南疆。占领了南疆各城。同时沙俄也出兵占领了伊犁。阿古柏煽动一些封建主，号召群众圣战，消灭异教徒。土尔扈特部众遭到了空前的灾难。汗布彦乌勒哲依图召集部分部众迁移今阿勒泰一带。在此期间他还请求朝廷派大军进剿阿古柏匪军，并表示要率兵参加战斗，使同治帝深受感动，1869年4月13日奖赏他黄缰，并赏银2万给其所属王公。② 1876年9月26日（光绪二年八月丁酉），布彦乌勒哲依图在科布多病故，清延赏银500两治丧。汗位由其子布彦绰克图承袭。

八、布彦绰克图

布彦绰克图，为布彦乌勒哲依图子。其承袭汗位时，因其年幼未及岁，盟长及扎萨克印务由其母恩克巴图护理。其时清廷针对土尔扈特部遭难后的困难情形，特拨银2万两，由伊犁将军荣全交恩克巴图进行抚恤。并令荣全务必将布彦绰克图部众“择地安插，毋任失所。”③ 1878（光绪四年）清军驱逐阿古柏匪徒，战事胜利结束后。恩克巴图携同布彦绰克图并属下部众7800余人，取道乌鲁木齐南山，回归珠勒都斯游牧。1879年1月12日清延根据部族生活困难等情又拨银4万两，由左宗棠处拨给，进行抚恤。④ 1891年（光绪十七年），布彦绰克图病故，由其子布彦蒙库袭位。

---

① 《钦定平定陕西甘肃新疆回匪方略》卷9。

② 新疆社会科学院历史研究所编《〈清实录〉新疆资料辑录》穆宗朝卷，第355页。

③ 新疆社会科学院历史研究所编《〈清实录〉新疆资料辑录》德宗朝卷，第60－61页。

④ 新疆社会科学院历史研究所编《〈清实录〉新疆资料辑录》德宗朝卷，第140页。

九、布彦蒙库

布彦蒙库，为布彦绰克图长子，1891 年（光绪十七年）袭汗位。袭位时因其年幼，由其母福晋赛尔德巴勒噶登署理盟长印务。① 1896 年（光绪二十二年），甘肃回民起义军西进，新疆省巡抚召南路旧土尔扈特选拔蒙兵 500 名，由贝勒恭噶那木扎噶统领，防守焉耆、库尔勒诸要隘。1907 年（光绪三十三年）12 月，清廷颁赏布彦蒙库三眼花翎，次年为乾清门御前行走。布彦蒙库为发展部族的农牧业生产，修建了和静的乌兰尕孜渠和焉耆的格根渠。1913 年 11 月，代理盟长赛尔德巴拉嘎登年迈体弱不能署理印务，于是召集全盟头目开会，商议由印务处达喜都统护理印务。翌年 2 月 28 日经北京民国政府批准，达喜护理印务。② 1916 年民国政府又封布彦蒙库一等嘉禾章。杨增新主持新疆政务时期，布彦蒙库被任命为蒙古骑兵（辖 12 营）的统带。1917 年 1 月 26 日，布彦蒙库病逝。也有人说被害死的。③

第二节　民国时期

一、班第

又名班迪拜斯（1890－1937），1914 年继承和硕特中路中旗扎萨克贝勒爵位，后又管理盟长印务。④ 曾任新疆省政府顾问、参事、参议等职。班第好骑马射箭，素有神枪手之称。在蒙古王公中颇有威望。他曾率领骑兵团赶往哈密解除马仲英、霍加尼亚孜、尧乐博斯之围。多次在战斗中立功，受到嘉奖。⑤ 1932 年 3 月 18 日，盛世才任命班第为新疆新编蒙古骑兵第一团团长。不久，省政府又令协理台吉卜尔都暂代理札萨克郡王职务。⑥ 1934 年 4 月，他奉盛世才之命由巴伦台出发，攻入焉耆城，使马仲英部队节节败退。1934

---

① 张大军（台湾）：《新疆风暴七十年》第四章，第 681－682 页。

② 张大军（台湾）：《新疆风暴七十年》第四章，兰溪（台湾）出版社。

③ 满琳：《土尔扈特女儿》，农村读物出版社 2004 年版，第 49 页。

④ 张大军：《新疆风暴七十年》第四章，第 690 页。

⑤ 和硕县地方志编纂委员会《和硕县志》卷 35，新疆人民出版社 1999 年版，第 767 页。

⑥ 新疆维吾尔自治区档案局等编《近代新疆蒙古历史档案》，第 19 页、27 页。

年底，骑兵旅解散。1936 年，盛世才又任命班第为边防督办公署军牧处少将处长。① 班第以“在省服务，牧务自难兼顾。”为由，请省府准许辅国公喇达那伯堆代理盟长职务，省府准奏。② 1937 年 9 月，由于盛世才制造的阴谋暴动案，班第也牵连入狱，后遭杀害，终年 47 岁。

二、多布敦策楞车敏

多布敦策楞车敏，简称“多活佛”，因他是五世森勤活佛，故蒙古族则尊称他为“格根”（活佛之意）、“托音喇嘛”（地位高的喇嘛）。他是新疆蒙古族现代历史上具有远见卓识而且富于改革精神的显赫人物。

1. 转世成佛　1888 年 2 月的一天（光绪十四年正月）多活佛生于焉耆府的巴伦台汗王宫邸，③ 他是布彦绰克图汗王的第四子，父母给他取名策楞全毕力（蒙古语，智慧长寿之意）。翌年，佛星高照汗王家，西藏重孜寺（又名乌兰寺）的森勤活佛转世到了汗王府，策楞全毕力被认定为转世灵童，成为五世森勤活佛。由于他才满周岁，又出身王府，不便迎往西藏，仍留在王府。

时任骑兵旅长的多活佛抱着小汗王

五世森勤 7 岁时，前往西藏戈拉丁寺院受戒，在瓦其尔达拉大喇嘛的教

① 和硕县地方志编纂委员会《和硕县志》，卷 35，新疆人民出版社 1999 年版，第 767 页。
② 新疆维吾尔自治区档案局等编《近代新疆蒙古历史档案》，第 43 页。
③ 黄文弼：《蒙新考察日记》，文物出版社 1990 年版，第 157 页。

诲下学经文，瓦其尔大喇嘛给他赐名车敏。由于他聪明好学，学完了全部经典，不仅得到了大喇嘛的赏识，还引见他结识了达赖喇嘛。1905 年，策楞车敏学成返回前，十三世达赖喇嘛土布敦加木措接见了他，并将“土布敦”3 个字赐给他，从此他的全名为土布敦策楞车敏。回到家乡后，他住寺在巴伦台黄庙从事佛事，僧徒则简称他为托音格根（即活佛）或森勤格根。①

土布敦策楞车敏在西藏学经 10 年，不仅掌握了丰富的佛学、哲学知识，开阔了眼界，还得到了达赖喇嘛赐予名号等荣誉，再者他出生显赫，有着森勤活佛的崇高地位，这一切都为他以后登上新疆的政治、经济、军事舞台奠定了社会基础。

2. 主持盟政　1914 年，民国北洋政府授予年方 26 岁的五世森勤“托音堪布”（即高学位的喇嘛）名号。② 两年后，赏布彦蒙库汗“一等嘉禾”章，加封五世森勤“班第达”名号。③ 在这次授勋赐名仪式上，森勤活佛认识了新疆最高统帅都督杨增新，并得到了他的极力赏识。

1917 年 1 月 26 日，布彦蒙库汗去世，杨增新得知后，特派专使前往悼念，并赙赠银 5000 两。为拉拢杨增新，森勤活佛专程到迪化感谢他。在一次宴席上，杨增新问起“土布敦”之名的来历，土布敦详细地给他陈述了经过，杨沉思了一会儿说：“这不像个武官的名字，韩信将兵多多益善，将‘土’字改写成‘多’字如何”？森勤活佛当即同意。从此，森勤活佛又被称为多活佛。此事后，杨都督和森勤活佛的关系密切了。杨都督亲自题写“吉祥如意”四字赠与他，森勤活佛将其挂在巴伦台黄庙前殿门上。

布彦蒙库汗逝世时，其子满楚克扎布年仅一岁多。杨增新上奏蒙藏院，准由其母色尔济布吉特（福晋）署理盟长印务。多活佛统带蒙古骑兵团，实际上一切权力均掌握在多活佛手中，1922 年（民国 11 年）6 月，色尔济布吉特福晋病故，满楚克扎布还年幼，翌年，经蒙藏院上呈，北洋政府国务院批准由满楚克扎布的叔父多布敦策楞车敏班第达摄理汗位，主持盟政，④ 西里克担任土斯拉克奇（即协理台吉，辅佐盟长掌管盟旗事务）。杨增新时期官方称多活佛为多统领、摄政王。杨增新对多统领非常器重，支持他壮大蒙古骑兵武装。

---

① 苏·道尔吉等：《土尔扈特第五世森勤活佛》，载政协巴州文史委编印《巴音郭楞文史资料》第 5 辑。

② 张大军（台湾）：《新疆风暴七十年》第四章，第 681 – 699 页。

③ 同上。

④ 同上。

3. 出师哈密　杨增新时代，新疆面临着社会、政治、经济、军事、外交等一系列严重危机，其中财政危机已达到极点。在他治新期间，一直实行“弱兵”的治军政策，其措施主要是以财政紧张为名裁员，不练兵和不设大官。杨增新为稳定新疆局势，把南疆事务交给了大阿訇马照福（授予道台，管理喀什事务）和多活佛两位宗教人士。

杨增新实行闭关自守的策略，企图把新疆变成与世隔绝的“桃园胜境”，对此北洋军阀对杨增新颇为不满，决定移兵屯垦新疆，让冯玉祥的部队西来排挤他，虽然新疆各族王公、宗教人士联名通电中央，加以阻挠，迫使冯玉祥部队畏难中止。但是杨增新感到了危机，为加强哈密的防守，1927 年他令多活佛将蒙古骑兵团移防哈密，于星星峡（蒙古与新疆交界处）据险防守，并给以大量的武器装备，还给他派遣了一名汉官给予协助。多活佛驻防哈密期间，盟长职务暂由西力克代理。

多统领一面加强布防，一面抓紧训练他的骑兵，聘请一位俄籍蒙古骑兵教官来强化训练。经过强化，官兵的战斗力得到了提高。这一时期，多统领白天一身戎装，像个将军，夜晚脱去军装，换上袈裟，念经超度。11 月他奉杨增新之令在哈密迎接斯文赫定率领的中外西北科学考察团，丹麦人哈士伦在《蒙古的人与神》一书中描绘当时的多活佛道“他穿着俄国军服，戴着中国将军的徽章，胸前的勋章既有来自中国的，也有来自古代俄国的”。① 后来，哈士伦来到焉耆，参观了多统领统帅的土尔扈特兵营，他看到游牧兵的西式操练和装备，以及他们机灵敏捷和漂亮洒脱的外表，感到惊讶，他认为土尔扈特军队不仅是最勇敢的，也是在中亚武装得最好的。

金树仁上台之后，首先整顿军备，大力扩充军队，购置新式武器，加强实力。多活佛统带的蒙古骑兵团也扩编为一个旅，仍驻扎焉耆，因此金树仁主新时期，官方均称多活佛为多旅长，史载：“多盟长身为盟长，并充旅长，维持边局。”②

4. 发展经济　多活佛摄政时期，孙中山的三民主义得到了广泛的传播，多活佛受孙中山三民主义的影响，再者经过在西藏几年的求学，见多识广，这些都为他形成改革的思想奠定了基础，他虽然是一个活佛，却善于接受新思想。

首先他进行宗教改革，主张宗教自主，倡导大家将贡品礼物留在故乡，

① ［丹麦］亨宁·哈士纶：《蒙古的人和神》，徐孝祥译，第 3 章，第 207 页。

② 新疆省机要档案政 2－2－1054。

而不是随着去西藏朝圣，将故乡的金银珠宝流向西藏，直至英国，自己却走向贫困。他的这种思想在当时是很大胆的。为了吸引更多的朝圣者，多活佛请来了西藏的3位宗教经师来故乡传经，同时建立了“活佛仓”，当地朝圣者将牛羊、珠宝等财物献入“活佛仓”，而后，多活佛将这些牲畜按“铁畜制”的办法分给当地没有牲畜的穷人放牧，以便他们改变贫困生活，当然形成民穷昭福的局面是不可避免的。为了压缩寺院开支、提高僧俗的水平和知名度，他将没有受过教育及没有一技之长的喇嘛都辞退，还俗回乡当牧民。仅巴伦台黄庙在他接管前有1500名喇嘛，他接管后精简了三分之一。

多活佛很注重改良和引进畜牧业品种，为此做了大量的工作。珠勒都斯大草原，系高原山区，不利于牲畜的生长繁衍，尤其不适合发展养牛业。多活佛在西藏学经时，看到了遍地耐寒冷、耐饥饿的牦牛，而且既能驮，又食肉食奶。他认为牦牛一定会适应在珠勒都斯草原牧放。于是，他“派人到西藏买一批牦牛来此进行生产（据说在西藏买牦牛100条，在吆回途中因不服水土及得病损失外，实拿到的牦牛只有一二十条了）。”① 不久，这些牦牛在尤勒都斯草原繁衍起来，至1949年，巴音布鲁克草原牦牛存栏已达5499头，成了新疆牦牛的主要生产基地。

酷爱马的多活佛从俄罗斯买来了良种马，在巴音布鲁克大山改良马种。②杨都督看到体格壮实的焉耆马非常赞赏，听了多活佛经营牧放马匹的经验后，他对多活佛说，能否将即将倒闭的吉木萨尔和巴里坤两个军马场承包给焉耆土尔扈特部经营，每百匹马，每年只交仔马十匹，其余均归承包方所得？多活佛认为这样牧民也有利可图，就答应了。1919年5月，多活佛正式接管了两个牧场的2472匹官马，并将其交珠勒都斯的牧民牧放。

不少文章都说多活佛响应杨增新大力垦荒的号召，带领农牧民兴修水利，修建了乌兰海苏渠（又名格根渠，活佛渠之意）及乌拉斯台渠等水利工程。③其实乌兰海苏渠，为了纪念多活佛的功绩。乌拉斯台渠，是1917年前王子以活佛的名义动员大家开挖的。④

为使收获的粮食能加工成面粉，多活佛请苏联技术人员设计，修建了水

① 《巴音郭楞自治州蒙古历史简单介绍》全宗号18、案卷号7、1955年。巴音郭楞蒙古自治州档案馆存。

② 同上。

③ 王野苹：《多布敦策楞策敏评传》，载《新疆文史》，1992年第1期。

④ 《巴音郭楞自治州蒙古历史简单介绍》全宗号18、案卷号7、1955年。巴音郭楞蒙古自治州档案馆存。

磨面粉加工厂,① 不仅方便了农牧民，而且促进了农业的发展。

虽然牧区的皮毛很多，但因当时的交通闭塞，大量的皮毛运往迪化、霍尔果斯较为困难，为此，多活佛经与伊犁富商玉山巴依商定，并从他那儿买了一台机器，于1923年在巴伦台建了一所皮革加工厂，又从苏联请来了一名工程师和13名熟练工人，加上27名蒙古族学徒，工厂就开工了。加工的皮革为棕色，除少部分制成皮鞋外，大部分卖给玉山巴依的皮鞋厂。工厂旁还相继建立了地毯、皮鞋、木工、铁匠等手工业作坊。木、铁匠铺里做工的主要是维吾尔族人，他们制作马鞍、马掌等牧民日常用品。工厂虽然都是小型的，但取得了一些效益。

据曾与多活佛相识的锡伯人通宝回忆，多活佛经人介绍，前往迪化找兼营盈丰豫商号而闻名的教育厅长刘文龙请教并商议做生意之事。刘文龙止考虑做皮毛生意，商议结果，决定合股创办公司，公司名称取刘文龙的名号“铭三”及多活佛的“多”字，故取名“三多”。1927年三多公司成立，设在乌鲁木齐市南门，多活佛和刘文龙共同任经理，通宝任副经理，多活佛负责皮张羊毛等土产的购运业务，通宝经营盈丰豫的砖茶到焉耆牧区，换取牧民的皮毛等土产，发往天津变成现款，由盈丰豫做汇兑生意并负责与苏联商人的贸易。② 多活佛还派他的亲信穆特善（锡伯族）住在南门三多公司院内，监督业务。③ 公司收购牧民的皮张、畜毛等，特别是牧民过去常常浪费掉的山羊牦、牛绒和马鬃马尾等，增加了牧民的收入。公司将收购的皮毛等销往迪化或卖给苏联商人，又买回布匹、茶叶等日用品。三多公司成立后，不仅便利和改善了牧民的生活，而且促进了当地的商业贸易，更主要的是为土尔扈特人从传统的游牧经济转向多种经济结构这一变革开了先河。多活佛被害后，三多公司也随着夭折。

随着牧业、农业及商业经济的发展，建筑业也有了一定的发展。多活佛参照俄罗斯建筑风格设计，由焉耆的回族工匠施工，于1927年在焉耆以北（今和静县）建成了一座两层楼的汗王府，因王宫均为青色的砖瓦修建，因此当地群众称为“库克衙门”，意为青色宫殿。该宫殿是满楚克扎布汗冬季居住

① 《巴音郭楞自治州蒙古历史简单介绍》全宗号18、案卷号7、1955年。巴音郭楞蒙古自治州档案馆存。

② 通宝口述、潘祖焕整理:《满汗王和多活佛》（转载），载政协巴音郭楞蒙古自治州《巴音郭楞文史资料》第二辑（1987年1月），第76页。

③ 刘德贺:《经商起家的刘文龙》，载政协乌鲁木齐市文史委《乌鲁木齐市文史资料》第六辑（内刊），第127页。

和从事政务的王府（夏季在巴伦台）。在王府前面又建了一座白色的寺庙，人们称为“白宫”，供自己居住和从事佛事，该寺也为两层。在两座楼的四周由内墙和外墙围着，大门由士兵把守。以后陆续在周围修建了盟旗各级官员居住的公馆。1927 年来土尔扈特部考察的丹麦人哈士伦看到这些建筑物都惊呆了，他纳闷“一个出生于帐篷之家的游牧民族领导人，会在哪里获得这种修建发亮的白砖建筑物的秉性和知识呢?”他认为它们是全新疆最为壮丽的大建筑物。① 哈士纶还在王府和白庙内安装了电话线，对此，多活佛非常高兴。这一带逐渐成了土尔扈特的政治、文化中心，也为以后和静县城的建立奠定了基础。

博学多才的多活佛非常重视民族的文化教育事业，他鼓励甚至强令王公贵族子弟上学读书，还要求各盟旗资助牧民子女上学。并要求各大寺庙集中各满金（学徒）教习托忒蒙文和讲授医学、畜牧、农耕知识。

当时，在农牧区几乎没有医疗卫生事业，缺医少药，各种传染病严重威胁着广大农牧民的身体健康。针对这种情况，森勤活佛忧心忡忡，他一方面要求寺庙培养宗教医务人才，为群众治疗疾病，自己亲自采购药材，调配蒙药。一方面办医务所，医务所有 12 个床位，由一位来自俄国的蒙古外科大夫负责。② 这个医务所虽然不大，但是在当时缺医少药的情况下，为治疗梅毒等传染病起到了很大的作用。

综上所述，多活佛的改革措施取得了一定的效益，部落的经济得到了发展，部众的生活得到了提高。1927 年底及 1930 年初曾长达两年在焉耆土尔扈特部考察和生活的哈士伦在书中谈到近年来土尔扈特的变化时仅谈了两点，一是“牲畜群的规模增加了，马匹的品种已经得到进一步的提高”。二是“近年来帐篷里出生了更多的儿童。”③ 仅此两点可以看出，经济发展了，人口的数量也增长了。无怪乎汉族人称多活佛为“土尔扈特强人”。

5. 惨遭杀害　1928 年“七七事变”发生，杨增新被杀，金树仁上台。金树仁独断专行、重用亲信和同乡。这一时期，他的家乡甘肃河州的农民为了躲避战乱逃到新疆哈密，他将他们安置在当地。金树仁利欲熏心，心胸狭窄，排挤和压制一些开明、有所作为的青壮年官员。他知道多活佛与杨增新交谊甚笃，担心多活佛拥兵自重，危及自身利益，因此处处提防和压制他。对此，

① ［丹麦］亨宁·哈士纶：《蒙古的人和神》，徐孝祥译，第 3 章，第 202 页。

② 同上，第 5 章，第 216 页。

③ 同志，第 5 章，第 215 页。

多活佛一清二楚，有意回避金并保持距离。虽然金树仁于1930年10月21日下诏让多活佛代理盟长，但多活佛以“汗王办事谨慎，足能称职，牧众亦极悦服。一旦由呼图克图护理，恐招物议，且多不便。”① 为由，致电金树仁请求将盟长及札萨克印务交汗王接管。金树仁未来得及批准。1932年4月21日多活佛又致电省政府，请求辞去旅长职务。4天后，金树仁回电准其辞职。②

1931年2月，哈密的农民起义，金树仁下令多活佛率兵进驻哈密，并邀他晋省，森勤活佛以患有眼疾及骏马皆已进山放牧为由婉言拒绝，金树仁虽恼羞成怒，但急于应付农民起义军，顾不上收拾他。

多活佛因擅权独断，故结怨较多。在他摄政期间，王府及盟内统治阶级的矛盾更加突出，斗争更加激烈。西力克等当权者以拥护省政府为名和多活佛作对，向金树仁控告多活佛，更坚定了金树仁剪除多活佛的想法。1932年3月的一天，金树仁采取卑鄙的手段趁多活佛进山之际，秘密派人进入和静将年轻的汗王夫妇诱骗至迪化，并派员劝说多活佛去迪化，此时，多活佛感到大势已去，亲信张松龄劝他取道伊犁到苏联避难，但是多活佛顾全大局，他说：“死我一个喇嘛无所谓，要挽救一个部落的王子重要”。因此就去了迪化。到了迪化就被金树仁扣押，金首先免去了多活佛盟长及旅长的职务。5月9日，多活佛、巴力登等3人被金树仁秘密杀害，③ 终年46岁。

三、满楚克扎布汗王

1. 承袭汗位、主持盟政　满楚克扎布生于1915年12月，一出生即被封为辅国公，1917年1月26日，其父布彦蒙库汗王去世，同年4月27日民国政府批准年仅2岁的独子满楚克扎布世袭罔替，承袭汗位。因满楚克扎布年幼，由其母色尔济布吉特福晋署理盟长印务。1922年6月，母色尔济布吉特病故，次年1月8日，经蒙藏院上呈、国务院批准，由满楚克扎布的叔父多布敦策楞车敏活佛（简称多活佛）护理南路盟长札萨克印务。④

---

① 新疆维吾尔自治区档案局等单位编《近代新疆蒙古历史档案》，第15页。

② 同上，第21－23页。

③ 同上，第25－26页。

④ 张大军（台湾）：《新疆风暴七十年》第四章。

担任焉耆警备司令的满楚克扎布汗王
（满琳供图）

军阀杨增新任新疆提督及布政使时，一手独揽新疆的军政大权。对于少数民族，杨增新竭力拉拢和依靠封建王公、部落首领、宗教人士等。他不仅维护蒙古旧有的封建统治，还曾任命布彦蒙库为蒙古骑兵团统带等。满楚克扎布承袭汗王后，杨增新将乌鲁木齐三甬碑一代农田、草场拨给满汗王作采邑，并任命他为“蒙古顾问”。①

布彦蒙库汗去世后，多布敦策楞车敏接管蒙古骑兵团的统带。金树仁执政后，将蒙古骑兵团改编成骑兵旅，任命多活佛为旅长。②

1930 年夏，满汗王年已 15，按蒙古族风俗到了该成家立业时候，多活佛想起老汗王曾给驻京的资格最老的贡桑诺尔布亲王为儿子满楚克扎布提过亲，因此他决定给满楚克扎布娶贡桑诺尔布亲王的女儿，这样不仅为小汗王成了亲，而且通过联姻可拉有声望的贡桑诺尔布亲王做靠山。借以巩固和扩充自己的势力，于是这年 7 月多活佛派满楚克扎布汗的姐姐及姐夫一行人从新疆来到北京，向贡桑诺尔布亲王提亲，经得贡亲王同意后，于 8 月迎娶了贡桑诺尔布亲王的女儿乌静彬，经西伯利亚铁路来到新疆。10 月底在迪化为满楚

① 《乌鲁木齐文史资料》第六集。
② 张大军（台湾）:《新疆风暴七十年》第六章。

克扎布办了婚事。① 又来到和靖新落成的汗王府举行了隆重的婚礼。他们的婚姻可谓东西蒙古部之间的联姻，这在当时是罕见的，在一定程度上加强了东西部蒙古之间的文化交流，如乌静彬把东蒙民歌《诺恩吉雅》、《达那巴拉》等介绍给当地土尔扈特人，并一直流传下来。②

同年 11 月，多活佛将盟长及扎萨克印均交满汗王接管。满汗王即于是年出主盟政，实际权力仍掌握在多活佛手里。1932 年 4 月 13 日，多活佛被金树仁诱骗至迪化杀害，就在此前几天，即 4 月 6 日，省府批令“土尔扈特南部落盟长汗王满楚克扎布年逾弱冠，已有自立能力，所有该管游牧大小头目以及蒙部一切在办事宜亟应均归汗王自行直接全权处置，以重职守”。③ 年仅 17 岁的满汗王则正式执掌盟务。同时，又撤销了多活佛的骑兵旅长职务，任命满汗王为蒙古骑兵第一团团长。同年 4 月 29 日，金树仁为拉拢监视满楚克扎布，委任他为省府高等顾问。④

2. 出任师长，攻打马仲英　满汗王执掌盟务不久，就遇上了马全禄攻打焉耆县一事。马全禄是甘肃封建军阀回民马仲英的部下。1931 年马仲英应哈密起义代表的邀请来到哈密相助，1933 年元月，马仲英派部下马全禄攻打焉耆县城，农历腊月三十日间，马部到达离焉耆城仅两公里的回族礼拜寺驻扎，在当地征调 16 岁以上的回族和维吾尔族青年入伍，扩充势力。焉耆行政长牛时、县长马良佐风闻后，担心焉耆城空虚，守不住，立即亲笔致信满汗王，请他即日抽调蒙古兵丁百余援助，满汗王看信后当即派兵丁百名前往焉耆县城，驻扎在城墙上。1 月 26 日（农历正月初一）黎明，正当全城汉民放鞭炮之际，马全禄率维吾尔人、回民攻城，城内顿时一片混乱，驻守城墙的蒙古士兵见其势头凶猛，越墙而逃，马全禄率众进入焉耆县城，枪杀当地的汉族驻军，将开当铺的、养猪的群众滥杀一通，不少蒙古族农民也惨遭杀害，余者逃往山区。马全禄杀死了焉耆行政长和县长，占领了焉耆。⑤

马全禄原是个宗教小头目，在战斗中，他往往打着“为宗教而战的旗帜”。利用金树仁和马仲英之间的矛盾挑拨、煽动民族仇杀，使人民群众流离

① 汤永才：《乌静彬传略》上，《新疆文史》第 1 期。通宝《满汗王和多活佛》，载《巴音郭楞文史资料》第 2 辑。

② 党金等著：《五世森勤活佛传记》，民族出版社 1997 年版。

③ 新疆省机要室档案政 2－2－746。

④ 新疆省机要室档案政 2－1341。

⑤ 胡海滨：《1933 年焉耆战乱的前前后后》，载《新疆文史》，1992 年第 1 期；齐尚明：《马仲英部进军焉耆的情况》，《巴音郭楞文史资料》第 2 辑。

失所、家破人亡，进而使各民族间制造隔阂，造成焉耆社会大动乱。

同年2月9日，马世民率部由吐鲁番抵达焉耆，接替马全禄，自称剿匪司令，司令部设在原行政公署。① 他下令张贴布告，严禁杀人，杀汉族一人，要两人抵命，杀人之风总算平息下来。当时，南路土尔扈特、和硕特部都属于焉耆县辖区。满汉王得知这一消息，立即派人到迪化向金树仁报告。

"4·12"政变，金树仁下台后，盛世才当了督办，掌握了新疆的军权。1933年8月，南京政府派司法行政部长兼外交部长罗文干为中央代表，参加盛世才、刘文龙等人的宣誓就职仪式。并同盛世才等研究确定省府委员及各厅长人选，电告南京政府批准后，确定省府委员为13人，督办盛世才为了进一步稳定局势，他认为在新疆这个多民族的省份要想站稳脚跟，必须笼络各民族的知名人士和实力派，因此他极力拉拢吸收少数民族头领甚至活佛、阿訇进入各级政府，在省府委员中都容纳新疆的各势力，如伊犁的张培元、南疆的马仲英、阿山的沙里甫汗（哈萨克族）、焉耆的蒙古王公满楚克扎部以及和加尼亚孜（维吾尔族）。② 当时确实制造了一种民族团结、和平友好的气氛。当好景不长，这些少数民族上层人士先后被罗织到各次"阴谋暴动案中"，被关押，或被处决。

这个封建军阀一上台，首先遇到的是马仲英和张培元的联合反盛，他知道要战胜这两个南京政府支持的强敌，靠自己的一点兵力是不行的，必须寻找支援和帮助。为了得到苏联的支援和新疆各族人民的拥护，他打起了"亲苏"、"反帝"的旗帜。对于各少数民族势力也是尽量利用。8月，满汗王奉盛世才之命联络中路和硕特郡王班第带领骑兵攻打马世民。在县城北郊展开激战，满汗王因指挥失误，终未能攻克县城。但马世民被蒙古骑兵击毙。同年10月，满楚克扎布汗王及随从骑马到省城迪化晋见新上任的督办盛世才，盛世才为利用满汗王驱逐占领焉耆的马世民的势力。委任满汗王为暂编蒙古骑兵第一师中将师长，王府管家西里克与和硕特郡王班第为少将旅长，统归满楚克扎布师长管辖。由省督办公署派参谋及10余名处长，并补充了一批枪支弹药。满汗王及其部下回到巴仑台。师司令部设在巴仑台宫明活佛所住的二层楼上。③

1934年4月，不满19岁的年轻师长满楚克扎布汗王奉盛世才之命率领蒙

---

① 胡海滨：《1933年焉耆战乱的前前后后》，载《新疆文史》，1992年第1期。

② 张大军（台湾）：《新疆风暴七十年》第25章。

③ 胡海滨：《1933年焉耆战乱的前前后后》，载《新疆文史》，1992年第1期

古骑兵第一师两个旅，由巴仑台出发攻打焉耆县成未可，只好返回巴仑台待命。中旬盛世才由迪化各地调集大批省军和阿勒泰军（实为苏联红军）攻打焉耆县城，并令满楚克扎布师长率部迅速出兵配合省军围攻焉耆县城。满师长骑着战马、挥舞着战刀，带领着士兵英勇杀敌，县城遂于当月攻克。马仲英只好率部退往和田。焉耆收复后，满汗王被免去师长职务，又被任命为焉耆警备司令。司令部驻地在焉耆，军官有120名、士兵325名、枪支335枝，其中军官百分之90为蒙古族，士兵百分之50为蒙族。①

3. 出任省府委员　1935年盛世才调满汗王到迪化出任省府委员，同年夏季满汗王及家人来到迪化。名为升任满汗王，实际上是为便于监视，软禁起来。盛世才这个军阀独裁者是不容许满楚克扎布等民族领袖势力扩大的。满汉王考虑重肩省府职务，且长期驻迪化，回焉耆交通不便，无暇兼顾盟务，因此请求省府“将盟长职权责成前辅国公西勒达尔麻负责办理”，省府批准，并要求重要事情须请示满汗王办理。② 后来，又由焉耆专区公安管理处职员尔德尼暂行代理。

1935年，在新疆第二次民众代表大会上，还授予盛世才、和加尼亚孜、满楚克扎布等15名有功官员和人民金质奖章，以示有功和重用。其实在掩人耳目。当时还成立了“新疆民族联合会”，该联合会的任务是处理民族和民族间的问题。委员长由塔依尔别克担任，副委员长有满楚克扎布担任。③ 1936年7月，满汗王、张馨等6人还被任命为蒙古勒代表大会筹备委员会委员。满汗王等为筹备次年4月召开的全疆蒙古族代表大会积极奔跑着，亲自挑选和审查代表人选等。④ 由于满汗王常年在迪化，盟务不能兼顾，因此，报请省政府批准后，调公安管理总处职员尔德尼暂行代理。

当时满汗王主管着焉耆和新公司（原多活佛创办的三多公司迪化总公司），他在迪化居住期间，为了部落贸易事宜，常去苏联领事馆，在和苏联人打交道中，满汗王不仅学会了俄语，和苏联人结下了深厚的友谊，而且深受他们国际共产主义思想的影响。不仅如此，还结识了陈潭秋、毛泽明等共产

---

① 张大军（台湾）：《新疆风暴七十年》第25章。

② 新疆省政府秘书处机要室档案2-5-726。自治区档案馆藏。（下同）

③ 包尔汉：《新疆五十年》，文史资料出版社1984年版。不少著作及文章谈及满楚克扎布时都认为他曾担任“新疆民众反帝联合会”副委员长。我认为这是误解，我查阅了《新疆民众反帝联会资料汇编》一书，满楚克扎布没有在“反帝会”担任职务，包尔汉认为满汗王是“新疆民众联合会”副委员长，在此“民众”可能指“民族”，因为当时成立有“新疆民族联合会”，其宗旨和“反帝会”有区别。

④ 新疆省机要室档案政2-5-738。

党员，从他们的言谈中学到了进步的东西。① 因此，他想到苏联学习军事。使馆的苏联人也同意帮忙，就在满汗王已经办理好护照，准备前往苏联时，被逮捕入狱。

4. 被捕入狱　盛世才是个权力欲极强的人，一心想在新疆建立自己的军事法西斯独裁统治，为了巩固已经济攫取到的军政大权，他可以伪造革命，标榜六大政策，高喊抗日救国，还一再请求延安给他派遣共产党人到新疆工作，但当这些共产党的活动于他建立法西斯独裁统治的意愿背道而驰时，他就会露出反动的真面目来。为了达到反苏反共的目的，1937 年 9 月，他炮制"阴谋暴动案"，逮捕了教育厅长张馨等，牵连入狱者达数百人。他为了掩盖自己的反共嘴脸，每次打击共产党的同时，都要逮捕和屠杀一些封建王公和巴依。同年 10 月，盛世才在欢迎国民党特务头子陈立夫的宴会上，逮捕了新疆省主席和加尼亚孜和一批高级官员，满楚克扎布汗王也一同被捕，并关进了监狱。不久代理盟长西里克及和硕特郡王也被捕入狱。在监狱里他们受到了非人的残酷折磨，西里克就惨死在狱中。②

由于满汗王在新疆蒙古族中有较高的威信，因此盛世才逮捕了满汗王后，对外却宣称送满汗王去苏联学习军事去了。为了掩人耳目，盛把不满 7 岁的满汗王的儿子恭本德吉特推出来继承汗位。而且举行了盛大的即位仪式。西里克盟长职务仍有尔德尼（原任和静县长，1939 年 4 月盟长公署撤销后，1940 年又任省建设厅副厅长，1942 年入狱）继续代理。并下令班第郡王职位由省督参议巴拉吉暂行代理，③ 盛世才逮捕了满汗王后，以捐助抗日为名，免去了满汗王公司的股东权，将公司财产侵吞，并将汗王迪化的府第改成第五监狱。④

1944 年 9 月，蒋介石委任吴忠信为新疆省主席。吴忠信主新后，为笼络人心，释放了一些被盛世才关押的人士，各民族中的著名人士有维吾尔中的包尔汗、回族中的马良骏、汉族中的刘文龙等。同年 10 月 14 日，旧土尔扈特南北两部落民众代表典增喇嘛等十五人，自焉耆、和丰来省晋谒吴忠信，表示拥戴之热诚。并呈上函一份，"大意系恳请假释南部落汗王满楚克扎布，以便治疗痼疾。"吴主席还召见了满汗王福晋乌静彬，乌请求先见夫一面，吴

---

① 满光强：《我的青少年时代》，《巴音郭楞文史资料》第 1 辑。

② 张大军（台湾）：《新疆风暴七十年》第 27 章。

③ 新疆省机要室档案 2 – 5 – 728。

④ 周东郊：《狱中八年记》，载《新疆文史资料选集》，第 7 集。

同意并立即电嘱警务处处长，满楚克扎布即被释放。仍住迪化。①

满楚克扎布在监狱关押长达7年之久，由于长期的受刑摧残，身心健康受到严重损坏，因注射了毒针致使精神失常②。昔日叱咤风云，活跃于新疆政坛军界的满汗王竟被盛世才折磨成一个残疾人，足见盛世才的法西斯统治之残暴。乌静彬带着丈夫和孩子随新疆控诉团，去重庆向蒋介石控诉盛世才的罪行。

同年11月17日焉耆蒙旗代表曲力木喇嘛、马进喇嘛及各堪布，各民众首领等70余人，由焉耆来迪，晋见吴忠信并看望汗王满楚克扎布。吴在西大楼接见他们，曲力木喇嘛等对吴说："在狱多年之焉耆蒙族最高领袖汗王满楚克扎布，蒙主席恩释，焉耆蒙族同胞欢声雷动，感奋同深，今后我全体蒙胞愿在忠党爱国之伟大原则下，为建设新疆而努力"。吴表示要负责汗王满楚克扎布在迪化的起居事宜，希大家毋庸置虑。又在新大楼会见满汗王及福晋乌静彬、女儿、姐殷英夫人、姐夫殷英及杨德克（前焉耆区副专员、系满汗王侄女婿）等，满汗王家人向吴忠信跪地叩首，泪如泉涌。③ 满汗王及乌静彬又将尔德尼等保释出狱。

"吴忠信主持蒙藏委员会多年，深知历代反动派'以夷制夷'统治术的真谛。他对被释的民族、宗教、地方头目等人士，着重于思想上的欺骗笼络"。④ 满楚克扎布虽然精神失常，但为了利用他在蒙古人中的地位，仍推举他为中央候补监察委员，焉耆区副行政督察专员职务。⑤ 实际上乌静彬代理副专员职务。同年4月28日，省政府又任满汗王为建设厅副厅长，其副专员职务由拉德那伯德继任。⑥ 9月，满楚克扎布由福晋乌静彬陪同去重庆参加国民党中央委员会。翌年9月，新疆省主席张治中又任命满汗王为省府顾问。

三区革命政权对满汗王采取了团结联合的策略，1945年8月，三区巴音布鲁克政府曾派出了40个精明强干的骑手来和靖王府接满汗王，劝汗王上山参加革命运动，县国民党政府横加干涉，不准汗王离开，双方几乎打了起来，巴音布鲁克的骑手们撤离了和靖城。国民党政府担心三区方面把汗王抢走，

---

① 吴忠信：《主新日记》，1944年10月14日。
② 吴忠信：《主新日记》，1944年11月19日。
③ 吴忠信：《主新日记》，1944年1月30日。
④ 《新疆简史》第3册，第九章，第三节。
⑤ 吴忠信：《主新日记》，1945年1月5日。
⑥ 《新疆通史》编辑委员会编《近代新疆蒙古历史档案》，第122页。

以给汗王治病为名，将汗王送往兰州。① 当时由福晋乌静彬、小夫人西谋珍一同陪同他在兰州看病，在兰州看不好，乌静彬又带他到重庆治疗，也未见效，又带他去青海塔尔寺请藏医看，并请活佛念经，最后在南京看病时，医生诊断满汗王被注射了毒针，无法治愈。

满楚克扎布虽然身为汗王，由于他生长在半封建半殖民地的旧中国，不到2岁丧父，不到7岁又失去母爱。16岁掌管盟务时，正值日本帝国主义入侵中国，国内形势紧张之际。在新疆，盛世才伪装进步，实行独裁统治。而且，甘肃军阀马仲英进入新疆，到处战火弥漫。满汗王18岁就戎装上阵，上前线打仗。21岁就被盛世才投入监狱。受尽磨难达7年之久。可以说他的一生是悲惨的、坎坷不平的。有幸的是，新中国成立后，满楚克扎布被任命为巴州政协副主席、委员等职务，政府还派了一名喇嘛照顾他。但是，1966年"文化大革命"，作为"黑五类"，满汗王也没有摆脱厄运，被批斗、游行。由于护理员被赶走，生活不能自理，又并发其他病症，于1967年去世，时年52岁。

汗王满楚克扎布的政治生涯虽然只有短短的5年，但是他对新疆蒙古族及本部落、本地区的社会发展是有贡献的。30年代初，马仲英的部下马世民、马全禄在南疆和迪化城郊骚扰。马全禄在焉耆一带杀人放火，搞的人心惶惶。年轻有为的满汗王肩负师长之责。率领部下，骑着战马、挥舞战刀，配合省军，赶走了马全禄，平息了战乱，稳定了当地的社会治安。

满楚克扎布对蒙古族的文化教育做出了一定的贡献。盛世才上台之初为了巩固自己的统治，极力推行"六大政策"等，一时期内，新疆的政治局势趋于稳定，经济建设和文化教育事业到了一定的发展。1934年新疆各民族文化促进会成立，提倡发展教育。蒙古族文化促进会也成立了，为了支持蒙文会的工作，满汗王将蒙文会设在他在迪化的行宫。并带头在家乡今和靖成立了蒙古族第一所蒙文小学。名为汗王府小学，修建了30多间校舍，学生有350多名，学生的吃住及教师的工资均由王府支付。这所学校为本部落培养了人才。②

为了发展本部落的经济贸易，满汗王继承前辈的事业，亲自经营合新公司，积极和苏联领使馆联系生意，领事还请满汗王全家看幻灯片、跳舞，在和苏联人频繁交往中，满汗王不仅学会了俄语，和他们建立了深厚的友谊，

---

① 西谋珍：《我和满汗王》，载《巴音郭楞文史资料》第1辑。西谋珍在该文中说，是在1947年陪汗王去兰州看病，有误，应是1945年。

② 布娃：《旧土尔扈特南路盟的教育概况》，载《巴音郭楞文史资料》第3集。刘德贺：《新疆各族文化促进会记述》，载《新疆文史资料选辑》第22集。

而且接受了进步的思想。通过领事馆工作人员牵线搭桥，满汗王夫妇还结识了来新疆工作的中共党员陈潭秋、毛泽民、林基路等，通过和他们的交谈，受益匪浅。遗憾的是，正当年轻有为的满楚克扎布汗王踌躇满志，准备前往苏联学习深造时却遭来厄运，从此一蹶不振。

满出克扎布作为汗王在新疆蒙古族中的地位是最高的，正是因为他的这个地位也为民国统治者看中和利用，作为新疆省府委员，他在新疆的政治舞台上也有着很高的地位。当然他作为封建王爷对贫苦牧民的剥削和压榨也是不可避免的。

四、乌静彬

乌静彬 1914 年 7 月生于北京，原籍属内蒙古卓索图盟喀拉沁右旗部落（热河省赤峰市），其父贡桑诺尔布系该旗世系亲王。贡亲王长期住在北京，是北京资格最老的蒙古王公，曾任蒙藏院总裁，因倡导教育，创办蒙藏学校并任校长。乌静彬赫赫有名的出生背景，使她的一生也不平凡。首先开明的父亲使她上了学堂，念了私塾，具备了小学文化，所以她从小立志，长大要干出一番事业，出人头地。①

满汗王福晋乌静彬（满琳供图）

① 汤永才：《乌静彬传略》（上），载《新疆文史》，第 1 期。

乌静彬在童年时，就由父亲做主，与土尔扈特南部落盟的汗王布彦蒙库的儿子满楚克扎布定亲。1930 年 10 月在迪化和满楚克扎布结婚。从此，封建的门当户对的包办婚姻决定了她的一生。她成了土尔扈特部的一员，婆家给乌静彬起了蒙古名字米德克·古什乃。原先习惯于穿旗袍的“格格”，开始穿蒙古袍子，讲蒙语，很快赢得了土尔扈特人的好感。婚后第二年，乌静彬生了个儿子，取名满吉（后盛世才又起学名满光强，即汗位时又命名恭本德吉特）。生了儿子，汗位有了继承人，乌靖彬在部落内扎下了坚实的基础。

1935 年夏，在满汗王来到迪化居住的次年，乌静彬带着儿子也来到迪化。盛世才上台后，一批“联共党员”陆续来新疆工作，乌静彬有幸认识了“联共党员”王宝乾夫妇，他们帮助乌静彬补课，鼓励她继续上学。她也不甘心做家庭主妇，于是 1935 年秋，乌静彬考入了迪化女中。她不仅努力学习，还担任学生会会长等职务，并参加社会活动，加入了反帝会、妇女协会等组织，是个很活跃的人物。①

1937 年夏，满汗王又娶了盟长西里克的三女儿西谋珍做二夫人，和乌静彬分了家，分给乌静彬六道巷（乌鲁木齐）一所房院和金银牲畜等财产。此事对乌静彬伤害很大。② 更激发了她要出人头地的愿望。

不久丈夫满楚克扎布被捕入狱，乌静彬蒙受着屈辱和精神上的压力，仍是泰然自若的学习和进行社会活动。抗日战争时期，大批共产党员来新疆工作，其中朱旦华、张奋英等来到女中，还担任教学工作。他们在学校传播马列主义、抗日救国的思想，提倡妇女解放，在学生中产生了很大的影响。乌静彬深受其影响，在赵丹等艺术家的影响下，以演话剧、讲演等形式积极宣传抗日，并捐献了黄金 50 两、白银 1000 两、马 100 匹、牛 100 头、羊 200 只支援抗日。③ 1943 年 2 月乌静彬在女中集体加入国民党。次年被选为区分部书记。④ 1936 年 9 月至 1944 年 7 月，乌静彬共读了 8 年书，其中 2 年大学。随着她不断深造，文化水平的提高，特别是接触共产党人，受到进步思想的影响。她的视野也宽阔了，政治抱负也增强了。

1932 年，满汗王的叔父多活佛被金树仁杀害后，年仅 18 岁的乌静彬开始协助丈夫满汗王处理南路盟部事务。1937 年，满汗王入狱后，乌静彬掌握了

---

① 汤永才:《乌静彬传略》（上）。

② 乌静彬自述。

③ 同上。

④ 汤永才:《乌静彬传略》上。

王府的经济大权。她一面上学，一面参与部落事务，还要照看年幼的两个孩子，不愧是坚强的女子。她于同年秋被部落推荐为蒙古族妇女代表，参加全疆妇女代表大会。① 1944 年 3 月新疆妇女运动委员会改组时，乌静彬当选为委员，并兼任该会下设的组训处副处长。② 自此，乌静彬开始在政治上崭露头角。

1943 年 7 月学院放暑假前夕，盛世才为稳定起统治，召见乌静彬，指令她回到和靖，对部落内的广大牧民众进行宣传，主要是宣传六大政策，并调查有枪支的人，没收枪支，逮捕反对六大政策者。还派了 4 名士兵保护她。乌静彬认为这是赢得蒙古族牧民的好机会，用蒙语给他们灌输自己的政治主张，人也没抓，枪也没收。③ 没多久，盛世才就下台了。接着国民党势力进入新疆，乌静彬积极靠拢新任新疆省主席吴忠信，因满楚克扎布汗出狱后，精神失常，吴忠信只好利用其福晋乌静彬，令她代理满汗王副专员职。从此，乌静彬正式步入政坛。首先做的一件事是在部落抗战宣抚活动。1944 年 11 月，为了对付三区革命，吴忠信成立了以民政厅长邓翔海为首的宣抚委员会，宣抚地方是吴忠信主新初政治上的三项当务之急之一。宣抚队分东路、西路、伊犁、阿山、塔城、焉耆 6 个大队。焉耆宣抚队以乌静彬为领队。

为了抵制三区革命力量向南疆发展，乌静彬被任命为宣抚委员，和新上任的焉耆专员纪风楼一起被派往焉耆，活动地区为焉耆、和靖、和硕一带。吴忠信同时提供武器、经费。临行前吴忠信还将达赖喇嘛送给他的 10 把藏香给乌静彬，让乌静彬替他送给焉耆各寺喇嘛。以示慰问。吴忠信的目的就是想让蒙古人都知道，他也是佛教徒，借此笼络人心。乌静彬也向吴忠信、邓翔海表示如果拨给武器，可以不费力气把和靖大山（即大珠勒都斯）的蒙古族召回，把通向伊犁的山口卡住。邓翔海给了乌靖彬一百支毛瑟枪及子弹等。④

1944 年底，乌靖彬和纪风楼来到焉耆。他们首先招集大喇嘛、区长等部落头目人士等几十人，进行宣抚，把吴忠信的藏香等礼物分发给他们，并宣传他的民族政策，并告知要组织自卫队。绝不进攻大山，以宣传为主，以政治攻势把对方拉过来，使部落统一。⑤ 他们派了在部落中声望高、有胆量的巴

---

① 乌静彬自述。

② 民国档案党 1 - 1 - 129。(内部资料)

③ 乌静彬自述。

④ 吴忠信:《主新日记》，1945 年 4 月 4 日、3 月 13 日。

⑤ 乌靖彬自述。

勒登大喇嘛等人秘密进大山，巴勒登喇嘛和大山的头脑人物接了两次头，做了宣传和谈判。于是，乌静彬和纪风楼着手准备进山事宜，一面筹备给养，一面在蒙古族中抽壮丁200余人，组成蒙古自卫队，以巴生（新疆军校毕业，旧军官）为队长。自卫队于1945年4月出发打头阵，前往小珠勒图斯山布鲁古斯台（又写成库尔克斯台）地区。后来自卫队被消灭了，宣抚活动没有取得大的收效，但也起了一定的作用，大山的蒙古牧民虽然没有拉过来，起码稳住了小山（小尤鲁都斯）的蒙民不往大山跑。对加强国民党的统治起到了一定的作用。曾随乌静彬去和靖宣慰的省宣委会秘书蔡震森就说“乌静彬到和靖展开宣传后，蒙民惊慌稍定。形势已趋和缓”。① 纪风楼撤了职，乌靖彬作为汗王福晋仍然被重用。

1945年3月，乌静彬被选为国民党六全大会新疆省代表。她能当选为国大代表在当时是不容易的。不仅因为她丈夫是“新疆王”，她的才华和能力也是不可低估的。吴忠信曾在迪化招待焉耆的蒙古王公、官员的宴会上曾说：“此次乌靖彬当选六全大会新疆代表，意义重大，历届国大会女性极少，蒙族女代表她是第一个。以她的地位和才华而论，是新疆蒙古族女性中唯一的。她当选为省代表去重庆开会，不仅是她个人的光荣，也是新疆全体蒙古族的光荣”。② 4月底，乌静彬随吴忠信等一同坐专机去重庆参加国民党六全大会（中央委员会），乌被委任为三盟代表，会后受到蒋介石的接见。

1945年8月，三区革命运动轰轰烈烈的开展，革命军已逼近玛纳斯河，整个新疆局势不稳，迪化的国民党官员纷纷向兰州等内地逃往，乌静彬也带着孩子逃到兰州，在兰州买了一所房院，9月，接到国民党中央要满汗王去重庆开会的通知，乌静彬把满汗王及小夫人西谋珍接到兰州，接着以秘书的身份，陪同满汗王去重庆开会。这次会议，乌静彬结识了不少国民党要员，其中一些是来自内蒙古的。

次年11月15日–12月25日，蒋介石在南京召开了伪国大，新疆有18名代表参加了会议，三区方面的代表有阿合买提江、阿巴索夫等7人，七区方面的代表有11人，其中蒙古族有3人，即乌静彬、乔加甫（女，北路土尔扈特亲王）、那都拉不得（焉耆副专员）。③ 乌静彬携夫满楚克扎布一同去南京开国大会议，借此在南京给夫治病。会议期间她主动与三区的革命领导人

---

① 蔡震森：《随乌静彬去和靖宣慰经过》，载《新疆文史资料》第4辑。

② 吴忠信：《主新日记》，1945年4月28日。

③ 张治中：《从迪化会谈到新疆和平解放》，载《新疆文史资料选集》，第21辑。

阿合买提江、阿巴索夫接近，解释过去与三区冲突是迫不得已，阿合买提江等对此表示满意，希望从此友好相处。①

1948年4月蒋介石在南京召开国民代表大会，遴选国大代表并增补立法院委员。蒙藏委员会分配给南路土尔扈特及和硕特两部落立法委员2名，土尔扈特部为乌静彬，和硕特部为胡海滨（和硕县县长兼和硕特部盟长公署秘书长）乌静彬参加了这次大会。

由于乌静彬所受历史局限性、阶级局限性及中国封建文化的影响，她企图通过依靠国民党，恢复蒙古旧有的盟旗制度，壮大武装，以次发展本部落社会经济文化。

1946年2月乌静彬携满汗王回到迪化，6月张治中任新疆省主席，她积极靠拢张治中、焉耆专员左曙萍等国民党要员，希望得到他们的支持。鉴于乌静彬在新疆蒙古族中的影响，张治中对她也极力笼络，8月乌静彬被任命为和靖县县长（在此之前为县党部书记长），② 为此对恢复盟长公署一事她更加努力，上书蒋介石准许恢复盟旗制，蒋介石指示由新疆地方处理。③

1947年4月乌静彬等17人被推荐为省党部执行委员。④ 乌静彬从警备总司令宋希濂处要了经费500万、枪100枝、弹药1000发，组织了蒙古自卫队，队长为李加拉（尔德尼的弟弟，军官学校毕业）。⑤ 1947年7月由省政府呈报国民党中央政府破格批准，恢复了南路土尔扈特王府和盟长公署，盟长公署设在满汗王府，与和靖县治并存。汗王满楚克扎布出任盟长，乌静彬任副盟长。后来其子恭本德吉特承袭汗位并兼任盟长。由于满楚克扎布精神失常，恭本德吉特年幼。实际权力由乌静彬掌握，自此她渐渐把实权移到盟长公署，县治虽然存在，却成为傀儡状态。⑥ 盟张公署恢复后，乌静彬召集了几次会议，讨论并部署首先办的几件大事，如兴办教育、建立卫生院、清查户口、增编骑兵团等。

乌静彬随着文化水平的提高，视野的宽阔，认识到一个民族要发展，教育是关键。因此她决心创办学校，发展蒙古族教育事业。1940年乌静彬在乌鲁木齐王府办了一所私立蒙古族儿童夜学，她自任校长，有男女学生150－

---

① 乌静彬自述。
② 和静县档案馆存，政治类第一档、第六号，民1－1－25。
③ 自治区档案馆A2－6－34。
④ 民国档案，党1－1－2。
⑤ 乌静彬自述。
⑥ 和靖县史志编纂委员会编《和靖县治》，卷二十，第二节。

200 人，基本上是本部落蒙古族牧民子女，经费由王府负责。学生白天在乌市各小学上课，晚上在夜校补习蒙文。1944 年由于经费困难，学生中流传急性传染病，致使一些学生丧命，因而停办了。这所学校虽然办了短短的 4 年，也培养了一些人才。1945 年，乌静彬从这些学生中选出了 9 名身体健壮、学习好的学生，送往北京、兰州师范等地深造。他们毕业后都参加了工作，成为国家有用人才。① 在当时经济落后的状况下，乌静彬能在乌市办学，是不容易的，王府的财产几乎用尽。她当县长后，对于学生上迪化、焉耆简易师范一事很重视，专门就学生名额分配、学费等问题召集会议协商。

乌静彬在 1946 年 2 月国民党的参议会上，递交了发展蒙古族军事、农业、教育方面的提案，她在提案中就发展蒙古族教育提到，请求补助蒙古族教育经费，增加蒙古小学和焉耆各县国民学校等。② 从中可看出她对发展本民族教育是有一番打算。

随着人民解放战争的节节胜利，节节败退的国民党或逃跑，或顽抗到底。新疆也如此，人心惶惶。乌静彬坚守在和静，和盟长公署及县政府的官员一同维持社会秩序。1949 年 11 月，当中国人民解放军进驻焉耆地区，乌静彬表示积极拥护，她献出开来渠和大小巴伦渠灌区土地 4 万余亩和小珠勒图斯草场，并变卖牲畜捐给解放军。支援部队生产，并主动交出了王府的印和武器，受到了王震司令员的表彰，王震鼓励她，“你表现不错呀，只要是真心真意拥护共产党，今后改造改造。你还能工作 30 年。”这一席话对她触动很大。③

1950 年 5 月乌靖彬参加革命工作，被批准在新疆分局干部学校学习，全家搬来乌鲁木齐居住。此后，她参加减租减息、土改工作队，多次被评为模范工作者，她要求加入共产党（因特殊原因未能加入）。土改工作结束后，乌靖彬作为干部留在自治区政协工作。政府曾打算将她作为统战人士，给予驻会参事、委员的待遇，但乌静彬拒绝了，因为她一直想加入中国共产党，不想作为统战人士对待。因此她在政协对外是干部编制，对内作为统战人士对待，直到她去世为止都如此。在政协她曾在图书室管理图书、管理职工食堂，大部分时间则整理家族史及部落风俗。

“文化大革命”中，乌静彬受到了冲击，被抄家，还被下放到芳草湖五·七干校劳动改造。1974 年回到政协，翌年因得了不治之症病逝于乌鲁木齐，

① 布娃：《旧土尔扈特南路盟的教育概况》。

② 新疆省政府秘书处机要室档案 A2－6－34。

③ 乌静彬自述。

享年61岁。1977年政府为乌静彬平反，恢复名誉。

乌静彬作为统战人士，热爱家乡，热爱祖国。新中国成立后积极参加革命工作，拥护共产党，为社会主义建设事业做出了一份贡献。

五、满·恭本德吉特

土尔扈特末代汉王恭本德吉特（满琳供图）

满·恭本德吉特（又译写成恭本待吉提），学名满光强，为满楚克扎布之子，1937年11月5日，新疆省政府主席李溶颁布签署令，准恭本德吉特承袭汗爵。代盟长尔德尼还为此召开大会，举行了就职仪式。① 恭本德吉特开始领俸银。1944年3月30日他又被省政府任命为省府顾问。南路盟长公署恢复以后，1947年12月26日恭本德吉特又承袭汗位和兼盟长，成为南路旧土尔扈特部的末代汗王。又召开了隆重的授印典礼仪式。恭本德吉特说："这次我的袭爵，实系一种'移花接木'的欺骗手段，所谓新满王，不过虚有其名并无实际权力。那时国民党新疆省的要人们会商结果，决定派我母亲协助我工作。主要任务是想笼络蒙古族，倾向国民党，抵抗三区革命军，保卫焉耆。"② 但其承袭汗王盟长爵位却成了既成事实。翌年，在其母亲乌静彬的做主下，他迎娶了和硕特部班第郡王的女儿。和靖县解放初期，他和母亲决定不跟着国民党出逃，要迎接人民解放军的到来。西北野战军进驻焉耆时，他指挥盟长公署的保安队，稳定和靖的社会秩序。在和靖。他设宴招待解放军，并同他

① 《新疆通史》编纂委员会等编《近代新疆蒙古历史档案》，第57－58页。

② 满光强：《我的青少年时代》，第70页。载巴音郭楞蒙古自治州政协文史资料委员会编《巴音郭楞文史资料》第一辑。

们一道下乡调查，开会，彼此交上了朋友，结下了友谊。①

土尔扈特末代公主满琳（满琳供图）

新中国成立后，人民政府根据满·恭本德吉特想学音乐的愿望，1951 年派他去北京中央音乐学院学习。他于 1956 年毕业后返回新疆，开始在自治区文化厅群众艺术馆工作，后因筹建巴州文工团，经本人要求调到巴州文工团工作。他认为，“是党和政府把我从一个蒙古王子培养成为一个人民的音乐工作者，我要用更好更美的歌声，歌唱党的恩情，歌唱人民的新生活。”② 他努力工作，曾担任巴州文工团艺术顾问、巴州政协常委、自治区音乐会常务理事等职务。在此期间，他创作的歌曲、歌舞剧曾获得了奖项。③ 1992 年 5 月病故于库尔勒。

六、格宁当都尔

格宁当都尔（又译写成格宁敦都尔）（1906－1960）男，和硕特巴图色勒启勒图盟中路左旗贡噶那木扎楞辅国公子，从小离开父母，由确尔布扎萨克抚养成人。1922 年（民国 11 年）11 月 8 日，承袭其父的左旗辅国公王位，④

① 满光强：《我的青少年时代》，第 77 页。
② 满光强：《我的青少年时代》，第 78 页。
③ 满琳：《土尔扈特女儿》，第 139 页。
④ 张大军（台湾）：《新疆风暴七十年》第 4 章，第 690 页。

管辖宝浪苏木、扎吾苏尔苏木事务。1932 年 3 月 18 日被省政府任命为新疆新编蒙古骑兵第一团团附。他在新疆蒙古族群众中有着很高的声望，“众望素孚。”尤其被土尔扈特部落汗王布颜蒙库以及多布栋策楞策敏活佛看中，遂招为汗王的女婿、多活佛的侄女婿。多活佛被任命为蒙古骑兵旅长时，招格宁当都尔入伍，经俄籍教官达西的培训，学会了精湛的马术。多活佛赴哈密驻防时，格尼当德尔被任命为第一营营长随军驻防。还曾任省府三等顾问。1937 年，郡王班第被枪杀于狱中后，为逃避盛世才的迫害，格尼当德尔和阿拉布冬比提密议，一起逃奔至青海西宁避难。这期间被聘为南京国民党政府蒙藏委员会顾问。1944 年秋，吴忠信主新后，他们于 12 月返回新疆，结束了流亡 8 年的生活。① 马仲英进犯焉耆时，他带领骑兵冲锋陷阵，抢救城内的各族群众。1944 年 11 月 22 日被任命为和硕设治局局长。② 1948 年（民国 37 年）3 月巴图色特启勒图盟恢复后，格宁当都尔任副盟长。③

早在 1946 年 4 月 10 日，在他担任和硕县长期间，首先解决水利问题，在原有的基础上，疏通渠道，开挖新源，解决了当地蒙古族、回族两个民族间长期因用水而发生的矛盾。新中国成立后，格尼当都尔任和硕县各族各界人民代表大会特邀代表、县政协委员、自治州政协委员，1956 年当选为州人民代表。他在拥护党的方针政策、维持民族团结方面做了一定的工作。1960 年 3 月病逝。④

说到格尼当都尔不能忘记一段感人的民族团结的故事。在马仲英叛乱中，他抢救了逃命的孤儿胡海滨（汉族），把他像亲儿子一样关心抚养，送进学校读书，提拔重用。胡的父亲当年在迪化任职时期，胡海滨在焉耆亲戚家读书，那年马仲英侵人焉耆杀害无辜民众（特别是汉族），有一百多名难民逃往迪化。胡海滨到了巴仑台，胡洪君听到马仲英匪军在焉耆的消息，非常担心儿子安全，专门带信给和硕特王爷格尼当都尔，格王爷受到此信后，马上派人到巴仑台，从逃难的人群中找到了胡海滨，带到了在克日古特山里的王爷家，等时势态平息后，又送他上学。1937 年胡海滨从迪化省立简易师范学校（蒙哈师范学校）毕业，他像父亲一样身材魁梧，是个性情温和的人，因为从他祖父开始跟蒙古人有血缘关系，他本身也跟和硕特王爷有兄弟、叔侄关系，

---

① 《吴忠信主新日记》，1945 年 3 月 12 日。

② 新疆维吾尔自治区档案局等单位编《近代新疆蒙古历史档案》，第 19 页、第 117 页。

③ 新疆维吾尔自治区档案局等单位编《近代新疆蒙古历史档案》，第 132 页。

④ 和硕县地方志编纂委员会《和硕县志》卷 35，新疆人民出版社 1999 年版，第 768 页。

和硕特部格尼当都尔王爷把他认作侄儿子，非常亲密。特别是他从小在蒙古民族中长大，会蒙古、蒙文、对蒙古族风俗习惯都很熟悉。他有文化，对人友好，通情达理，在和硕特部落具有较高的威望。1946 年和硕特县正式成立，格尼当都尔任县长，胡海滨任秘书，掌握着和硕特部三位王爷祖传下来的大银印和盟长公署大印，直到新中国成立后才交出。

1947 年，选举产生县长时，格尼当都尔把自己的县长职务，推让给胡。从而胡海滨担任和硕县县长职务一直到解放初期，为和硕县办了许多好事。1961 年 3 月，格宁当都尔病逝。

七、宫明·江巴曲日木活佛

九世宫明活佛姜巴曲日木（又译写成江巴曲日木、加布曲日木）于 1932 年 10 月 5 日生于新疆乌苏县，3 岁转世为巴伦台黄庙九世活佛，被甘见喇嘛接到巴伦台黄庙学习经文。他聪明好学，能够用蒙、藏两种文字念经，后来又学会了汉语。因此 15 岁时就座床了（管理黄庙宗教事务），由于他知识渊博，逐步在南路土尔扈特僧俗及群众中建立了威望。① 后来在全疆黄教届中具有代表性。

新中国成立后，他拥护中国共产党，热爱社会主义，为加强民族团结，维护祖国统一，为家乡的社会主义建设做出了积极的贡献。1950 年抗美援朝时期，他积极捐献，据资料记载，他共捐了 59 匹马、100 块银元、3 支枪和一两黄金。他还号召群众交出枪支，支援抗美援朝。在他的带动下，各寺庙也踊跃捐资、捐物。② 他响应政府要重视民族教育事业的政策，亲自带着秧歌队到农牧区进行宣传，动员农牧民将子女送到学校读书，在他的动员下，许多蒙古人都将子女送到学校来。1952 年，他在老巴伦台办了一所蒙古族小学，自任校长，办学费用和学生的生活开支均由各寺庙捐助，他个人捐了 50 匹马。由于牧区生活条件恶劣，牧民的子女没有养成常洗澡的习惯，所以宫明活佛不仅教育他们讲卫生，还专门为学生修建了澡堂。③ 他自己也努力学习，他常常说："蒙古族人民在共产党、人民政府的领导下，正在飞跃的前进，我

---

① 《宫明活佛》，载政协巴音郭楞蒙古自治州文史委《巴音郭楞文史》第 5 辑，第 67 页。

② 《宫明活佛》，载政协巴音郭楞蒙古自治州文史委编《巴音郭楞文史》第 5 辑，第 68 页。

③ 统战部档案。

们当喇嘛的也不应落后，我们也应该懂得科学，应该懂得人民政府的政策”。① 为了能够掌握汉语文，以便于关心国家大事，他每天到学校学习汉语，经过刻苦努力掌握了汉语。他是一个思想进步的宗教人士，1959 年他积极响应政府宗教改革的号召，将南部落的 36 座寺庙合并为 5 座。并支持寺庙发展畜牧业，支援国家生产，为宗教人士树立了良好的榜样。当 1952 年宫明活佛出席新疆各族各界人民代表会议，听了党的宗教政策的宣传，对党的宗教信仰政策有了初步的认识，当记者采访他时，他说：“宗教信仰得到真正的自由，是历史上的第一次。”② 1953 年他又到北京参加了中国佛教协会的成立大会，参观了祖国各地的矿山、工厂和有名的庙宇，从而增加了对祖国的热爱。③

1953 年后，他历任中国佛教协会理事、副会长，新疆佛教协会副会长，巴州人民委员，自治区青联委员和全国青联委员，自治区第一、二、三届人大代表，自治区第一、二、三届政协常委，巴州政协二至四届副主席，全国政协第五、六届政协委员，自治区第四、五届政协副主席。④

1987 年 3 月 28 日在北京参加全国政协会议期间，因突发心脏病圆寂，享年 55 岁。⑤ 据统战部档案载，宫明活佛在政治上要求进步，一贯表现较好，在民族宗教人士中有较高的威望。

为了充分体现党的宗教政策，团结佛教界人士和广大信教群众，1992 年 9 月经自治区党委及有关部门批准，九世宫明活佛的转世灵童寻访工作开始进行。经过神谕、秘密寻访、抽签等黄教的教规、历史惯例，次年夏季和静县巴音布鲁克区三乡的一牧民两岁的儿子阿拉西被认定为转世灵童，1994 年 6 月 3 日，经报请自治区党委、人民政府审批同意，正式批准阿拉西为九世宫明活佛的转世灵童。生钦·洛桑坚赞活佛授予十世宫明，法号为洛桑土登丹巴久美。⑥

---

① 《宫明活佛》，载政协巴音郭楞蒙古自治州文史委编《巴音郭楞文史》第 5 辑，第 69 页。

② 《宫明活佛》，载政协巴音郭楞蒙古自治州文史委编《巴音郭楞文史》第 5 辑，第 67 页。

③ 袁丁：《访省人民代表宫明·加布曲尔》，载《新疆日报》，1954 年 8 月 12 日。

④ 统战部档案。

⑤ 和静县地方志编纂委员会编《和静县志》卷 33，第 767 页。

⑥ 那日苏：《九世宫明活佛转世及十世宫明活佛坐床的前前后后》，载政协巴音郭楞蒙古自治州文史委编《巴音郭楞蒙古自治州文史资料》，第 10 辑，第 68 页、第 145 页。

八、尔德尼

民国时期和靖县长尔德尼

尔德尼1910年出生于和静县土尔扈特部牧民家庭。15岁时在和静县初级小学读书。1935年在迪化新疆蒙哈学校（中学）毕业后，分配在新疆省保安总局民族科，为专管蒙古族事务的科员。1937那么秋南路满楚克扎布汗王及西里克代理盟长被盛世才逮捕入狱后，他被新疆省政府任命为南路盟代盟长。尔德尼有文化，思想开明，1938年11月30日，他就南路盟改设县治给省督办公署及致电，其中写道：

“由盟长等提议，谓南部落人口众多，必须改设县治，受政府领导、补助，一切发展方不致落后等语，经决议一致热烈赞成，呈请省、督两署改组及行政长公署备查。”①

12月29日，尔德尼又召集各王公、喇嘛、头目等30余人开会，讨论改设县治事宜，全体决议通过。在他的努力下，翌年3月，南路盟设县，县址在和通苏木地方，因此，命名为和通县。5月15日，尔德尼被任命为焉耆县副县长。

① 《尔德尼为报南部落改设县治之决议事致督办公署等的代电》、《吴忠信就委尔德尼兼第八区保安副司令的派令及给焉耆行署的电》，载新疆维吾尔自治区档案局编《近代新疆蒙古历史档案》，第77页。

1940年尔德尼被盛世才任命为省建设厅副厅长，期间加入了国民党。2年后又调中训分团，任教官兼翻译，同时还兼任新疆蒙古文化促进会主任，1942年初因参加联共党员孟一鸣、王宝乾等人与苏联驻迪化总领事等领导的秘密组织，被盛世才逮捕入狱。吴忠信主政新疆后被释放。1944年随赵剑峰处长在乌苏等地蒙古族有声望的部落头目中进行反对山区革命的宣传。翌年元月13日，尔德尼被省政府任命为省粮食管理委员会委员。1个月后，又被任命为和靖县长兼焉耆行政区保安副司令。① 在此期间，他组织了蒙族骑兵团，有骑兵约2千人，他任团长，骑兵团在东疆可以说是势力最大的。

1946年，新疆和谈后，尔德尼随张治忠主席赴伊犁地区筹款，进行反山区的宣传，并将三区政府管辖区的汉族人迁移到国民党统治区，以保证他们的安全。1946年6月他任迪化社会处副处长，并兼任新疆蒙古文化促进会会长。8月27日他又被任命为省府委员，后又兼任省财政监察委员会委员。②1947年6月24日又上任财政监察委员会副主任委员。③ 新新疆建设协会理事等职。这在当时都是比较重要的职务。

新疆和平解放后，尔德尼在省干部学校接受培训后，调往省人民政府翻译室工作。1950年调往西北军政治部，担任西北民族委员会常委。④ 他曾是全国政协第一、二届特邀代表，第四、五届全国政协委员，新疆省政协常委。1952年他担任焉耆专员公署专员，后来该专署撤销，他又回到新疆维吾尔自治区政府蒙文翻译室工作。后来自治区政府门文翻译室撤销后，他又调任巴音郭楞蒙古自治州政协秘书长。“文革”开始后，他被押送到乌拉斯台农场劳动改造。

1973年尔德尼去世，终年63岁。

九、西里克

西里克1891年出生于南路土尔扈特盟察腾旗德其特苏木。其父亲巴雅尔

---

① 《省政府就准尔德尼为粮委会委员是给该会的指令、委任状》、《吴忠信就委尔德尼兼第八区保安副司令的派令及给焉耆行署的电》，载新疆维吾尔自治区档案局编《近代新疆蒙古历史档案》，第119页、120页。

② 张大军（台湾）：《新疆风暴七十年》第47章、第6896页，第49章、第6970页。

③ 《尔德尼为报就职日期给秘书处的函》，载新疆维吾尔自治区档案局、《新疆通史》编撰委会等编《近代新疆蒙古历史档案》，第129页。

④ 自治区统战部资料。

有文化，原为察腾旗旗长，后是汗王布彦蒙库的老师。1913 年 11 月 29 日，南路盟盟长公署决定巴雅尔任南路盟帮办营务（后封协理台吉），并上报民国政府批准。①

南路土尔扈特盟协理西里克（朝鲁门供图）

西里克在父亲的教导下，成为部落内屈指可数的文化人。成年后他担任了察腾旗旗长。1922 年南路盟长公署东杰（盟议会）推举他为协理。1927 年由于摄政王、蒙古骑兵团团长多布敦策凌策敏活佛领兵在哈密边防驻守，因此由西里克代理盟长，辖盟务。自此西里克与多活佛之间由于权力之争而结怨。他俩矛盾的焦点在“改土归流”上。金树仁督新时期，1930 年 3 月首先在哈密推行“废除王制，改土归流”政策。在当时的历史条件下，这项政策完全符合历史潮流，但金树仁又采取了在“废除王制，改土归流”之后，增加田赋、掠夺农民土地等一系列加重农民负担的政策，因此“改土归流”没有成功。西里克未经多活佛同意，就采纳了焉耆县长韩埙的建议，在盟内推行“改土归流”政策。多活佛得知后，非常生气，要拿西里克试问，西里克躲入焉耆府内。韩埙不仅保护西里克，还上呈金树仁，状告多活佛，袒护西

① 张大军（台湾）：《新疆风暴七十年》第 4 章、第 681 页。

里克。[1] 而多活佛也上呈金树仁，不要听信西里克等人的谣言。并且以满楚克扎布汗王年满15岁，可以主政盟务为由，使省政府于1930年10月21日撤销了西里克代理盟长一职。并以汗王年幼为由批准多活佛代理盟长。[2] 南路盟的权力又掌握在多活佛的手中。而金树仁原来就担心多活佛拥兵自重，危及自身利益，处处提防和压制他，正好利用了多活佛与西里克之间的矛盾，最后将多活佛置于死地。可以说无论是多活佛或者是西里克都成了金树仁这个利欲熏心的封建军阀玩能的工具。

1932年4月6日省府督办金树仁为稳定疆形势，任命西里克为蒙古骑兵第一团副团长，仍兼任副盟长和护理印务。还给他在迪化第一公安分局所辖潘正街分配了住房。[3] 实际上南路盟的军政大权军掌握在西里克手里。9月，金树仁鉴于东疆战火正炽，致电满楚克扎布和西里克，挑选600名蒙古枪手驻扎吐鄯地区，随后又在七角井驻防。

1933年初马仲英部下马全禄杀死了焉耆行政长牛时和县长马良佐，占领了焉耆。自封为旅长，其队伍在焉耆一带杀人放火，搞得人心惶惶。土尔扈特、和硕特部众东躲西藏；不少农牧民也惨遭杀害，战乱由东疆波及南疆。

8月8日，马世民第二次进入焉耆，当地汉民59人十分惊慌，逃入巴伦台土尔扈特牧区。年仅17岁的满汗王与骑兵团副团长西里克一道带领骑兵开往焉耆，准备攻打马世民。由于武器装配不够，满汗王致电盛世才，派军队援助。[4] 盛世才令和硕特郡王班迪（当时为蒙古骑兵团团长）协同满汗王参战。不久在县城东北郊与马世明军展开了激战。不久，马仲英和张培元就联合反盛，9月21日盛、马双方开战，盛军失利，马部占领了焉耆、库尔勒等地。盛世才为利用满汗王驱逐占领焉耆的马世民的势力。委任满汗王为暂编蒙古骑兵第一师中将师长，协理西力克与和硕特郡王班第均为少将旅长，统归满楚克扎布师长管辖。

翌年3月初，满楚克扎布师长、少将旅长西里克及班第郡王奉命率领骑兵合力出兵，配合省军围攻焉耆县城。他们骑着战马、挥舞着战刀，带领着

---

① 自治区档案馆政2-2-1051。

② 《省政府就由多布栋策楞车敏代理盟长事给该盟长等的照会的呈》，载新疆维吾尔自治区档案局、《新疆通史》编撰委会等编《近代新疆蒙古历史档案》，第15页。

③ 《督办公署委满楚克扎布为骑兵第一团团长、西里克为团副的委任状》，《第三公安分局为报西里克移居迪化潘正街事致省政府的呈》，载新疆维吾尔自治区档案局、《新疆通史》编委会等编《近代新疆蒙古历史档案》，第21页，第410页。

④ 新疆维吾尔自治区档案局、《新疆通史》编委会等编《近代新疆蒙古历史档案》，第417页。

士兵英勇杀敌，攻克了焉耆和库尔勒县城。焉耆收复后，由于他们立了功，满汗王被任命为焉耆警备司令，司令部驻地在焉耆，西里克仍被任命为旅长。① 西里克为平息焉耆之乱，维护当地的社会秩序作出了贡献。

1934 年西里克被任命为新疆教育厅副厅长。翌年 2 月 5 日，他组织成立了“蒙古勒文化促进会,”简称蒙文会，他任会长。② 其间他为蒙文会的筹备、经费及选址等付出了心血。他重视本民族的教育发展，选派了不少蒙古族青年在省府、内地及苏联留学。1935 年 11 月 21 日他就选送 45 名蒙古族学生在迪化宪警学校学习一事上呈省府，呈文中他对名额的分配做了详细的划分，蒙古族集聚区几乎都分配有名额。③ 1936 年他曾是全疆蒙古族代表大会筹备委员会 7 名委员之一。1937 年 5 月，新疆蒙文会进行了改组，北路盟夏律瓦活佛任委员长，西里克任副委员长。

1937 年，由于盛世才制造的“阴谋暴动案”，西里克与满楚克扎布汗王一同被俘。2 年后，西里克被秘密处死于狱中。时年 49 岁。④ 遗体葬于家乡和靖县。

第三节　建国初期

一、盖·尼满

盖·尼满（1913 – 1965），为南路旧土尔扈特茶腾部落人，其父是土尔扈特部著名的神枪手之一。尼满少年时父亲送他上私塾。1934 年（民国 23 年），由汗王府推荐，省政府出资，保送尼满等学生赴苏联中亚大学留学深造。3 年后，尼满毕业回国，被分配在新疆省银行工作，由于对盛世才倒行逆施不满和痛恨政局腐败遂辞职，辗转阿勒泰地区，后回到家乡巴音布鲁克草原，被推举为查腾旗固孜达。⑤

① 张大军（台湾）:《新疆风暴七十年》第 25 章、第 3441 页。

② 新疆维吾尔自治区档案局、《新疆通史》编委会等编《近代新疆蒙古历史档案》，第 144 页。

③ 新疆维吾尔自治区档案局、《新疆通史》编委会等编《近代新疆蒙古历史档案》，第 149 – 150 页。

④ 张大军（台湾）:《新疆风暴七十年》第 28 章、第 3769 页。

⑤ 和静县史志编纂委员会编《和静县志》第 33 卷，第 758 页，

1944 年（民国 33 年），他与强孜德县长、茶干梅林等在巴音布鲁克创办小学，并与教学，致力于民族教育。1945 年，伊塔阿三区革命临时政权建立尤鲁都斯县，尼满任公安局副局长、法院副院长，多次投入战斗。后又升任为司法局长。①

中华人民共和国成立后，1950 年撤销尤鲁都斯县成立和静县巴音布鲁克区，尼满为第一任区长。他光荣地加入了共产党。1953 年 5 月至 1954 年 3 月任和静县副县长，曾代表焉耆参加赴朝慰问团，前往朝鲜前线慰问中国人民志愿军。回来后又任和静县县长。这期间他为该县文教卫生、畜牧业工作作出了贡献。1954 年 6 月他任巴音郭楞蒙古自治区筹备委员会委员。1959 年，尼满调任巴音郭楞蒙古自治州畜牧科科长，对改良牲畜品种，发展巴州畜牧业作出一定贡献。

1965 年，尼满在巴州发展细毛羊样板队——巴仑台新光大队蹲点时，突发脑出血，经抢救无效病故，终年 52 岁。

二、道尔加拉

和硕县副县长道尔加拉（加瓦提供）

曾用名道尔吉，他于 1917 年 12 月出生于中路和硕特部一个贫困家庭，

① 卡玛、东海：《老知识分子盖·尼玛》，载政协和静县文史资料委员会编《和静文史》第 2 辑，第 133 页。

他的家乡位于今和硕特县塔拉其乡。当时正是清朝腐朽统治即将灭亡，辛亥革命即将爆发的时期。

他 10 岁时父亲病逝。当是和硕特蒙古主要以放牧为主，耕种为辅。由于家境比较贫困，又缺乏劳力，年幼的他就帮助哥哥种地、放牛，以维持全家人的生活。1930 年 4 月，他 13 岁那年被国民党抓去当壮丁，也就是在当地封建王公成立的自卫队服役。这期间他曾给巴力吉台吉家做过伙夫。

1933 年盛世才上台主政新疆，此时抗日浪潮席卷全中国，盛世才为了巩固自己的统治，实行了“亲苏联共”的政策，发展教育是其中的一项政策。迪化市（今乌鲁木齐市）成立了新疆蒙古文化促进会，有些地方成立了分会。办学一度成风，该年 3 月巴力吉台吉送他去焉耆县小学读书，此时道尔加拉已 16 岁，这个年龄在当时那个年代是不足为奇的，因为那时新疆教育落后，蒙古族教育更落后，能上的起学已是万幸。他在该校上了 1 年半后，又在迪化市的蒙哈学校又上了半年学。①

20 世纪 30、40 年代，新疆急需大量的农业、水利、林业、畜牧、机械等技术人才，于是，盛世才自 30 年代中期，开始向苏联派遣留学生，学生学费均为公费。1934 年 11 月，新疆省教育厅向苏联派遣了第一批留学生 106 名，其中蒙古族 4 名。1935 年 11 月，新疆省教育厅又选送了第二批留苏生 90 名，蒙古族若干名。道尔加拉就是其中 1 名，他被送往塔什干中亚大学读书。留苏学生不仅看到了苏联的经济实力，开阔了眼界，增长了知识，更重要的是他们开得的十几门课程里就有马列主义理论一课，他们第一次接触了马列思想，接受了先进文化。学员们还参观了莫斯科、列宁格勒等革命圣地，这为他们今后革命历程打下了基础。他在该校学习两年半后毕业回到了家乡，在塔拉其小学当校长。他当时是部落里最有学问的人，因此也备受尊重。当了 1 年的校长后，1939 年 4 月他被调到迪化蒙哈学校担任教员，直到 1941 年 9 月。由于他在苏联留过学，因此受到过共产主义思想的影响，这期间他参加了反帝会这一进步组织。还兼任新疆蒙古族文化促进总会委员。②

1941 年 9 月道尔加拉被调回家乡和硕县公安局，主要是搞翻译工作。1942 年 6 月他在乌鲁木齐期间被关押在监狱内，据他在档案中自述，因当时盛世才反苏，他是留苏的，所以被捕。在监狱内他曾给警察学校的蒙古班学

① 新疆维吾尔自治区党委博尔塔拉社教工作团文件，团批（66）字第 150 号“洗手放包袱检查材料”，1966 年 11 月 9 日，藏博尔塔拉蒙古自治州档案馆。

② 同上。

生教授蒙古语。1945年4月他被释放回到了和硕县家中。

自此直到1949年9月，他先后任和硕县塔哈其乡乡长、和硕县公安局副局长、和硕县副县长等职。他于1946加入国民党，担任和硕县县党部执行委员。1948年5月被选为焉耆区国大代表和立法委员，赴南京参加国民党代表大会。①

1949年9月新疆和平解放。10月原和硕县政府由焉耆区专员公署。

接管，和硕县政府机构不变，由胡海斌任县长、道尔加拉任副县长。

道尔加拉在任副县长期间为新疆的和平解放事业作了一些事情。1950年3月，中国人民解放军先遣部队六师进驻焉耆、和硕，和硕县人民政府积极迎接解放军，在交通要道乌什塔拉、塔比力根各组织一个站，为解放军准备了住宿和伙食，道尔家拉积极参加迎接工作，做了许多具体的工作。② 这一时期，土匪出没，当时和硕一带治安比较乱。阿勒泰的乌斯满土匪所属一支哈里别克逃到和硕县柯克尼克山。当时，中央指示，“新、青、藏边之胡赛音、哈利伯克等部落匪首，因清抚兼施，即加以威力，又加以扶助其生产事业。”③ 为了防止哈匪串犯，六师熊政委给他们100支枪，要求他们组织自卫队。为了一举消灭他们，焉耆专区政府令他们诱敌深入，将哈匪引出来。因此和硕县政府派蒙古王公假装反对共产党，给哈匪送面粉，套近乎，以便将他们诱骗出来。哈匪虽然没有上当，④ 但在和硕县政府的严防下，哈匪未能进入县城，于50年秋季逃往甘肃了。

1950年4月，和硕县第一届第一次各族各界人民代表大会召开，会议决定废除保甲制度，建立和硕县人民政府，县政府领导人未变。⑤ 也就是说道尔加拉当选为和硕县人民政府副县长。此时，他退出国民党，加入了新疆人民民主同盟会（简称新盟，原为保卫和平民主同盟），并任和硕县同盟会主任。

---

① 新疆维吾尔自治区档案馆等单位编《近代新疆蒙古历史档案》，新疆人民出版社2007年第2版，第441－443页。

② 政协巴音郭楞蒙古自治州文史资料委员会编《巴音郭楞文史资料》（2002年），第十辑，第237页。

③《中共中央关于新疆人民民主同盟和新疆减租土地问题的指示》，1950年7月3日，中共中央文献研究室、新疆维吾尔自治区委员会编《新疆工作文献选编》，中央文献出版社2010年版，第60页。

④《中共中央关于新疆人民民主同盟和新疆减租土地问题的指示》，1950年7月3日，中共中央文献研究室、新疆维吾尔自治区委员会编《新疆工作文献选编》，第58页。

⑤ 和硕县地方志编纂委员会《和硕县志》卷21，第三章，新疆人民出版社1999年版，第482页。

1950 年 7 月，中共中央认为新盟是进步组织，将它列为统一战线组织。① 所以说这个组织当时是一个先进组织。

1951 年 2 月他作为赴朝鲜慰问团第一分团的新疆代表之一，赴西安集中，7 月 16 日结束了赴朝慰问后返回迪化，7 月下旬又参加在乌鲁木齐市、伊、塔、阿山区宣传赴朝慰问活动和抗美援朝战况，以亲眼所见宣传中国人民志愿军的感人事迹。他们的宣传把爱国主义教育活动推向了高潮。并且，道尔加拉带头卖了房子和一些牛羊等牲畜（据档案记载，他家有 120 亩地，300 多只羊和 30 多头大畜），将所卖资金捐献给前线的志愿军。②

1951 年 7 月他被调到新疆省政治协商委员会（任新疆省政协委员），这期间曾参加了吐鲁番、库车、新河等县的减租反霸与土地改革运动。由于当时新疆少数民族干部奇缺，新疆的经济文化又落后，中央对新疆的土改专门有指示，即："在新疆进行社会改革必须采取稳重和谨慎的步骤。在今年除在极少数地区进行试验性的减租外，一般不要进行减租，但应积极准备在明年秋收后能进行减租或部分地区的减租。准备工作除进行一般的减租宣传外，最重要的是大量训练各民族的干部。"③ 道尔加拉积极投身于这场大规模的群众反封建斗争工作中，表现突出，受到了当地政府的表扬。④ 一年后又调任焉耆行（专）署建设科科长。

1953 年 10 月中共中央批准了新疆分局关于《新疆民族区域自治实施办法草案》，并批示，"在推行民族区域自治的工作中望针对干部和人民的思想认识加强爱国主义教育。" 为贯彻中央的指示，在新疆有效地实行民族区域自治政策，新疆省党委在乌鲁木齐市新疆省干部学校内办了自治训练班，道尔加拉在该学习班学习了约半年。回来后又在近半年的时间参加了乌苏县、昭苏县及巴音郭楞蒙古自治区等地的自治（当时称为区，1955 年改为州）筹备和宣传工作。

巴音郭楞是一个多民族的聚居区，从 1953 年始推行民族区域政策，用半

---

① 新疆维吾尔自治区委员会党校、党史委编《中国共产党新疆历史大事记》上册，新疆人民出版社 1993 年版，第 41 – 42 页。

② 政协巴音郭楞蒙古自治州文史资料委员会编《巴音郭楞文史资料》（2002 年）第十辑，第 238 页。

③ 《中共中央关于新疆人民民主同盟和新疆减租土地问题的指示》，1950 年 7 月 3 日，中共中央文献研究室、新疆维吾尔自治区委员会编《新疆工作文献选编》，中央文献出版社 2010 年版，第 58 页。

④ 新疆维吾尔自治区党委博尔塔拉社教工作团文件，团批（66）字第 150 号，类号 1 "干部履历表"，1966 年 8 月 17 日，藏博尔塔拉蒙古自治州档案馆。

年的时间完成了由乡级到专署级的民族区域自治推行工作。1953 年 12 月中共中央批准了在焉耆专区建立一个蒙古自治区，翌年 6 月 23 日巴音郭楞蒙古自治区正式批准成立。道尔加拉被任命为自治区建设科首任科长。1 年后，由于刚成立不久的博尔塔拉蒙古自治州缺少蒙古族干部，因此，新疆省人民政府将他调到博州担任建设科科长，道尔加拉毫无怨言的远离家乡，举家来到了博州。直到 1966 年他先后担任过博州农牧科科长、农牧局副局长等职。

1958 年自治区开展了包括以反右派斗争在内的整风和社会主义教育运动，道尔加拉因曾是国民党员，旧官员，因此以地方民族主义情绪严重为由，被戴上了地方民族主义分子的帽子，下放到博乐县燎原公社一大队改造，与农民同吃同住。在此期间，他努力搞好干群关系。1959 年至 1964 年自治区对划为右派分子的人分批摘帽，鉴于他服从党和组织的分配，积极劳动，多次给组织反映思想改造的情况。1961 年 12 月博州党委摘掉了道尔加拉的地方民族主义的帽子。1966 年中旬，新疆的文化大革命运动在北京、上海的大城市的影响下也如火如荼的开展起来，在“批判资产阶级反动路线的口号”下，一批又一批各级领导干部被揪出来进行批斗，有的还被拉出去游街。道尔加拉也难逃厄运，同年 12 月又重新被戴上了地方民族主义分子的口号，还被开除公职，游街批斗，下放农村（当时为博乐县胜利公社，现博乐市青得力乡）劳动改造。① 对此，道尔加拉想不通，他对共产党忠心耿耿，博州成立之初，因当地蒙古族干部缺少，他被调到博州，虽远离家乡，却无怨无悔、勤勤恳恳的为党工作，为什么接二连三的挨批、挨斗？他想不通，所以经常喝酒解愁。由于长期忧郁寡欢，身心每况愈下，患了高血压等疾病，1978 年 4 月突发脑出血，抢救无效死亡，享年 61 岁半。可以说他是含冤去世。

粉碎“四人帮”以后，特别是在党的十一届三中全会召开以后，自治区党委认真落实党的各项政策，处理历史遗留问题，平反冤假错案，做了大量工作。博州党委也为他平反，摘取了地方民族主义分子的帽子。

道尔加拉曾在苏联留过学，在新疆蒙古族中是学历比较高的有志之士，而且是较早接受马列主义思想的进步人士。他从事过一段时间的教学工作，在家乡及乌鲁木齐等地当过教员、校长。他对新疆蒙古族的教育事业作出了贡献。作为知识分子，他很重视蒙古族文化的传播，特别是重视蒙古族语言

① 新疆维吾尔族自治区党委博尔塔拉社教工作团文件，团批（66）字第 150 号，类号“关于给道尔加拉重新戴上地方民族主义分子帽子的批复”，1966 年 12 月 16 日，藏博尔塔拉蒙古自治州档案馆。

文字的使用和传播。他作为新疆代表团的少数团员之一，赴朝鲜慰问解放军战士，回国后又积极宣传抗美援朝的意义和事迹。他积极参加减租反霸和土改运动，应表现出色受到了表演。并且长期从事农牧业工作，对该工作比较熟练。不仅对家乡和硕县的农牧业发展作出了贡献，而且对博尔塔拉的农牧业发展也作出了贡献。他积极宣传共产党的民族政策，特别是民族区域政策，为巴音郭楞蒙古自治州及博尔塔拉蒙古自治州等地的成立贡献了一份力量。他作为党外人士，拥护中国共产党，热爱社会主义。努力为人民服务，说他是爱国的民主人士是当之无愧的。

三、当地尔喇嘛

当地尔（1898－1982），蒙古族，自1905年至1929年，先后在和静县巴克沁库热当满金、格林。1929年－1931年，去西藏给其师傅送葬和寻找宫明活佛传世灵童。回来后给宫明小活佛当管家。1947升任洛文大喇嘛后，在巴克沁库热当主持。

中华人民共和国成立初期，距档案记载，当地尔喇嘛：

“由于对我党宗教政策不了解，唯恐宗教（被，引用者）消灭，故对我党很害怕。为了保护宗教和个人财产，便设立了一个学校。几年来，经过多次的宣传政策和各项运动，特别是到内蒙古参观回来后，对他的教育很深，思想有了很大转变，对党的宗教、牧区政策有了认识，解除了顾虑，靠拢我党，表现还一贯积极，在工作和各项运动中都能带头。”①

他热爱社会主义祖国，拥护中国共产党的宗教政策，协助人民政府向牧民宣传各时期的方针、政策，积极参加宗教改革，帮助群众解决困难，给群众送药治病，捐献资金和购物，支援抗美援朝和巴州的经济建设。当地尔曾先担任和静县和巴州政协常委、副主席，新疆各族各界人民代表会议代表，自治区政协委员。

当地尔喇嘛于1982年因病圆寂，终年84岁。

四、茶汉

茶汉（1901－1973）男，爱国民主人士。和硕县原塔温觉肯乡人。1924

---

① 统战部档案。

年任过扎隆，1927 年任古孜达（旗长）、蒙文会会长、区长、自卫团团长。1936－1941，任泽民乡乡长，后又任和硕设治局第三区区长，县参议员委员，并加入了国民党，登上新疆民国政府政治舞台。①

茶汉任区长期间，组织乡民发展水利，扩大耕地面积，1945 年，他个人出资兴修一条长 15 公里的渠道，取名“茶汉渠”，对发展当地农业生产起了一定作用，至今仍在使用。② 同时，他作为旧官吏，家境殷实，拥有土地 4200 亩、羊 1680 只、马 260 匹、牛 120 头、房屋 52 间、蒙古包 4 顶。1949 年 10 月新疆和平解放，解放军进驻焉耆地区后，他主动借给他们 50 石小麦。1950 年修建乡政府，他任建修委员会主任，主动捐献了 300 元白洋作为建筑资金。他还修建了一所小学。③

抗美援朝时，他捐献了很多财物，据说有粮食 5 万公斤，牲畜共 500 头（只）及部分黄金、白银。1955 年，公私合营时，他将自己的牛、羊、马、骆驼全部入股，集资建起公私合营牧场。④

新中国建立后，他被选为和硕县人民代表、县政协委员、自治州人大代表等。据说 1957 年 10 月建立包尔图牧场时，他和亲戚共拿出了 2150 只绵羊、70 只山羊、340 匹马、130 头牛、40 峰骆驼。他担任场长。⑤

后来他又任巴州政协副主席、自治区政协委员等职。在“文化大革命”中，遭到迫害，于 1973 年 3 月 28 日病逝。终年 72 岁。茶汗作为民族上层人士，在蒙古族群众中有较高的威望，在牧区在了很多宣传党的政策和政府法规的工作。⑥ 为巴州畜牧业生产发展作出了贡献。可以说他是一位爱国的民主人士。

---

① 统战部档案。

② 冯万隆：《爱国人士茶汉》，载巴音郭楞蒙古自治州政协文史资料委员会编《巴音郭楞文史资料》，精选本，第 319 页。

③ 统战部档案。

④ 和硕县地方志编纂委员会《和硕县志》卷 35，新疆人民出版社 1999 年版，第 769－770 页。

⑤ 司马义·阿帕克：《记爱国民主人士查汗·扎浪》，载政协博湖县委员会编《博湖文史》第 3 辑，第 137 页。

⑥ 统战部档案。

五、西谋珍

巴州第一任妇女副州长西谋珍（满德丽瓦提供）

西谋珍，蒙古名鲍布克（又译写成本布克），1923年5月生于和靖县土尔扈特部察腾旗，其父亲西力克原是南路土尔扈特盟长公署土斯拉克齐（即协理），还担任过新疆蒙古族文化促进会会长等职。1934年其父西里克因调任省教育厅副厅长，西谋珍随父亲来到迪化，在省立女子学校读书。1937年在迪化新疆省立第一女子中学读书。同年经家里人做主，盛世才做介绍人，与和靖县满楚克扎布汗王（又是她表哥）结婚，成为其二夫人。4个月后，满汗王被盛世才逮捕入狱，西谋珍仍上学。第二年，其父亲在狱中死亡。1939年其全家被押送至伊犁惠远县，限制自由。当时，维吾尔族民族上层人士包尔汉一家也流放到了惠远县，共同的遭遇使两家建立和友谊。①

一年后经家乡部落头人具保，省政府准许西谋珍一家在伊宁市居住，西谋珍也就进入伊宁市高小学习。1941年她们全家奉盛世才之令返回迪化，她

① 西谋珍口述，林战青整理《我和满汉王》，政协巴州文史委员会编《巴音郭楞文史资料》，第1辑，第59页，1985年9月内部发行。

继入省立女子学校上课。这一时期，三区革命风起云涌，正在上中学的她同情三区革命，经包尔汉儿子介绍加入了新疆的进步组织“先锋社。”据西谋珍的侄子曹克说：“由于流放地伊犁与苏联相邻，西谋珍在那里受到了社会主义苏联的影响，知道了苏联是共产党领导的国家。在迪化女中就读时又接触了从延安来的共产党员教师传播的革命思想，她的思想发生了很大变化。她的班主任老师就是毛泽民的夫人朱旦华。她十分敬仰这些共产党员的为人。”①

1944年12月西谋珍的丈夫满汗王释放后，她随满汗王到和靖县居住，由于满汗王在狱中被注射了毒针，神经错乱了。翌年8月她随一些部落头人陪同满汗王到兰州、青海等黄庙看病、念经。1948年3月应国民党蒙藏委员会邀请，赴南京参加了国民代表大会。会后，又参观了上海、杭州等城市。8月返回后又在和靖居住。西谋珍是解放初期蒙古族中少有的一个有文化的知识女性，她能用汉语和蒙古语速写，能熟练用维吾尔语会话。而且见过四面，有雄才大略。

1949年新疆和平解放前夕，西谋珍又到迪化。但她见到时任新疆省政府主席包尔汉时，包主席激动地告诉她：“人民解放军就要来了，新疆很快就要和平解放了。”② 9月，新疆和平解放后，她受包尔汉主席的委托，利用自己的特殊身份，多次往返于迪化市与和靖县之间，传送包尔汉给驻和靖县的国民党八一团团长昌生祥的信、传单和密码，最后一次她带着陶峙岳将军写的《告全体官兵书》，冒着生命危险赴和靖给国民党驻军，才知道这是起义宣言。该部队统一起义，她又同该部队军官一起发布安民告示，召开群众大会，宣讲解放军的政策。③ 同年11月，她又去伊宁市，召集了当时尤鲁都斯县的尼曼和阿尔等领导，给他们宣传了共产党的政策和新疆的局势。由此可见，西谋珍对驻守家乡的国民党军队的起义及维护家乡的社会治安，以及促进家乡解放作出了贡献。

1950年元月她返回和靖。正巧共产党派来的工作队在和靖，她就参加了工作队，协助工作队到农牧区宣传，后来又做妇女工作。④ 动员群众帮助部队开荒和建立军垦牧场。在她的要求下与满汗王离婚。她明白了“找到共产党

① 曹克：《一生追求光明的蒙古女儿——西谋珍》，载新疆维吾尔自治区政协文史资料与学习委员会编《新编新疆文史资料》第7集，第89页，2010年11月内部发行。

② 曹克：《一生追求光明的蒙古女儿——西谋珍》，载新疆维吾尔自治区政协文史资料与学习委员会编《新编新疆文史资料》第7集，第91页，2010年11月内部发行。

③ 西谋珍口述：《我和满汉王》，林战青整理，政协巴州文史委员会编《巴音郭楞文史资料》第1辑，第59页，1985年9月内部发行。

④ 以上均参阅巴音郭楞蒙古自治州档案馆——145号卷宗。

后，如同在黑暗中找到了光明，每个人可以使不同的出身，不同的经历，也可以是不同的民族，在当代中国要爱国，要进步必然是和拥护中国共产党的领导紧密联系在一起的。”①

1950 年 4 月，西北军政委员会任命西谋珍为和靖县县长。作为民族进步上层人士进入新政府领导层。

人民政权的建立、镇压反革命，土改等工作中坚持站在党和人民一边，利用自己的影响在上层人士、宗教人士及群众中宣传执行党的政策，做了大量的工作。如她上任县长不久，当年的 6 月 22 日就向焉耆专署递交了《巴音布鲁克区划归和靖县管理的报告》，省主席包尔汉也高度重视，立即致电焉耆高专员，“现在和靖解放，仍应划归和靖县管辖为是。”② 在西谋珍的积极努力下，在国民党统治时期分开的两地于 8 月 15 日终于合并了，和靖县蒙古族人民的心愿实现了。

西谋珍 1950 年任新疆省民族事务委员会委员、西北妇联执行委员等职。1951 年区新疆省干部学校学习了 1 年，其间还参加了和田的减租反霸和土改试点。在实践中他得到了锻炼和提高。1952 年 9 月底参加了全国少数民族参观团，10 月在北京怀仁堂受到了毛泽东主席的接见，又前往内蒙古自治区参观，感触很深。翌年 3 月回到了乌鲁木齐，接着参加了民族区域自治学习班，后到乌苏县搞试点。不久，自己做主和志同道合的蒙古青年建立了美满的家庭。③

1954 年初西谋珍任巴音郭楞蒙古自治区筹备委员会副主任兼办公室主任，被免去和靖县县长职务，专门负责自治区的筹备工作。她为巴音郭楞蒙古自治州的成立筹划、努力，做出了一份贡献。同年 6 月年仅 31 岁的西谋珍当选为巴音郭楞蒙古自治区（1955 年改为州）副主席，成为新中国成立后土尔扈特蒙古第一位女性副厅级干部。当是她非常激动，表示：“愿意为社会主义及共产主义事业奋斗到底，并以真诚老实的态度成为人民的一个勤务员。”④ 她在担任副州长时，主要分管文教卫生工作。她负责筹建了自治州文工团，并为焉耆、和硕、和靖等县开办初中班及配备教师做了大量的工作。她以极大的热情投入巴州医疗卫生事业的奖励，在她的直接参与、督促下，巴州各地

① 曹克：《一生追求光明的蒙古女儿——西谋珍》，载新疆维吾尔自治区政协文史资料与学习委员会编《新编新疆文史资料》第 7 集，第 91 页，2010 年 11 月内部发行。

② 焉耆专员公署，卷 13，1950 年，巴音郭楞蒙古自治州档案馆存。

③ 西谋珍口述：《我和满汉王》，林战青整理，政协巴州文史委员会编《巴音郭楞文史资料》第 1 辑，第 60 页，1985 年 9 月内部发行。

④ 巴音郭楞蒙古自治州档案馆——145 号卷宗。

开始建立医院，在一些偏僻的农牧区也开始建立起了医院。①

西谋珍在“文革”中受严重迫害，1965 年底被免去了副州长的职务。1969 年有被关进了监狱。其家人都受到了牵连。党的十一届三中全会后她予以平反。不久调到新疆维吾尔自治区政协任驻会常委。她曾是新疆维吾尔自治区第一、二、三、四届政协委员，第五、六届政协常委。她在履行政治协商、参政议政、民主监督方面作了大量的工作。1992 年 9 月 16 日因病在乌鲁木齐去世，享年 69 岁。

六、巴音克希克

巴音克希克是新疆精河县西路土尔扈特部人，生于1924 年10 月5 日。青年时代受苏联革命及中国共产党的影响，反对国民党的黑暗统治，1945 年 8 月参加新疆三区革命军，任蒙古骑兵团政治干事。1946 年 8 月调任伊犁三区革命政府精河县公安局任副局长等。1950 年 7 月调任新疆焉耆专区公安处副处长，后升任处长。② 他从青年时代起，投身革命活动，参加“三区”革命工作，接受中国共产党的教育，是在党的培养教育下成长起来的优秀少数民族干部。

巴州第一任州长巴音克希克

① 曹克：《一生追求光明的蒙古女儿——西谋珍》，载新疆维吾尔自治区政协文史资料与学习委员会编《新编新疆文史资料》第 7 集，第 97 页。

② 焉耆专员公署，卷号 12、全宗号 18，1954 年。巴州档案馆存。

巴音克希克于1952年9月加入中国共产党。不久升任焉耆专区公安大队党委书记，并兼任焉耆地委委员。巴音郭楞蒙古自治区成立前夕，他任自治区筹备委员会主任，主要负责自治区的筹备工作。

1954年6月13日－23日在焉耆召开的巴音郭楞蒙古自治区首届人民代表大会上巴音克希克当选为主席。7月1日正式就任。① 当是，巴音克希克和一些少数民族代表们激动地说："自解放以来，在毛主席民族政策的光辉照耀下，我们享受到了充分的民主与平等，各民族结成了一个和睦的家庭，特别是实行了区域自治，对发展我们少数民族的各项事业打下了良好的基础。"②

此外巴音克希克还兼任巴音郭楞蒙古自治区党委常委、书记处书记、党组副书记等职，直到1964年1月。期间于1956年在中央党校新疆民族干部轮训班学习了1年。他在担任巴州领导岗位期间，忠实地执行了党的各项方针政策及民族区域自治政策，团结各族干部和人民群众，为坚持党的领导，共同建设和巴音郭楞蒙古自治州的政治和经济作出了贡献。

1964年2月他调新疆维吾尔自治区体育委员会工作，担任该委员会副主任。1976年1月又调任自治区文字改革委员会担任副主任。1年后又调回自治区体委任副主任。他服从组织分配，先后两次调体委工作，10多年来他与体委各族干部、各族群众团结一致，为发展新疆的体育事业和民族传统体育运动忘我工作。1993年12月被国家体育委员会授予"体育工作贡献"奖章。

在自治区文字改革委员会期间，他注重调查研究，深入基层，为自治区的文字改革工作做了大量有益的工作。1983年始当选为自治区政协五届、六届常委。他为加强中国共产党和各民主党派、宗教爱国人士间的合作，为稳定和建设边疆献计献策、参政议政。1993年4月他因年龄而离职休养。

巴音克希克因病医治无效，于1997年2月19日在乌鲁木齐逝世，享年73岁。③

七、土尔扈特历史教授诺尔布

诺尔布，曾用名诺尔布才仁，汉名西应麟（上汉文学校时用）。1925年6月22日出生于新疆和静县旧土尔扈特南部落茶腾旗的部落头人家里。1937年

---

① 焉耆专员公署，卷号11、全宗号18，1954年。巴州档案馆存。

② 焉耆专员公署，卷号12、全宗号18，1954年，巴州档案馆存。

③ 到自治区工作以后的资料主要由巴音克希克大女儿巴依尔塔提供。

诺尔布13岁时，时任省教育厅厅长的父亲西里克被盛世才以“阴谋暴动”的罪名逮捕入狱，1年后被害于狱中。其家属也被扣“叛逆家属”的罪名，他及姊妹随母亲流放到伊犁惠远县。诺尔布仍坚持在当地上学。

土尔扈特历史教授诺尔布（左）与卡尔梅克自治共和国学者（朝鲁门提供）

1942年他考入迪化第一中学。他是一位追求真理、具有民主思想的年轻人。这一时期，经常寻找马列主义书籍和有关苏联的书籍来阅读。他还参加了苏联领事馆驻迪化的进步组织，为此1944年3月15日，被军阀盛世才的公安管理处逮捕入狱。狱中和新疆著名进步人士涂治（新中国成立后任新疆农业科学院院长）同牢，在狱中他受到了涂治的开导和影响。1944年底，诺尔布被满楚克扎布汗王的福晋乌静彬保释出狱，旋即投奔三区革命政权所属的珠勒都斯县（现和静县巴音布鲁克区），在县政府做秘书和翻译工作。

新疆国民党政权和三区革命政权进行和平谈判后，根据和平条款，国民党政权答应发还政治犯被没收的家产。1946年底，诺尔布前去迪化办理被没收的家产。随后，由于和平谈判破裂，返回珠勒都斯的道路被封锁，他只好滞留和靖县。其间，他被国民党和静县政府推举卫省候补参议员，后国民党政府鉴于他曾向着三区政府，又取消候补其参议员资格。

在新疆和平解放前夕，涂治经常给诺尔布提供新疆地下革命组织“战斗社”的油印传单，坚定了他盼望解放军到来的愿望。1949年9月，涂治作为新疆代表之一，与赛福鼎等人前去北京参加全国第一届政协会议。涂治将诺尔布介绍到中央人民政府民族事务委员会，被民族事务委员会安排参加了为解放西藏准备的藏民研究班。一年后，诺尔布进入清华大学社会系民族学专业学习。1952 年年底，留校任教。1954 年，全国院系调整，清华大学社会系被调整到中央民族学院，诺尔布随之调中央民族学院任教。此时，由于刚创办不久的中央民族学院相关专业教学条件尚不完全具备，根据组织安排，他调北京大学东方语言系工作，担任助教。同时，跟随北大聘请的外国专家一同进修、学习，使学术水平得以提高。1955 年夏他又回到中央民族学院。良好的学习环境，再加个人的努力，他精通汉、维吾尔、蒙古等民族语言，还会说日常俄语。

他曾在过去的“反右派”等政治运动中受到冲击。据其长子说，父亲性格耿直，因一些言论受到抨击，因此心里不服气，于是决定回到新疆。1958 年初他在新疆青年出版社从事翻译工作，1961 年该出版社解散，他又到和静县中学当教员，后来又在银行工作。1966 年，“文革”开始后，诺尔布首当其冲受到迫害，被下放到乌拉斯台农场接受监督劳动。1978 年他得以平反昭雪，被当地政府安排到和静县一中教学。① 他作为一名文化程度较高的知识分子，在当地土尔扈特人中有很高的威信和知名度。

诺尔布自青年时代就有抱负，喜欢钻研蒙古学及蒙古历史。但一生坎坷，干事业的大好时光被无止境的政治运动耽搁。庆幸的是党的十一届三中全会以后，他终于可以潜心进行研究了。由于他博学多才，1980 年被调到新疆大学历史系任教，后获取副教授职称。代表作《〈扎雅班迪达传〉注释》，是他学术水平的具体表现。此书由内蒙古人民出版社出版后，受到蒙古学界极大重视。

其间曾任国际蒙古学会常务理事、中国蒙古史学会会员、中国中亚学会会员、中国《江格尔》研究会理事等职。

诺尔布于 1988 年退休。之后他数度出国，到俄罗斯、蒙古等国进行学术交流。1993 年，受俄罗斯卡尔梅克共和国社会科学学院聘请，前去进行西蒙古史与文化交流，该学院将其《〈咱雅班第达〉注释》一书从蒙文译成俄文出版。在此期间他应该学院的请求做《蒙、汉、英、俄四种语言的名词术语分类对照辞典》课题，该课题进行大半时，他因病于 1997 年回国。

诺尔布对蒙古语名词术语的创制原则、方法有独到见解。退休后将全部精力用来做此方面的研究，遗憾的是草稿刚完成，尚待出版，人已病重，无力遂愿。于 2003 年 3 月 26 日去世，终年 78 岁。

---

① 以上资料均由诺尔布长子朝鲁门提供。

八、巴玉麟

巴玉麟（又写成林），别名巴里且，和硕特部宝浪苏木人。1922 年 10 月生。13 岁时在和硕特塔拉奇小学读书，毕业后在焉耆专区教员培训班学习一年，后被分配在和靖县立中心学校任教员，此后又在该学校担任校长。这期间他加入了国民党。

1947 年 12 月，他调任和硕县政府工作，担任教育科督学，后又担任民政科科长。1948 国民党在南京召开了代表大会，蒙藏委员会给南路土尔扈特和中路和硕特两盟 4 名参会代表名单。其中和硕特部巴玉麟为其一。①

1950 年 7 月巴玉麟在焉耆地委干部培训班学习 3 个月后，留在该地工作，任区队长兼翻译。② 致词他开始为中国共产党领导的新政权工作。

1952 年 12 月 21 日，他被任命为和硕县县长。1954 年 3 月 13 日，和硕县第一届人民代表大会第一次会议召开，他又当选为县长。③ 不久，他作为巴音郭楞蒙古自治区（后改为州）筹备委员会的委员，参与了自治区的筹备工作。1954 年 6 月 13 日 –23 日在焉耆召开的巴音郭楞蒙古自治区首届人民代表大会上他当选为自治区副主席。7 月 1 日正式就任。④ 他分管农牧业和水利等项工作，“他精力充沛，经验丰富，经常深入调查研究，不断创新，总结出了一些成功的管理方法。在从事地方工作时注重军民团结和各民族的团结，为自治州境内的农二师各团场解决驻地，挖修西比乃尔渠提供草场，解决与邻近县的勘界纠纷时，认真考虑各方利益，给予合理公平的解决。”⑤

1957 年巴玉麟参加了新疆少数民族参观团到北京等地参观，后又来到中央民族大学深造。参观学习使他开阔了眼界，思想认识也得到了提高。更加以忘我的精神投入到社会主义建设事业中。

巴玉麟“长期担任州政府领导工作。担任过巴音郭楞蒙古自治州人民政

---

① 胡海滨：《左曙萍在焉耆》，政协巴州文史委员会编《巴音郭楞文史资料》第 1 辑，第 107 页，1985 年 9 月内部发行。

② 中共和硕县统战部，卷号 23，全宗号 1，1953 年，永久，和硕县档案馆存。

③ 和硕县地方志编纂委员会编《和硕县志》卷 36，第 809 – 810 页。

④ 焉耆专员公署，卷号 11、全宗号 18，1954 年。巴州档案馆存。

⑤ 达·道布代：《民主进步人士巴玉麟》，政协巴州文史委员会编《巴音郭楞文史》，精选本，第 291 页。

府委员、副州长……州七届、巴州人大常委会委员、副主任，州第一、二、三届政协副主席。"① 他有较高的政策水平和工作能力，有较丰富的领导工作经验。1985 年巴州统战部在对他评议时写道："巴玉林同志是一位爱国民主人士，在巴州具有相当的代表性，在各族干部和群众中有较高的威望和影响。有些群众遇到当地解决不了的问题，都愿意找他反映情况，他每次深入基层走访各家各户，不论干部、群众都对他很尊重，以礼相待。"②

1988 年 7 月 26 日他不幸逝世，享年 67 岁。

九、杨德克

1911 年 10 月生于南路盟札布素尔旗，曾任该旗旗长。1936 年当选焉耆地区全国国大代表候选人；盛世才时期牵扯到"阴谋暴动案"而被捕。1944 年 10 月释放，释放后新疆省主席吴忠信接见了他及一同释放人员。一个月后，南路盟的一些部落头人、上层喇嘛来迪化慰问满楚克扎布汗王，杨德克与他们一同觐见了吴忠信主席。吴忠信还专门接见了杨德克，后吴在日记中写道：

"午后三时，召见前焉耆区副专员杨德克。杨系满汉王侄女婿，汉（同汗，转引者）王府亲信人物，余详询新疆蒙族近情，据告新疆蒙古人口 7 万余，焉耆一处约 1 万数千人。③

1942 年杨德克任新疆蒙族文化促进会副会长，

1941 年前后他担任焉耆区副行政长，其间他经常为和靖县蒙民的土地等问题而呼吁奔走。他还兼任焉耆区蒙族文化促进会主任委员，在蒙文会期间，他为当地的蒙古族教育事业作了不要好事。比如，蒙文会职员的工资待遇低，在他的努力下，各级职员的工资均在原薪上增加了 10 倍，其眷属也增发面粉 30 斤。④

他曾任南路盟务委员，参与盟务。1943 年任新疆省喀什区行政委员会委员（记载在民国 32 年 3 月 1 日自治区第 11 次政务会会议记录上）。据其子巴都（现在巴州政协文史委工作）回忆，其父亲在喀什区任职时用 32 个袋子的

---

① 达·道布代：《民主进步人士巴玉麟》，政协巴州文史委员会编《巴音郭楞文史》，精选本，第 296 页。

② 巴州统战部档案。

③ 《吴忠信主新日记》，33 年 10 月 28 日、33 年 11 月 19 日。

④ 焉耆县政府，卷号 19，永久，1945 年 - 1946 年，焉耆回族自治区档案馆存。

金银等个人资产，从喀什、和田区购买了且末、若羌等地区的地盘给焉耆地区的蒙族群众。这段历史巴州的老人都十分清楚。

当时，他家境殷实，有马、骆驼、牛等牲畜二万头，他拿出一部分办学。和静县解放初，他拿出部分牲畜协助寺庙办学。1958 年 11 月杨德克因病去世。

后 记

巴音郭楞蒙古自治州的蒙古族，主要分布在和静、和硕、博湖等3个县，此外，焉耆回族自治县及库尔勒市还有一部分。我们自2007年春季，开始《巴音郭楞蒙古族史》一书的资料收集工作，先后在以上蒙古族聚居的地区查阅档案及史志资料，并进行社会调查。经过我们辛勤的努力，这部书稿终于完成。由于学识所限，难免有错误之处，该书稿出版后，我们真诚期待读者通人不吝指正。

本书第一章至第九章由吐娜撰写，第十章由巴特尔撰写，第十一章由巴特尔、吐娜撰写，第十二章、第十五章由潘美玲、吐娜撰写，第十三章、第十四章由潘美玲撰写。

本书在写作的过程中，曾得到了巴音郭楞蒙古自治州（以下简称巴州）、人民政府巴州政协，和静、和硕、博湖等三县人民政府，巴州文联原副主席道·乃岱，巴州档案史志局副局长宝玉女士，中国人民解放军空军指挥学院满琳教授，新疆医科大学吐娅教授，和静县文化局画家林岱，新疆维吾尔自治区语言工作委员会原纪检委书记朝鲁门等同志的帮助。

中国社会科学院边疆史地研究中心原主任马大正教授应我们的请求为本书写了序并给予了指导。

现乘此书再版之际，我们谨此一并致以真诚的谢意。

吐娜、潘美玲、巴特尔
2014年2月22日